现象式

[芬] 科丝婷·罗卡 著
（Kirsti Lonka）

葛昀 译

学习

Phenomenal Learning from Finland

中信出版集团 | 北京

图书在版编目（CIP）数据

现象式学习/（芬）科丝婷·罗卡著；葛昀译. --
北京：中信出版社，2021.8
　书名原文：Phenomenal Learning from Finland
　ISBN 978-7-5217-3228-3

　Ⅰ. ①现… Ⅱ. ①科… ②葛… Ⅲ. ①学习方法
Ⅳ. ① G442

　中国版本图书馆 CIP 数据核字（2021）第 109596 号

Phenomenal Learning from Finland by Kirsti Lonka
Copyright © 2018 by Kirsti Lonka and Edita Publishing Ltd
Simplified Chinese translation copyright © 2021 by China CITIC Press
Imported by the Finnish Education Learning and Development Centre（芬兰教育学习和发展中心引进出品）
Original version published by Edita Publishing Ltd. Chinese translation published by China CITIC Press.
ALL RIGHTS RESERVED.
This work has been published with the financial assistance of FILI – Finnish Literature Exchange
China CITIC Press gratefully acknowledges the financial assistance of
FILI – Finnish Literature Exchange

现象式学习

著　　者：[芬]科丝婷·罗卡
译　　者：葛昀
出版发行：中信出版集团股份有限公司
　　　　　（北京市朝阳区惠新东街甲 4 号富盛大厦 2 座　邮编　100029）
承　印　者：北京楠萍印刷有限公司

开　　本：880mm×1230mm　1/32　　印　张：12.5　　字　数：300 千字
版　　次：2021 年 8 月第 1 版　　　　印　次：2021 年 8 月第 1 次印刷
京权图字：01-2021-2376
书　　号：ISBN 978-7-5217-3228-3
定　　价：58.00 元

专家推荐

我们一直在倡导要培养创新型人才，强调要让学生发展个性，愿意主动学习、终身学习，但如何去做才能够实现这一目标？芬兰著名教育家的这本《现象式学习》，为我们中国广大的学生、家长和教师提供了一份很好的研究样本。

——顾明远

北京师范大学资深教授、中国教育学会名誉会长、

中国现代教育理论的开创者之一

现象式学习是把学生界定的某种现象作为探索学习的核心，本质上是一种项目式学习。它主张为了培养学生解决问题的能力，应将校内学习的知识与现实生活中的问题联系在一起，学生应当学习如何在合作中找到解决问题的新办法。作为全球教育的标杆地，芬兰的现象式学习着眼于对未来国民素质和能力的培养，敏锐地捕捉到了面向更为复杂的人工智能时代，学生应该具备的七项横贯能力。作者科丝婷·罗卡女士曾荣获过芬兰总统颁发的白玫瑰骑士勋章，她对于未来教育孜孜不倦的探索和创新，不仅仅助力

芬兰教育不断创新，对于全球的教育新生态系统的构建，也具有极大的启示意义。她提出的"学校可以被视为一种服务而不是一栋建筑"，"预测未来的最好方法就是创造未来"等观点，和我在《未来学校》一书中提出的观点遥相呼应。

——朱永新

中国陶行知研究会会长、新教育实验发起人、

IBBY-iRead 爱阅人物奖获得者

近年来国家一直致力于推进课程改革，提升教育质量，培养创新人才。而芬兰的教育成为各国教育研究的重要样本。罗卡教授的《现象式学习》一书致力于探索有利于培养 21 世纪所需人才的教育方式，这与我们的教育目标不谋而合。如何建立平等的师生关系，让学生暴露真实的自己，让我们的教育工作者发现教育的起点，我想读了这本书，你会有所启发。

——李希贵

北京十一学校总校校长、北京第一实验学校校长

现象式学习强调学科知识的综合性与学习方法的整体性，通过将现实中的某个具体现象置于更广阔的背景之下，发展学生解决问题的能力。毫无疑问，这是一场从"教什么"到"怎么教"再到"怎么学"的教育革命。在这场革命中，我们得承认，芬兰走在了前面。当然不是"什么都是外国的好"，但正在走向伟大复兴、

实现全面现代化的中国，需要数以亿计面向未来的创新型人才，这呼唤着中国教育亟须一场以学生发展为本的教育改革。在这方面，芬兰的探索对我们而言是有借鉴意义的。何况，"教育要面向现代化，面向世界，面向未来"依然应该是我们今天教育发展的指南。这就是我郑重推荐芬兰著名教育家、赫尔辛基大学教育心理学教授科丝婷·罗卡博士《现象式学习》一书的原因。

——李镇西

新教育研究院院长、成都市武侯实验中学原校长

多年来，我们一直在思考教育的本质和功能，我们的教育行为也因此产生了深刻的变化：教育不能只关注学生的学习成绩，也要关注他们未来的发展，要在当下和未来之间找到一个平衡点。学校要培育良好的教育生态，关注学生的生命、生活、生长。《现象式学习》一书在我们共同探索、朝着未来前进的道路上与我们的理念同行。

——陆云泉

北京一零一中（教育集团）校长、国家督学、

北京市特级教师协会会长

教育的发展离不开优秀的教师团队建设，多年来我一直在思索如何推动教师专业化发展，为素质教育提供人才保障。读了罗卡教授的《现象式学习》，能了解到国际先进的教育体系是如何平衡

师生关系，让教师成为学生全面发展的助推器的，我把这本书推荐给国内更多的教育界同人。

——王　华

北京师范大学第二附属中学校长

现象式学习强调培养学生整体性的学习方法，并重视培养学生解决实际问题的能力，它与我们现阶段课程改革的理念不谋而合。如何做真实、扎实、朴实的教育，使学生具有个人终身发展和社会发展需要的必备品格与关键能力，我想这本书会给我们启发。

——高玉库

深圳市第二高级中学校长

学生创新力不足、解决问题的综合能力弱是我国教育的一大短板。科丝婷·罗卡教授的《现象式学习》一书详细介绍了芬兰是如何在中小学试行跨学科的"现象式学习"的。看完本书后，我想，在没有根本上改变中高考制度前，我国中小学实行"现象式学习"的方式可能还为时过早，但能否在不该受应试教育束缚的大学中实行"现象式学习"，例如，可以要求学生在每学年参与一个"现象式学习"项目，在发现问题、解决问题的过程中锻炼自己。

——汤　敏

国务院参事、《慕课革命》作者

芬兰的教育是一个值得学习的对象。没有题海战术，没有大量的补习班，但是考试成绩却是世界领先。这本书详细揭示了芬兰教育的系统性思路，对教育感兴趣的人一定要读一读。

——樊　登

樊登读书创始人

我在 2018 年去过三次芬兰，有机会系统地接触芬兰基础教育，包括学校和教师培养的体系，也是那一年我开始了解芬兰的"现象式学习"及其背后的理念和方法。理念本身并不新鲜，百年前杜威、陶行知倡导的"生活即学习，社会即学校"，其实就是"现象式学习"所倡导的。但是如何把这样的理念系统、全面且真切地落实到一个国家的现代教育体系里，却是巨大的挑战。这本书阐述了芬兰是如何做的！小到具体的教学实施，大到体系的设计和思考，因此非常有借鉴意义。虽然这是芬兰作者的书，但其实教育的育人本质是无国界的，希望所有的读者都可以像我一样从中受益。

——李一诺

一土教育联合创始人、2016 年"全球青年领袖"

芬兰是一个只有 550 多万人口的小国，不足上海人口数量的四分之一；芬兰又是一个教育大国，能把教育做到世界顶尖。全球第一的好成绩可不是靠补习班、题海战训练出来的。芬兰学生不仅成绩好，创造力也很强，还快快乐乐没有压力。它究竟做了什么，让自己成为全球具有重要竞争力的国家之一，同时又能把教育做到如此强大呢？在这本书中，你将会找到答案。这本书提出了"现象式学习"这个概念，讨论了教育的最新发展、创新的教学方法和新的学习环境。不仅对芬兰自身的教育行业有指导意义，同时也能激励那些仍在追求更好生活的国家的人们。

——郝景芳

"雨果奖"获得者、科幻作家、童行学院创始人

芬兰教育为什么是世界第一？芬兰教育成功的秘密是什么？这本有趣、有料的书不但给出了精彩答案，而且对教育的未来发展有深刻洞见。建议所有从事教育工作的人和关心教育的人都读一读，一定受益良多。

——马国川

中国教育三十人论坛秘书长、《财经》杂志高级研究员

我接触的身边很多的老师在这几年陆续想要了解"现象式教学"，之前科丝婷·罗卡教授来中国的时候，我也采访过，罗卡教授曾经用芬兰语写作过 20 多本阐述教育和学习的书，芬兰的教师都受到过她的理念的滋养，这本《现象式学习》是她的第一本用英语写作的书，面向全球。我们应该看看，世界上好的教育长什么样子，而我们的教育，是时候离开旧有的跑道，迈入世界公认

的教育新赛场了。

——三川玲

"童书妈妈三川玲"创始人

这是一本"源""流"兼顾的对芬兰新课程标准的解读，解读重点为"现象式学习"，书中列举的现象式学习项目覆盖真实生活的方方面面，描述了理想的学习形式：坐在驾驶位上的学生，行进在学习的道路上，进行着"心流体验"。作者用现象式学习的方式组织相关内容，阅读这本书作为一次现象式学习历程，确实能够产生"心流"。

——吴欣歆

北京师范大学文学院研究员

陷于凡此种种行动而匆忙赶路，并不是教育的真正含义。学科教学与知识获得的根本意义与终极价值，是让学生发现上述一切之下的逻辑根系，从而形成超乎其上的与世界深层次关联的智慧。这可能是您阅读这本书后最大的感慨！

——郭 锋

北京市朝阳区教育科学研究院副院长、"四界语文"倡导者

《现象式学习》一书对广大的中国中小学一线教师而言的意义，在于能帮助我们更好地审视当下正在进行的教育变革，深入思考

变革过程中出现的现象与问题。例如，面对方兴未艾的项目式学习，教师需要更多地重视过程而不是结果，更多地关注学生批判性思维与创造性思维的形成而不是"唯成绩论"，更多地为学生学会学习提供真实有效的帮助而不是只教授知识本身，更多地强调整体性的学习方法而不是割裂学科之间的关联以及知识点的单摆浮搁……特别是在当下"双减"政策的出台这一重要的教育背景下，这本书能够为我们重新审视课堂提供有益帮助。

——周　群

北京景山学校正高级语文教师、北京市特级教师、

"项目式学习"实践专家

文化互鉴，以教育迎接 21 世纪的挑战

亲爱的中国读者：

　　非常高兴科丝婷·罗卡教授的《现象式学习》一书的中文版终于和大家见面了。在中国，人们对芬兰教育的兴趣日益浓厚，所以我相信，你们一定会对这本书中的内容感兴趣。尽管芬兰文化和中华文化之间存在巨大差异，而且芬兰是一个很小的国家，但两国有利益共通处。在这本书的开篇，你将了解到芬兰、芬兰教育、芬兰语等方面的简史，这些内容有助于读者了解我们的历史。罗卡教授写作的初衷并不是要告诉其他国家应该对教育体系做些什么调整，而是为了启发读者，并在国与国之间建立起相互理解。

　　一直到 20 世纪 50 年代，芬兰都是一个贫穷的国家，但我们通过投资教育、辛勤工作，重建了我们的国家。在芬兰，除了水和森林，其他自然资源都很匮乏，教育是在两次世界大战后让我们的民族得以重建的关键因素。这也是为什么教育对我们来说至关重要，国民的智力活动和创造力是我们的主要财富，我们需要不断培育人民的心智发展。作为中国读者，你可能也会对中芬两国学校体系的不同之处感兴趣，甚至会感到惊讶。

中国有众多高质量的大学、学者和优秀的学生，还拥有古老而显赫的文化，但依然面临着许多全球性的挑战：为了应对数字化、全球化、气候变化和其他复杂问题带来的新挑战，我们需要提出新的解决方案来改善我们的教育体系。在21世纪，未来的学习者将和他们的前辈截然不同。

我们需要推广21世纪人才需要掌握的许多技能，如编程、人工智能、沟通技巧、创业精神、消费技能等。芬兰的新国家课程标准以及我们校园内最新推广的数字化知识实践可能是你感兴趣的解决方案。我们引入的现象式学习引起了全球的兴趣，尤其是在中国。你也可能会对社交和情感技能学习的话题感兴趣，因为在中国，人们日益关注青少年的具体福祉。这本书还揭示了学校改革中面临的一些挑战，改革我们的学校和师范教育并非易事，而且所有这些挑战都是全球性的，它们对于中国读者和其他各国读者的触动同样深刻。

我们不仅仅要开发智力。对于芬兰教育而言，激发学习者的学习动机、兴趣和乐趣非常重要。我希望你在阅读这本书时找到自己的兴趣所在，享受读书的快乐。

萧海岚（Jarno Syrjälä）

芬兰驻华大使

2021年6月30日

现象式学习：面向未来的全球教育新探索

中信出版社的编辑将芬兰著名教育家、赫尔辛基大学教育心理学教授科丝婷·罗卡博士的重要著作《现象式学习》交给我阅读。这本书的原版是用英语写作的，书名为 *Phenomenal Learning from Finland*，讲述的是来自芬兰最新的学习和教育理念，但其中最重要的内容则是关于现象式学习（phenomenon-based learning），或译为基于现象的学习这一先进的学习理念。

何为现象式学习？正如罗卡博士所说，它是一种强调整体性的学习方法，综合了来自不同学科的知识，学生们通过协作研究某个现实中的具体现象，其目的不是取代科目学习，而是将其置于更广阔的视角之下，发展学生解决问题的能力——这是一种极具吸引力的新的学习模式。

我于1993年开始在联合国教科文组织总部工作，2015年，我在担任教育助理总干事期间，曾主持出版了该组织的一份名为《反思教育：向"全球共同利益"的理念转变？》的重要报告。在这份对全球教育发展理念产生了重大影响的报告的序言中，时任教科文组织总干事伊琳娜·博科娃女士曾提出一系列颇有启发性的问题：我们在 21 世纪需要怎样的教育？在当前社会变革的背景下，教育的宗旨是什么？应如何组织学习？我们当时组织了各国的高级专家对这些问题进行了深入的探讨，反思不断变化的世界中的教育问题，以确定全球教育的未来方向。在该书的鸣谢中我也曾执笔道：这份简明文件可能会影响到学习的组织方式和激发教育前景辩论的各种问题。

后来的全球教育发展印证了我们的期待。比如，在全球兴起的 STEAM 教育运动，综合了科学、技术、工程、艺术和数学的课程，而芬兰的现象式学习则更进一步，因为它打破了学科之间的界限，目标是塑造面向 21 世纪的新型人才，使他们能够应对并有能力解决全球诸多棘手的问题，诸如新冠肺炎全球大流行这样的前所未见的关系到人类共同命运的艰巨挑战。

众所周知，芬兰中小学生曾在 PISA（国际学生评估项目）测试中连续名列前茅，这一突出的成绩引起了全世界对芬兰学校和教师教育的兴趣。已有很多研究论文讲述到：芬兰每十年进行一次大的教育改革，最近的一次教育改革的核心是从教什么到怎么教和怎么学的转变，也就是把原来单纯传授知识的内容，尽量转变成培养和提高学生学习能力的内容，"增加学科的融合是为了培养学生能力，提高学生学习效率和效果，绝不是学科的消亡"。

最近的这次重要的教育改革带来的成果是于 2016 年颁发施

行的《芬兰新国家课程标准》（以下简称新课程标准），它是基于芬兰教育的实际情况以及国家整体发展战略而制定的，正是在这样不断的、积极的探索中，现象式学习诞生了，并被纳入其国家新课程标准之中。芬兰的这次教育改革更加强调了孩子在学习中的主体地位，要求老师根据孩子们的求知需求，结合当地的特色实施教学。在这一背景下，"现象式学习"就成为一种现成的、可以迅速推广的学习模式。

《现象式学习》一书的作者科丝婷·罗卡博士曾在多个大洲的许多国家工作过，为芬兰的教育带来了最新的想法和理念，曾获得芬兰总统颁发的白玫瑰骑士勋章，她也是"现象式学习"这一创新学习理念发起及推广应用的关键人物。

2019 年暴发的新冠肺炎疫情对全世界的教育体系造成了很大的冲击，世界上几乎没有一个国家的教育体系得以幸免。同时我们也看到，一些新的教育模式，例如利用通信技术手段进行远程学习，在这次疫情期间显示了巨大的优势。学习环境，乃至整个学习生态的变化，加速了教育界对未来教育的思考。

值得一提的是，联合国教科文组织正在组织撰写一份《教育的未来：学会成长》报告。我们知道联合国教科文组织在 1972 年发表了《学会生存：教育世界的今天和明天》（简称《富尔报告》），提出了终身学习和建立学习型社会的理念；1996 年又发布了《学习：内在的财富》（简称《德洛尔报告》），提出了教育的"四大支柱"，即学会认知、学会做事、学会做人、学会共存。这次新报告则更进了一步，是"学会成长"。它总结了近年来世界各国教育工作者所采取的行之有效的教育理念与经验，旨在重新构想知识和学校如何能塑造人类和地球未来的全球倡议，非常值得我们期待。

在我领导联合国教科文组织教育领域工作期间，曾与芬兰的教育部长和教育界人士有过多次接触与讨论。他们面向未来，孜孜不倦地探索创新的精神给我留下了深刻的印象。我想我们应该感谢科丝婷·罗卡博士以及芬兰的教育工作者，他们与未来对话、高瞻远瞩，根据时代发展的趋势，为塑造适应未来社会的实用型人才不断创新学习方式。更加可贵的是，他们将自己通过研究和实践收获的新理念、各个层次教育发展的行之有效的经验，毫无保留地介绍到国际教育界，以自信、坦诚、无私的态度，与各国同人进行真挚的分享和交流，让我们中国的读者朋友能够读有所获、反思、借鉴及进一步成长。

世界在变化，教育也在变化，我们对于教育的审视及憧憬无时无刻不在进行着，期待这本书能够给中国教育界、教师、学生和家长带来不同的视界和启迪。

唐虔 博士

联合国教科文组织前教育助理总干事

2021年6月

自 序

本书介绍了芬兰教育的最新趋势。目前，市面上已经有一些从总体上介绍芬兰的学校和教育情况的不错的书籍，因此没有必要重复这些内容。但是，国际上论述芬兰教育应该何去何从的书籍并不多。芬兰的教育领域变化迅速，有关芬兰教育中面向21世纪的核心能力以及令人兴奋的现象式学习的概念对其他国家的读者而言仍然是陌生的。

我从2005年开始在芬兰赫尔辛基大学担任教育心理学教授。我非常高兴能为师范学生教授心理学课程。我们的师生都非常优秀。我也很荣幸能够在过去的十多年里参与我们师范教育和学校体系的发展。创新教和学的方式以及开发新的学习环境一直是我发自内心想做的事情。

1986—1996年，我在心理学系进行科研工作，主要研究学生的学习方法和开发新的激励学生的方法。1996—2001年，我在医学系工作，帮助他们转向基于问题的学习模式。此外我还参与开展了提高医生沟通能力的培训。

我还在很多其他国家工作过。1988—1990 年，我在加拿大的多伦多跟随卡尔·贝赖特、玛琳·斯卡德玛丽亚和戴维·奥尔森教授完成了我的博士课程。迄今，他们仍然是我的良师益友。2001—2005 年，我在瑞典斯德哥尔摩的卡罗林斯卡学院担任医学教育的教授并创建了学习中心。2006—2008 年，我在荷兰格罗宁根大学医学院担任 J. H. 比耶特荣誉教授。目前我是南非西北大学瓦尔河三角校区的特职教授，同时我还是该校由伊恩·罗特曼教授领导的跨学科眼科重点研究领域的研究小组成员。我也是中国台湾科技大学数位学习和教育研究所的董事，在那里我与陈素芬教授和蔡今中教授合作。我曾经居住过的以及现在居住的国家和地区都在我心中占据着重要的位置。我学会了拥抱不同的文化和不同的生活方式。我的本意并不是说，其他国家和地区都必须向我们学习，我们也可以从其他国家和地区学习到很多东西，例如，我的加拿大朋友帕特·科姆利是跨文化领域的专家，我一直能从她那里学到先进的知识。

2017 年对芬兰而言是非常特殊的年份——芬兰独立 100 周年。2016—2017 年，我利用学术休假的机会向全世界介绍芬兰的教育创新。我来到非洲、欧洲其他国家、东亚以及澳大利亚，做了很多关于我们在学习和教育方面的研究及发展的主题演讲。我也花时间在剑桥大学的教育学院和简沃·蒙特教授、美国印第安纳大学伯明顿分校的公共卫生学院和安吉拉·周教授一起切磋分享。我从这些地方汲取了很多知识，也意识到我们在发展日新月异的世界里面临着共同的挑战。我非常感谢芬兰的珍妮和安蒂·维胡里基金会对我此次学术休假的资助。对我来说这是一次脱胎换骨的机会，它释放了我巨大的创新潜能，没有这次机会，我就不可能动笔写本书。

其间，我遇到了很多对芬兰的学校和师范教育很感兴趣的人。我向他们讲述了我在本书也讲到的一些故事。很多人有意愿向我了解更多的信息，因此，我意识到，虽然我在芬兰的同事出版了不少关于芬兰教育体系的优秀书籍，但我们尚未真正对外介绍和讲述过我们在教育心理学领域长期进行的研究的重要性及其发展。我也从欧洲学习与教学研究协会的同事那里学到了很多。协会的前会长——艾尔诺·莱赫蒂宁和萨利·林德布洛姆都是我非常珍视的合作者。

我灵感的来源之一是赫尔辛基大学的教师学会。我是该学会的创始人之一。它帮助我在全校的 12 个学院中有关优质学习和教学实践的领域开发了很多新的课程。我们在一项名为"进阶式师范教育——新颖的混合学习环境"的项目中开发了一种新的混合学习环境，该项目得到了芬兰国家教育委员会的资助。其理念是帮助现在和未来的教师发展面向 21 世纪的能力以及管理现象型教学项目。我们希望，这种处于计算机支持下的混合环境能够在未来帮助世界各地的教师开展教学工作。

我的博士后学生马库斯·塔尔维奥、阿曼蒂普·迪尔、埃利娜·凯托宁也非常棒。我曾经是他们的导师，现在我们是好朋友和同事。我们一起完成了很多有趣的事！我和马库斯·塔尔维奥都对社会和情感技能方面感兴趣。我们合作研究国际狮子会的一个全球评估项目和欧盟伊拉斯谟的"学以成为"项目。我们还合作完成了本书技能板块二中的部分内容，我非常高兴与他共事。阿曼蒂普·迪尔来自印度，他在我们的研究团队中担任"全球大使"的关键性角色。如果没有他，我们的全球网络就不会如此广泛。阿曼蒂普也是数字化和新媒体方面的专家，他为我们打开了通信工程的世界。埃利娜·凯托宁是研究学习中情绪和动机方面的专家。她在最先进的统计方法方面绝对出类拔萃。如果没有她的数学思维，我们的研究就不会绽放出如此美丽的花朵。

我和基莫·阿尔霍教授、凯·哈卡赖宁教授、卡塔琳娜·萨尔梅拉阿若教授组成了 4K 小组。（因为我们名字的开头字母都是 K。在芬兰，人们是可以直呼教授名字的！）我们在不少科研项目中有过合作，比如在芬兰研究院（2013—2016 年）资助的"关注数字原住民与教育实践之间的距离"项目中，我们开始跟踪芬兰的"00 后"，这些年轻人刚刚年满 18 周岁，我们的新项目也在持续跟踪他们的情况。我们的新项目"缩短距离"同样由芬兰研究院支持。由芬兰战略研究委员会资助的最新项目"成长的头脑"让我们可以继续这项工作。我们的网络囊括赫尔辛基、坦佩雷和图尔库的大学以及英特尔、联想和部落等公司。我们也在全国范围内和多家公司、多所大学合作。赫尔辛基市也是"成长的头脑"项目的主要合作方。像亚里·拉沃宁教授这样的科学教育方面的资深专家也参与了这一项目，和他一起工作总是充满乐趣。

　　我和我的硕士研究生以及博士研究生合作完成了本书的一些章节。他们是明娜·伯格、劳里·赫达亚尔维、米拉·克鲁斯科普夫、海蒂·拉玛萨里、尤霍·马科宁、埃丽卡·马克斯涅米和劳里·J. 瓦拉。他们来自赫尔辛基大学教育心理学的科研小组，他们中的大部分主修教育心理学，并且有全科教师的师范教育背景。和这些年轻学者一起工作是很愉快的事情。鼓励年青一代学者成长并与他们分享至关重要，这样可以紧跟最新的发展方向并保持开放的心态。在当今世界，跨代际的学习之所以重要，是因为我们能够和年轻人相互学习。

　　本书的大多数年轻作者同时也参与微软资助的一个项目。该项目同部落公司合作为芬兰教师开发新的教学工具。该工具用英语和芬兰语发布，帮助教师分析他们实现《芬兰新国家课程标准》教学目标的情况。为了庆祝芬兰独立 100 周年，所有的芬兰老师可以免费使用该工具。这项工作有助于我撰写本书有关新课程标准和其中的综合横贯能力的内容。

　　我们用了七个技能板块来描写 2016 年新课程标准中涵盖的面向未来的七大横贯能力。我们的材料来源于芬兰国家教育委员会、国内和国际文件中有关 21 世纪最重要的技能，例如沟通、创造力、批判性思维和计算机知识方面的内容。这些信息也是公开的，其英文版可以从 https://www.oph.fi/ 获得。撰写具有连贯性的、以研究为基础的观点可以使全球读者更容易理解。

　　如果没有芬兰的产假制度、公立幼儿园、学前班和免费的教育，我可能永远不会成为一名教授。我对北欧的这一体系深怀感激，不管你的收入、性别和背景如何，它给予每个人平等的机会。我是一个快乐的纳税人。

　　在当今世界中，个体如果没有了网络、同事、学生、朋友及家庭，那么他会显得微不足道。我感谢所有在本书的写作中给予我帮助和慷慨分享他们智慧的人。在本书的序中无法一一提及他们的名字，我在此深感抱歉。我也非常感谢我亲爱的丈夫李斯托和女儿米娜及蒂伊，他们让我每年可以在科沃拉的湖边度过 7 月。芬兰的大自然以及新鲜的空气让我的头脑保持清醒，而且一整年都有一份好心情。我希望能够通过本书把这种积极的情绪传递给读者。

科丝婷·罗卡

导 言

　　目前，芬兰教育体系和师范教育的最新发展成果在全球范围内引起了人们浓厚的兴趣。芬兰的 PISA 测试结果引发了世界上其他国家对我们的好奇，很多人正在关注下一步在芬兰会发生什么。我们的教育体系举世闻名，而这实在令人吃惊，因为我们人口稀少，而且我们的历史充满了贫穷和战争。尽管如此，自古以来，教育和识文断字在我国一直受到高度重视。我想有必要介绍一下我们的历史来帮助大家理解我们的思维方式。我们民族的故事以及我们共有的、集体的信念是这一核心。芬兰的民族意识兴起于19 世纪末期，当时赫尔辛基大学的很多教授参与构建我们的社会和教育体系。从此，芬兰政府和学术界之间就一直保持着强有力的联系。在今天的芬兰，教授依然活跃于各种团体和协会中，不断促进教育的发展。

　　成为"优秀"也有弊端。芬兰教育的重点不是对儿童进行测试。当第一次 PISA 结果公布的时候，芬兰最先质疑和批评如此严苛的测试方法。我们中的大多数人对这一体系感到惊讶，不知它有什么优点。很多人对这种不分背景和社会经济地位、一视同仁的教育体系持怀疑态度。我们的自我怀疑和自我批评态度相当执着。慢慢地，围绕 PISA 的炒作和数以百计的访客来到大学开始对我们产生影响。我们开始变得过于自满而不愿意向前迈进和采取新的措施来继续发展我们的教育体系。当有人建议所有的系统都应该时时更新以紧跟社会变革时，不少教育工作者会质疑：为什么要修补还没有破损的东西？

还记得发生在芬兰企业诺基亚身上的一切吗？因为它停止解读那些预警信号，最终导致手机业务的终结。诺基亚需要引入全新的商业战略，而现在它在全球的网络业务中依然相当成功。我们从中吸取到的教训是：逆水行舟，不进则退；亡羊补牢，未为迟也。

关于学习的新思想挑战着我们。无论我们是否愿意，数字化、自动化和全球化已经存在，没有人能够仅凭借昔日的光辉历史就保持出色的工作。目前，孩子们的幸福感和对学校的归属感正在面临着巨大的挑战。如果我们不小心谨慎，我们出色的教育体系将会成为历史。这正是写作本书的目的——放眼未来。即使在芬兰，我们也必须把宝贵的教育体系提升到前所未有的新高度。这要求我们对学习的方式进行广泛的变革，这也将影响到师范教育和学校发展。我们在全球范围内面临着共同的挑战和类似的问题。芬兰不再是偏安一隅、自给自足的国度。我们一直在向其他国家和地区的同行借鉴学习。一个稳定和公正的社会是运作良好的教育制度的前提。在促进学校的跨文化氛围以及结合福利制度和欣欣向荣的商业社会的优点方面，加拿大一直走在国际前沿。新加坡、日本、爱沙尼亚和中国台湾地区在科学教育方面都领先于芬兰。这些国家和地区在创新与技术方面的变革比我们更加敏捷。

在第一章中，我概述了在 19 世纪和 20 世纪芬兰迈向繁荣的初期，文化和教育领域发生的奇迹。我从更久远的历史时期开始谈起，但很快就跳跃到民族觉醒、教育体系初创和独立的阶段。我会谈及我们教育体系蹒跚学步的时期和芬兰人的国民性格。尽管总会存在模式化的风险，但我们国家的确有一些特殊之处，这些能帮助读者理解我们是谁以及我们下一步将去往何方。芬兰已经采取了很多新举措。我希望这一章能给那些仍在贫穷、饥饿和暴力中挣扎的国家带来希望。从芬兰学到的经验就是：教育永远是最好的投资，而平等和对女性的教育是社会繁荣的关键。如果我们能够在 50 年内做到这一点，为什么其他国家不能呢？教育是使人类从赤贫走向繁荣与和平的必经之路。

第二章"来自教育心理学的启示"讲述了在过去的 30 年中教育心理学在全球范围对促进学校发展所起到的作用。关于记忆如何运作、什么是专业知识、人际交往的重要性何在以及对动机和情感在学习中的作用的新认识促进了学校和教育的变革。科技对年轻人心智和大脑发展的利弊是什么？我和其他同事一起探讨了这些问题。

　　本书的重点并不在于告诉你如何教，而是告诉你如何学。在教育的新纪元，学生的学习环境被优先考虑。那么，为什么以及如何开发学习的环境呢？这一章将介绍创新的教学模式、新颖的学习环境和支撑我们新教学计划的概念。

　　后面的技能板块将涵盖七个基础广泛的能力，这些能力是于2014 年发布并于 2016 年实施的芬兰新课程标准的关键部分。它定义了 21 世纪的新型人才所需要的七个基础广泛的横贯能力。这些板块将一一介绍七个领域的横贯能力。这些内容是由我和我的年轻同事合作完成的。

（1）思考与学会学习（同尤霍·马科宁合作）

（2）文化感知、互动沟通和自我表达（同明娜·伯格、马库斯·塔尔维奥合作）

（3）自我照顾和管理日常生活（同埃丽卡·马克斯涅米合作）

（4）多元识读（同米拉·克鲁斯科普夫、海蒂·拉玛萨里合作）

（5）信息及通信技术（同米拉·克鲁斯科普夫、劳里·赫达亚尔维合作）

（6）职业技能和创业精神（同海蒂·拉玛萨里合作）

（7）参与、影响和构建可持续发展的未来（同埃丽卡·马克斯涅米合作）

第三章是关于"现象式学习"的起源、发展和现状，本章是与苏维·克里斯塔·韦斯特林合作完成的。以现象为基础的学习理念并不新鲜，但要在现行的以科目教育为基础的课程框架内进行"现象式学习"仍面临着挑战。

最后，第四章"展望未来"将探讨目前正在进行的创新。我们如何百尺竿头，更进一步？只是自我满足、谈论过去的辉煌，无疑注定走向衰败。我们要想出新方法，把我们的学生培养成积极的公民，使他们能够应对全球诸多棘手的问题。此外，未来，教育依然是幸福和繁荣的关键。我们可以对教育进行改革和创新，但其重要性永远不会降低。

目　录

第三章
现象式学习 231

第四章
展望未来 261

第一章

知过往，方能更了解前路

知过往，方能更了解前路在何方。我认为值得花笔墨谈一谈芬兰人是如何奇迹般地通过拼搏从极度贫困走向富裕和平等的。在 19 世纪，芬兰就高度重视学校教育和读书认字。许多连食物都买不起的人却渴望买书。今天，免费开放的图书馆仍然是芬兰人度过闲暇时间的热门去处。这也许会给那些仍在每天挣扎的人以及正在去往更好生活路上的国家带来些许激励。本书为纪念芬兰独立 100 周年（1917—2017 年）以及为感兴趣的读者揭示芬兰成功的部分秘密。

为了写这本书，我查阅了芬兰历史和芬兰语的发展历程。我要把丰富的信息来源归功于芬兰的《科学》杂志。该杂志每月都发表一些关于我们的基因、考古、文化遗产和历史的最新发现。它不断更新人们对于科学、历史和人类的理解。

我在非洲时的经历使我意识到讲故事的重要性。在我所能了解到的最完善的知识基础上，我用了叙事性的手法讲述本章中的故事。我借用讲故事的方法将自己的祖先和家族中长辈经历过的事件娓娓道来。

这一章针对那些对历史、文化和语言感兴趣的读者。同时，也简单描述了我们的教育体系如何发展至今。迄今已有很多关于芬兰教育和芬兰学校的书籍，因此没有必要重复它们的内容。例如巴斯·萨赫伯的《芬兰的经验》就曾是一本畅销书。我还推荐由汉内娜·涅米教授、阿尔托·卡利翁莱米教授和奥利·图姆教授在 2016 年主编的《教育的奇迹——芬兰学校教和学的原则和实践》。如果你希望对芬兰历史和教育体系的细节有更多了解，可以看看这几本书。

从何而来

近年来随着 DNA 研究和其他人类学更高级的研究方法的发展，我们对于很多历史事实的理解发生了变化。我为什么要给你们讲这个故事？也许它能帮助你理解教育和公平在帮助我们建立一个民主国家的进程中发挥了多么重要的作用。也许这个故事会给人以希望。如果芬兰能够做到，那么为什么那些至今仍在贫穷和饥饿中的国家做不到呢？芬兰人的精神可以用一个芬兰词语"sisu"来描述，它是指勇气和韧性。

芬兰人最初以狩猎和捕鱼为生，我们是欧洲最后进入农耕社会的民族。我们国家的芬兰语名称是"Suomi"，有人认为它起源于"Suomaa"——沼泽之国。然而，一些研究人员现在则认为这个名字起源于另一个爱沙尼亚语中的单词。

芬兰被瑞典统治了至少600年。尚无确切的历史证据表明瑞典究竟是在哪一年征服了芬兰，但大约是在13世纪。芬兰过去由部落和边远地区组成，所以一直到1323年都没有确切的边境线。芬兰东部的一些地区至今仍然非常欠发达。我们的东南部地区边界附近时不时会成为瑞典的一部分。特别是在芬兰东部的一些地区，人民仍然非常不愿意放弃他们的原始信仰。我们的祖先崇拜自然。古老的芬兰信仰及神灵与很多国家原住民的信仰和神灵类似，比如"乌科神"（无所不能之神）、"塔皮奥神"（森林之神）、"阿赫蒂神"（湖神）等。对一些小的精灵，例如小矮人、仙女和森林小妖的膜拜一直延续到基督教时代。很多家庭都有自己的看家精灵。

> ❝ 芬兰人与自然的密切关系一直延续到今天。城市居民经常在他们位于乡间的小木屋度过夏天。20世纪50年代，我的祖父在湖边建造了一座朴实的房子。至今它依然是我们夏天最喜欢消磨时光的地方。徒步、采摘莓果和蘑菇、观鸟、钓鱼和打猎是芬兰人普遍的爱好。在冬季，滑雪、溜冰等户外运动深受芬兰人喜爱。很多芬兰人享受去森林里散步。❞

民族史诗《卡勒瓦拉》借助口传叙事、民谣和民歌，讲述了民间故事。19 世纪，艾里阿斯·隆洛特四处旅行，结识民间的吟唱艺人和说书人，他记录和整理了他们的故事和诗歌，并把它们收录在《卡勒瓦拉》中。归功于诗歌中相同的韵律，这些口头叙述的故事和诗歌被相当完好地传承下来。古时候，这些故事很可能是人们娱乐和学习的主要来源。

古代史中的残酷环境

历史上，芬兰多次经历极度的贫穷乃至饥荒。在小冰河时期，北欧地区出现了极度寒冷。在死亡率最高的 1695—1697 年，芬兰总人口的 28%，即 14 万人死亡。之后一次大的灾难发生在 1866—1868 年，饥荒也袭击了欧洲的其他地区，例如爱尔兰。那时气候条件恶劣，两年时间几乎颗粒无收，政治统治无度。大约 20 万芬兰人在这 3 年中死于疾病和饥饿，约占当时总人口的 10%。"像饥荒年那么长"这个俗语至今仍在芬兰被使用。距今最近的饥荒年份分别出现在 1918 年前后、20 世纪 30 年代的大萧条时期以及第二次世界大战期间。

一些人并不了解，芬兰人民也是数百年奴隶贸易的受害者。在中世纪和近现代时期，东欧的奴隶贸易路线一直延伸到里海和中亚。尤卡·科尔佩拉教授的一项研究表明，历史上，在今天芬兰的部分地区、卡累利阿和波罗的海国家的袭击中被抓获的人，最终会在偏远的贸易路线上被出售。金发少男少女被视为具有异国情调的奢侈品，远方市场对他们的特殊需求使得远途的奴隶贸易有利可图。奴隶贸易甚至一直延续到俄国统治芬兰时期的1713—1721年。那段时期在芬兰历史上被称为"俄国统治时期"或"暴怒期"。芬兰人继续被当作奴隶贩卖，同期在芬兰暴发了瘟疫。

芬兰也有着各种和平时期的文化往来。许多年来，对外贸易一直是芬兰人谋生的方式，从最初的皮草贸易到后来的焦油贸易。贸易商人和其他访客经常经海路到达，当然也有穿越东部边境从事贸易和移民的人。最新的基因研究显示，芬兰人不仅有萨米人（居住在拉普兰德地区的原住民）的部分基因，而且还有来自北西伯利亚、北欧国家和其他地区的基因。虽然和其他国家相比，我们的基因库仍属非常独特和孤立的，但我们也具有历史上各种交流和融合而成的混合基因。最近的基因研究结论挑战了我们是来自乌拉尔地区单一种族的古老说法。

欧洲两大列强之间的战场

很久以前，芬兰深陷欧洲两大列强——瑞典和俄国之间的斗争。1809年以前，芬兰是瑞典王国的一部分。俄国经过数个世纪的战争和冲突，从瑞典手中夺走了芬兰。需要说明的是，芬兰东部的某些地区从来就没有真正融入瑞典。靠近俄国边界的芬兰东部地区贫穷落后，苦难不断。随着岁月的流逝，芬兰的东部和西部在文化，甚至遗传基因上都产生了差异。在东部，瑞典语传统上被视为上流阶层，甚至是征服者的语言，至今仍不受欢迎。

> 我的家族罗卡氏源自芬兰东南部的巨米。该地在历史上有时属于俄国，有时属于瑞典。巨米河还曾是两个王国之间的界河。在距离圣彼得堡不到300公里的巨米地区，艰难时期占据着人们生活的大部分时间。许多人对贵族和政府深表怀疑。讲瑞典语的上流阶级在那里不受欢迎，因为瑞典国王曾经征收重税，进一步加重了贫苦人民的负担。
>
> 罗卡氏的祖先自16世纪就在瑞典国王的军队中服役。在西伯拉的罗卡农场，人们会派一名男性出征，并上缴一匹战马，以换取政府免税。自18世纪起，农场获得了更多的特权。我的父亲告诉我，几个世纪以来，只有一次，一家之主必须上战场，那是因为其他的男性都死了，他们也付不起钱让其他男性代替出征。幸运的是，罗卡氏的祖先活着回来了，要不然，就不会有今天写这本书的我了。

从自治到独立

在成为俄国的大公国之后，沙皇亚历山大一世给予了芬兰自治权。1809—1917 年芬兰曾是俄国的自治领地。很特殊的一点是，当时的每个芬兰人都是自由人，而直到 1861 年俄国绝大多数的农民还是农奴身份。芬兰保留了双语制度（将瑞典语作为官方语言），同时芬兰也保留了瑞典的立法和自己的议会。很多芬兰历史学家，例如马迪·克林格教授认为，在俄国统治下的自治时期是芬兰国家的真正开端。19 世纪，我们自己的语言和文化开始欣欣向荣，凝聚起了民族精神。著名的芬兰作曲家让·西贝柳斯、诗人埃伊诺·雷诺、教授艾里阿斯·隆洛特和建筑师埃列尔·萨里宁是构建我们浪漫民族主义文化的先驱人物。

随着俄国内部暴风雨式的革命爆发，芬兰在 1917 年获得了独立。我们国家有太多受压迫的穷苦的人民，他们相信共产主义会带来改变，同时他们支持布尔什维克。独立后的第二年芬兰就卷入了惨烈和血腥的内战，交战的双方为红军和白军（左派和右派）。随着德军前来支援白军，结束了 1918 年的这场持续了 4 个月的内战，但这场在国家创建之初发生的战争，在人们的心灵深处割下了深深的伤口，左派和右派用了很长的时间来修复割裂。

我们的国家依靠艰苦的努力保持了民主制度。建国初期，曾经有让芬兰成为君主制国家的方案，甚至出现了芬兰国王的候选人。但是我们最终选择了共和制，我们的首任总统是卡罗·尤霍·斯塔尔伯格。强权的总统加多党议会制度诞生了。

第二次世界大战于 1939—1944 年在芬兰境内燃起了熊熊战火。芬兰和苏联作战多年，特别是 1939—1940 年的冬战变得有些传奇色彩，因为那时芬兰没有任何外援，完全是孤军作战对抗强大的对手。尽管芬兰割让了卡累利阿的大片领土，包括通往北冰洋的富庶城市维堡和东部的一些地区，但芬兰依然努力保持了独立。战后的芬兰贫穷且满目疮痍，除了战争遗留下来的孤儿、寡妇和伤残军人外，还有很多来自卡累利阿的难民。我们从那样的起点发展成今天世界上最富裕和最安全的国家之一，不能不说是一个奇迹。

> 我的祖父阿尔维·罗卡（1900—1972 年）藏身于森林而躲过了 1918 年的内战。那时红军占领了该地区。阿尔维是在火车站工作的一个年轻工人，红军抓住了他，并命令他枪杀作战的另一方。他没法这么做，所以逃进了森林。这是非常危险的事情。他告诉我们他靠喝石缝里的水和苔藓上的露水为生。那时还是春季，森林里没有莓果可以充饥。
>
> 第二次世界大战期间，我的祖父大约 40 岁。他的工作是保障科沃拉的火车站正常运营。该车站是通往东

部前线的主要铁路枢纽。这是一项极其危险的工作，因为科沃拉遭到了严重轰炸。我的亲人遭受了战争创伤，在整个战争期间他们一直生活在恐惧中。因为城市被战火烧毁，孩子们经常被送到乡下。在家里的时候，他们在地窖和防空掩体中度过了无数个不眠之夜。1933—1944 年，共计 7.2 万名芬兰儿童被送往瑞典躲避战乱，我的母亲就是其中之一。

今天，我们和 20 世纪初一样，处在多元文化的碰撞之中。独立意识根植于我们的文化当中，很多经历过"冷战"的人仍很难把国外的影响视为财富。尽管和苏联有一些冲突，但整个冷战期间，芬兰和所有邻国的关系都相当友好。乌尔霍·吉科宁在其执政的 1956—1981 年奉行和平与和缓的外交政策。因此，芬兰保持了中立的地位，并没有加入北约。1975 年在赫尔辛基召开的欧洲安全与合作会议，使东西方阵营在安全、经济和文化等领域实现了和解。1991 年前后一系列连锁型重大事件的发生导致了苏联的解体和与原东方阵营国家的贸易停滞。全球经济衰退沉重地打击了芬兰，银行倒闭，国家处于破产的边缘。政府不得不做出大量节省、削减开支以及其他困难的政治决定。之后，芬兰开始在西方找到了新的市场。1994 年，57% 的芬兰人投票赞成加入欧盟，芬兰于次年正式成为欧盟的成员国。

> 我们漫长的苦难和饥饿史也是孕育黑色幽默的绝佳土壤。很多深受欢迎的芬兰作家深谙此道。比如，作家亚托·帕西里纳的《当我们一起去跳海》是我读过最有趣的书之一。还有罗莎·里克索姆也是运用黑色幽默的高手。这可能是芬兰人哲学的一部分——悲观主义者永远不会失望。例如姆明家族的'我们时刻准备好应对糟糕事情的发生'这种态度帮助我们度过了数个世纪。
>
> 静默的喜悦可能来自我们不为成功大肆宣扬的态度。调查显示，非物质层面的东西同样令芬兰人快乐，比如健康、家庭和朋友。因为喜怒形于色不是我们的传统，我们有时难以理解究竟为什么地球上的一些人把我们列为世界上最幸福的人，这让我们觉得有点不好意思。芬兰谚语云：幸福的人必须学会隐藏幸福。

经历了血雨腥风般的历史，芬兰在过去的 50 多年里积极地为和平而努力。作为一个独立的国家，和平与稳定是我们的核心价值。很多国际会议与和平协商都在作为中立国的芬兰举行。芬兰总统马尔蒂·阿赫蒂萨里还于 2008 年获得了诺贝尔和平奖。他因为在纳米比亚独立、印度尼西亚亚齐的自治、塞尔维亚从科索沃撤军和北爱尔兰的非军事化问题上发挥的领导性作用而获得该奖项。

芬兰的议会制体系非常稳固。我们现在处于全世界最稳定和最廉洁的国家行列。大部分的权力基于信任，媒体和公众有批评执政者的权利。他们可以在任何时候自由地对执政政府行使这项权利。与之对照的是，芬兰总统通常获得更多正面曝光。总统由全体公民直接选举产生，最多可以连任两届，即一共 12 年。芬兰总统不再拥有特别多的实权，但他深受人们信任。我们的第一位女总统塔里娅·哈洛宁非常受欢迎，她在 2000—2012 年担任总统。现任总统绍利·尼尼斯托也是一位深受芬兰人民喜爱的总统。他从 2012 年开始担任总统并在 2018 年连任。

语言和文字

绝大多数芬兰人（89%）说芬兰语，该语言属于芬兰 - 乌戈尔语族。另外一种官方语言是瑞典语（5%）。被拉普兰德地区的人们使用的萨满语（0.04%）也有其特殊的地位。除此之外，罗曼语和芬兰手语作为母语在芬兰人的课程中也占据一定的地位。芬兰语在国境内的绝大多数地区占主导地位。瑞典语人口居住在芬兰的西部及南部沿海地区。芬兰语是仅存的为数极少的芬兰 - 乌戈尔语族的一支。爱沙尼亚语、西伯利亚语的部落语言以及匈牙利语都属于该语族。绝大多数的欧洲语言（巴斯克语除外）都属于印欧语系，例如德语、拉丁语和斯拉夫语族。

芬兰语书写方式的诞生要归功于瑞典国王古斯塔夫·瓦萨。他信仰路德宗，并要求所有的人都应该能够用自己的语言阅读《圣经》。由于芬兰语一直没有统一的书写方式，一直到1543年，米卡埃尔·阿格里科拉编成了一套芬兰语字母。芬兰语有很多方言，阿格里科拉需要决定采用哪种通用的方式书写芬兰语。最后，他结合了不同方言的特点并采用了拉丁语的拼写方法形成了芬兰语的书写方式。1548年，阿格里科拉把《圣经·新约》翻译成了芬兰语。

几个世纪以来，伴随着宗教改革，路德宗教会在推广读写能力方面发挥了巨大的作用。在获准结婚之前，每个人都必须能够阅读《圣经》。学校强制每名学生参加成人礼，并且每个人都必须成为某个宗教的成员，路德宗教会成员占了90%以上。皈依其他官方宗教例如东正教的芬兰人仅是少数，他们主要居住在靠近芬兰东部边境的地区。一直到1923年《宗教信仰自由法案》颁布之前，每个人都必须归属于某个教区。

曾经，所有的贵族和上流社会都只说瑞典语，芬兰语被认为无足轻重，是低贱的语言。一直到19世纪，芬兰语都被认为对高级思维、科学、文化和艺术没有什么用处。直到1892年，芬兰语才被赋予和瑞典语同样的法律地位。由于芬兰语易于拼读，再加上路德宗教会的努力，在18世纪晚期，芬兰人的识字率已经超过50%，到了19世纪中叶则在80%~90%。官方的数据从1880年以后才有，那时芬兰人的识字率已经达到97%了。

那时市镇里还没有固定的学校，读书识字的教学任务由流动学校来完成。

" 我的祖母于 1904 年出生。她不太会写字，但是她喜欢读书。她只接受过 4 年的正规教育，是在流动学校里完成的。流动学校的老师从一个村庄迁移到另外一个村庄，因为当时没有固定的校舍。 "

芬兰语的特点

芬兰语有一些有趣的特点（芬兰－乌戈尔语族的典型特点）。首先，通过添加单词后缀和结尾表达不同的语法意义。其次，芬兰语没有冠词，例如："一个家"是"koti"，"在家"是"kotona"，"从我家里"是"kotoani"，"回家"是"kotiin"，"在你的家里"是"kodissasi"等。

芬兰语当中也有类似英语中介词的词汇，但大多数介词放在单词的后面，而不像英语介词那样放在前面，例如："你家对面"是"kotiasi vastapäätä"，"和 Kirsti 一起"则是"Kirstin kanssa"。它们被称作后置介词。你可以用不同的方式把单词组合起来，如果把所有后缀都加上，会形成非常长的合成词，例如："在火车站"是"rautatieasemalla"。极端情况下，一个合成词可能非常长，比如："lentokonesuihkuturbiinimoottoriapumekaanikk oaliupseerioppilaani"（意为：我的飞机喷气涡轮发动机助理机械师学生），这个词已经很难翻译了，而且在芬兰语中也极少被使用。

此外，芬兰语中没有性别区分。人称代词"hän"可以用于指代"他"或"她"。所以，芬兰人说英语时，有时会不小心错误地把男士称作"她"，或把女士称作"他"，因为我们已经习惯用一个代词指代男性和女性。和英语一样，芬兰语中也没有语法上的性别之分，也就是不分男性、女性和其他，而法语中的"la/le"或德语中的"der/die/das"就显示了性别之分。

和某些美洲的原住民语言类似，芬兰语中也没有将来时态。我们不说"我明天将去那儿"，而是就说"我明天去那儿"。从这个角度看，芬兰语相当实用，因为句中的"明天"已经指代了未来。

单词拼写易如反掌

虽然芬兰语看上去难，但它也有简单之处。因为芬兰语是语音性强、易于拼读的语言，所以它的拼写非常清楚明了。字母拼写采用拉丁字母，除了斯堪的纳维亚语言中的元音"ä"和"ö"。芬兰语单词中的每个字母都对应相同的发音，每个发音对应的也都是相同的字母。例如，英语单词"cat""walk""car""salt"，虽然每个单词中都有字母"a"，但"a"在每个单词中的发音各不相同。

总之，芬兰语的拼写就像是一种算法。芬兰语的书写几乎没有任何不规则现象，所以不难理解为什么芬兰儿童认字那么容易。在芬兰组织单词拼写比赛没有意义，因为怎么拼写一个单词再清楚不过了！

沟通方面的文化挑战

芬兰语单词中的重音总是落在第一个音节上。芬兰语没有语调，甚至在疑问句中也没有升调，这就是为什么芬兰语听起来有些单调。疑问句中或者有一个疑问代词，或者有一个疑问句的后缀，表明你刚刚听到了一个疑问句。"Tule kotiin!"是"回家！"，"Tuletko kotiin?"还是同样的语调，却是问句："你回家吗？"（你可以听听 http://tasteoffinnish.fi/finnish/ 上关于芬兰语的发音。）正因如此，芬兰人说英语时听起来有点笨拙，却很容易被其他人听懂。

芬兰语是一种非常务实的语言，它重在表明语义和内容，修饰性的小词经常被省略。比如极少使用"请"字，所以听起来有点粗鲁。我们在说其他语言的时候，有时会忘了使用该语言中表示礼貌的小词，所以我们的英语有时听起来也有点粗鲁。

沉默是金。善谈在芬兰文化中通常评价不高。这可能源于我们的历史，过去在学校里甚至禁止使用芬兰语。政府官员和统治者都使用瑞典语或俄语。长期地处偏远地区以及历史上总是出现居心叵测的不速之客，使得芬兰人认为话太多可能是危险的。

人们可以忍耐相当长时间的沉默，和他人在一起时保持沉默也不会被视为无礼。女性一般比男性善言辞，这也体现在劳动力的社会分工上。这仅指在非正式场合，在正式场合中，男性常常占据更多的话语时间。

尽管我们在学校都必须学习芬兰语、瑞典语和英语（通常还有第四门语言，例如德语、法语、西班牙语或俄语），但我们所学的其他三四种语言都是"哑巴语言"。芬兰人宁愿什么也不说，也不愿说错！多余的手势或大声说话都不是芬兰的传统。然而，我们的年青一代已经生活在一种新的文化当中，部分缘于全球化和国际交往，他们当中的很多人在社交方面游刃有余。

"

我有时会在公共汽车上目睹隐性的文化冲突，比如车上一群刚来不久的移民大声说话，并占了很多位置。除非青少年或喝醉酒的人，否则芬兰人极少在公共交通工具上大声说话或大呼小叫。在这种情况下，芬兰人尽管什么也不说，但他们的微表情非常丰富，试图传达出上述行为打扰到了他们的信息。虽然他们不当面说出来，却可能拿出手机在社交媒体上抱怨一番。

电影导演阿基·考里斯马基在他杰出的获奖影片中
展现了芬兰人沉默和内向的特点。这为我们引入了芬兰
语言文化的另一个秘密——字幕。很多孩子在上学前就
学会了阅读，因为所有国外引进的电视节目都有字幕。
我们几乎不对国外的电影、电视节目进行配音，所以我
们也会听到很多种外语。

"

芬兰教育史一瞥

芬兰最大的大学赫尔辛基大学于 1640 年在图尔库建校。
当时这所瑞典语大学被命名为"图尔库皇家学院"。1828 年，
也就是图尔库城市大火发生的次年，这所大学迁至赫尔辛
基——当时芬兰大公国的新都城，大学被更名为"帝国亚历山
大大学"（1828—1919 年）。在随后的 90 年当中，高等教育主
要集中在赫尔辛基。在拥有自治权的这段时间里，芬兰建立了
自己的民族意识。很多有影响力的人物都是赫尔辛基大学的教
授。其中之一就是我们的哲学家、政治家并且后来担任芬兰银
行行长的约翰·斯内尔曼。他不遗余力地强调学习和教育作为
构建芬兰社会主要因素的重要性。其他的教授还包括芬兰史诗
《卡勒瓦拉》的编写者艾里阿斯·隆洛特、芬兰的民族诗人约
翰·路德维希·鲁内贝里和芬兰童话故事作家萨卡里亚斯·托

佩利乌斯。

因为历史上有段时间依照惯例，俄国王储在成为沙皇前要兼任赫尔辛基大学的校长，所以在整个自治期间，俄国沙皇对芬兰学术界的一举一动非常清楚。学术界和公众之间的关系在绝大多数时间也是很紧密的。学校和人们的受教育情况被高度重视，同时我们也珍惜自己的语言。

赫尔辛基大学的第一个教育学教授职位设立于 1852 年。因为很难找到合适的人选胜任该职位，所以斯内尔曼担任过一段时期的教育学教授，直到萨赫里·克莱维在 1862 年被聘为教授。赫尔辛基大学的教育科学非常偏重理论，主要基于哲学。

全民基础教育

乌诺·齐格纽斯被誉为芬兰教育之父。他关于学校制度的计划和著作构成了芬兰公共教育体系的基础。他推崇不分性别和社会出身，人人都有平等的机会接受教育。齐格纽斯还规划和支持建成了一所教师培训学院，并一直担任学院院长到1869 年。齐格纽斯获得了参议院议员，特别是约翰·斯内尔曼的支持，后者也是"芬人运动"（提高芬兰语的地位）中最具影响力的人物之一。齐格纽斯在斯堪的纳维亚半岛和欧洲各国旅行，他甚至还去了阿拉斯加。他的这些旅行给了他有关新的芬兰教育制度的灵感和想法。他坚信，女性的教育对贫穷的社会而言是非常重要的投资。

1866 年，当第一批师范学位被颁发后，芬兰的基础教育体系在 19 世纪 60 年代被逐渐建立起来。面向所有人的基础教育是四年学制，但不是强制性的。这一情况一直延续到 1921 年，芬兰的第一部《义务制教育法》颁布。这意味着，7~13 岁的适龄儿童都必须接受从一年级至六年级的国民学校的教育，市政府负责建立和维持学校的运营。

1898 年，全芬兰按照学校和家之间的距离划分了学区，规定学校与家的距离不能超过 5 公里。如果距离超过 5 公里或者上学的路途艰难，学校必须为孩子们提供男孩和女孩分开的宿舍，这样孩子们可以在上学期间住校。1948 年全芬兰开始为所有学生提供免费午餐，这成为政府的义务。

后来，旧的学校体系被分为独立的基础学校（小学）和含有文科中学的文法学校（高中）。学生只有完成文法学校的学业才有可能进入高等教育。由于文法学校入学竞争非常激烈，并受申请学生父母的社会地位的影响，工人阶级的孩子常常只能进入基础学校学习，之后通常在职业学校继续学习。

人人平等的机会

一直到 20 世纪 60 年代，芬兰人的受教育水平都相当低。虽然识字率很高，但只有 10% 的芬兰成年人接受过超过九年的基础教育，能获得大学学位的就更是凤毛麟角了。

在平等和社会公正思潮的深刻影响下，新教改的计划在 20 世纪 60 年代正式启动。新的综合性学校（一贯制的小学初中）的核心思想是：不论家庭背景、生活环境和志向，所有学生都必须接受九年一贯制教育。所有学生都在同样的学校和同样的班级里读书是一种全新的理解教学的方式，尤其是它提供了平等接受教育的新模式。这也引起了广泛的争议和激烈的讨论。

为了推动平等，基础学校的制度在 20 世纪 70 年代被废除，取而代之的是更现代化的九年制基础教育制度。改革于 1972 年首先在芬兰北部实施，之后于 1978 年扩展到芬兰南部。基础学校变成了设有一年级至六年级的小学，并成为新的一贯制学校体系的一部分。1970 年起草的基础教育阶段的全国性课程标准为所有教学工作提供指导，保证所有的小学和初中都是类似的，并对所有学生免费。同时，教育体系为学校提供了因材施教的工具。例如，语言和数学被分为三个等级：基础、中级和高级。1985 年，当所有的学生都是按照同一个标准开始他们的学习时，难度分级制度被取消。之所以取消难度分级制度主要是因为高级课程都是条件好的学生在选，这会导致平等接受继续教育的机会进一步被弱化。

芬兰的孩子们上学时间短、家庭作业少，他们直到 7 岁才上学。一直到高中，学校都提供免费午餐。小学和初中的学习用品也都是免费的。课外请家教的情况很少见，家长不用额外支付孩子在校内的特别辅导费用。义务教育阶段收费是非法的，因此，甚至少数的私立学校也是免学费的，它们可以根据学生人数从市政府得到财政支持，同时也在做一些筹款工作。

师范教育隶属高等教育

乌诺·齐格纽斯认为，要建立芬兰语的基础教育体系，师范教育必不可少。1863 年，在于韦斯屈莱市成立了教师研修班以开展芬兰语的小学教师师范教育，齐格纽斯在其中起到了关键性的作用。同年，在赫尔辛基的帝国亚历山大大学开始了科目教师的培训工作。最开始，教师培训工作非常重视实际和规范，强调教授基本的公民技能。以瑞典语和芬兰语授课的师范教育自 1873 年起隶属高等教育，男女学生都可以学习。1976 年，小学全科教师的师范教育也转由大学来提供。

自那时起，所有的全科教师都被要求接受本硕连读的师范教育。这在当时是非常罕见的，因此芬兰全科教师的受教育程度多年保持全球第一。现在，如果没有硕士学位是不可能获得永久教职和对应的全时工资的。

1995 年，幼教的师范教育工作也开始由大学来承担。自此，幼教教师被要求获得学士学位。虽然芬兰儿童 7 岁上学，但 6 岁就开始接受学前教育了。接受过高等教育的幼儿园老师负责学前教育。早期儿童教育没有以科目区分的标准，市属公立幼儿园为 3~6 岁的学龄前儿童提供非正式的、轻松活泼的早期儿童教育。芬兰的教育系统完全依赖于受过高等教育的教师群体。芬兰不用外部的标准化考试测试学生以评估学校的绩效，也没有相应的检查机制。芬兰教师的自主权很高。

芬兰的科目教师通常除了需要完成本学科的硕士教育课程（例如历史和数学）之外，还常需要在一年内完成师范的教育课程。他们也可以在单科科目学习的初期就选择已经包含了师范教育课程的模式。芬兰全国只有 8 所大学设有师范学院，想要参加这些大学开设的教师教育计划是十分困难的。师范专业的全科教师（小学教育的一年级至六年级）是最受年轻人喜欢的职业之一。所有报考的学生都必须参加笔试，一小部分通过笔试的优秀学生再参加一次面试。每年有超过 2 000 名学生报考赫尔辛基大学的全科教师专业，只有 120 名最优秀的学生被录取。全科教师专业的师范学生要完成 13 门科目的学习，其中的主要科目是教育学（有 100 名学生被录取）或教育心理学（只有 20 名学生被录取）。学生需完成高质量的硕士毕业论文。在我们学院，很多优秀的博士生和博士后都率先获得了全科教师的硕士学位，比如本书的合作作者。

目前芬兰的师范教育侧重理论和实践相结合的研究型教育模式。学士和硕士学位都包括在职培训阶段，但主要的学习仍在大学内完成。

第二章

来自教育心理学的启示

长久以来，芬兰形成了从学习者的视角看待教育的主导思想，学习者的视角不仅包括个体的角度，也包括社会文化的角度。这种关于学习心理的思潮是全球性的，而且发展迅速。尽管芬兰的新课程标准不是基于任何单一的学习理论，但是其中的很多元素都建立在教育心理学的研究成果之上。在芬兰，特别是在芬兰的科学教育研究中，学习与知识的社会建构理论一直占据主导地位。学习被视为一个积极的、具有建设性的过程，而不是被动的、再生的过程。这种方法吸收了让·皮亚杰的学习与认知发展理论以及杰罗姆·布鲁纳的研究成果。当然，维果茨基流派的思想在芬兰一直都很强势。

　　芬兰的教育心理学家热衷于出版芬兰语的心理学教科书。归功于孜孜不倦的芬兰的研究者和教师，国际上有关教育心理学的研究成果在芬兰也广为人知。例如，由于芬兰语的教科书中经常提及知识构建和计算机辅助学习理论方面的先行者玛琳·斯卡德玛丽亚和卡尔·贝赖特教授的著作，于是他们的理论被大家熟知。美国人约翰·D.布兰思福特2000年编写的《人是如何学习的》在2004年被翻译成芬兰语，该书给予了我们极大的启发，因为它搭建了现代教育心理学和在校学习之间的桥梁。这些译作使得芬兰的教师能够用母语接触到最前沿的研究信息。类似的情况还包括日本，他们也在教育实践中充分利用了国际上关于学习的研究成果，井上典之教授的著作就是明显的例子之一。但是，芬兰师范教育中所使用的教科书只有少数被翻译成英文。因此，有必要向国外的读者阐明我们关于学习和教育的思想。

教育心理学同样是师范教育的基础之一。赫尔辛基大学自1998年开始，由迈亚利萨·劳斯特-冯·赖特教授率先在全科教师专业增设教育心理学方向。这个方向的学生长期在小班学习，并且在以现象为基础的项目中学习科目类的师范教育。这一度成为非常新颖甚至是有争议的思想。2005年我继任教育心理学教授一职。尽管在过去的10多年全科教师专业的教育心理学方向发生了巨大的变化，但是我们与我们的研究团队一起延续了这项工作。我们将教育心理学和医学引入了师范教育，这也带来了一些新思路。心理学家和教育家之间的合作促成了图尔库大学联合学习中心的成立。在于韦斯屈莱大学，整个师范教育领域都开始采纳基于现象的学习方法。

本书侧重学，而不是教。在芬兰，这种视角自20世纪90

年代起就一直很流行，这要归功于许多教授的努力，例如安内利·爱德拉佩多、凯·哈卡赖宁、明娜·汉努拉、佩伊维·海基宁、桑娜·耶尔韦莱、莉萨·卡尔松、克里斯蒂纳·昆普莱宁、艾尔诺·莱赫蒂宁、萨利·林德布洛姆、拉塞·利波宁、马尔库·涅米维塔、亚里－埃里克·努尔米、基西·皮海尔特、卡塔琳娜·萨尔梅拉阿若、迈亚利萨·劳斯特－冯·赖特、佩伊维·蒂涅莱、玛丽亚·万若斯、约翰·冯·赖特。目前该思潮在科学教育领域也占据主导地位。为了撰写本书，我特别采访了我在该领域的同事，包括亚里·拉沃宁、卡勒·尤蒂和安娜·乌伊托。

关于记忆力

为了理解如何教育人，首先要了解我们认知系统的主要工作原理。人类记忆工作的方式不像一台扫描仪或是一盘录影带。我们不断产生大量的推断，但因为其中大多数是自动产生的，所以我们很少意识到这一点。因此，我们的记忆力本质上是相当具有创造力的。

我们形成自动推断的速度很快，这也是为什么我们没有意识到它们是推断。从这个意义上讲，就连人类的感知也是建设性的，它不断被我们的过往经验指导着。这个心理概念的模型类似于让·皮亚杰描述的架构。它反映了知识如何在我们的脑海中呈现。我们在所了解的有关某主题的所有信息的基础上构建了一个模式。例如，人们可能对自然科学的思维模式各不相同：外行的思维模式基于他们的实际经验，而专家的思维模式则是基于科学知识，所以他们很难向外行解释诸如"黑洞"这样复杂的现象。即使我曾经读过斯蒂芬·霍金关于这一话题的书，但我的思维模式仍无法让我从更深的层次理解他的理论，我的思维模式根本没有复杂到掌握他的思想本质。在任何领域发展专家思维都需要通过有意识的长期努力。专业知识通常是指特定领域的知识，但新的挑战在于，为了解决当今世界复杂而棘手的问题，我们需要跨领域的混合型专业知识。新课程标准试图在高质量的学科教育之外，通过引入以现象为基础的学习方法来应对这一挑战。

教育中的主要问题是专家可能真的很优秀，但从那些学生的角度看，他们解释事情的方式不一定管用。例如，并非所有的物理学家都能像霍金那样出版畅销书。为了能使学生学到东西，我们首先应当激活和挑战他们之前掌握的知识和想法。知识需要被转化成有学习意义的教学性的内容。科学家通常具有丰富的内容知识，甚至是教学性的内容知识，但他们仍可能缺乏关于人如何学习这一教学性内容的知识。教育心理学帮助我们了解如何帮助新手逐步转变为专家。只是告诉他们事情是怎样的没有什么用，新手需要重新构建自己大脑中的想法，并将信息转化为个人的理解。我们可以用多种教学法做到这一点。

情境才是王道

情境认知理论表明，我们的理解永远存在于它被学习的那个情境中。因此，知识是嵌入在情境中的。我们在课堂情境中学习的一些知识，可能很难在现实生活中得到应用。例如，时常让我们感到惊讶的是，在学校学会百分比计算的人却不知道打完三折的衬衫是多少钱。教育的核心问题之一是把知识从学术情境转移到现实的生活场景中。如果教育工作者不能激发学生运用已经掌握的知识或者在一个有意义的情境中进行实践，那么他们在课本上学到的知识可能就会一直处于惰性和无用的状态。

我们的思维如果脱离了情境就会没有内容。人类思维的工作方式是依赖情境的。我们始终被嵌入在这样的世界中。抽象思维的发展极为缓慢，学术思维和素养的建立需要通过长期且有意识的努力。即便意识到这一点，我们可能仍难于付诸实践。"逐步像一名科学家那样思考"要求我们对自己的认知系统进行深度格式化。学习的过程是在一定的历史和文化背景下改变着我们的思维。很多专家在自己的领域之外都表现得并不是非常好。

人类记忆的建构性

人不断构建他们对周遭环境以及事物如何运作的心理模

型。这意味着，他们试图通过把信息植入情境中，明白世界的意义。根据目前已知的人类认知情况，人们几乎不可能把所有正确的知识整合到一个完整的"客观真理"模型中。实际上，我们更有可能把个人的理解建立在已经展示在我们面前的事实基础之上。例如，每位读者带着他们的所长阅读这本书，他们对这本书的诠释是基于他们已有的知识和思维模式。现代的学习理论认为，学习者位于创造意义的中心，教师不可能把知识都挪到一个空的容器中。总之，学习被视为一个积极的、具有建设性的过程。

我们的大脑在有意识或无意识地进行知识构建。我们的推断能力越强，就能把越多的相关信息整合到我们的思维体系中，我们就越有可能理解事物。值得信赖的知识是一个良好运作的认知系统的结果，这就是为什么学习推断能力至关重要。学习如何评估自己的推理和论证能力非常重要，这是人们需要的所有能力中最迫切的一个，被称为"元认知"。根据芬兰新课程标准，人们被要求在学校中学会这一能力。

人们在接触新知识的时候，倾向于强化他们原有的思维模式，而不是在新信息的基础上改变他们的思维模式。这是科学教育中的典型问题：当一个试验与学生幼稚的物理学想法不一致时，他们更有可能忽略新的信息，而不是去调整他们直觉性的判断。

> 人会自动产生自己的结论，即使这一结论与事实相违背。我们不相信眼睛看见的东西。相反，我们只看见我们相信的东西。

在教育理论中，人们常常谈论"建构主义"。从心理学的角度来看，这不是关于教学的陈述，而是关于我们如何学习的基本原理。即使我们看上去是被动地、安静地坐着，我们的思想却积极主动地试图构建对世界连贯性的了解。在《目击证人的证词》（1979年）一书中，伊丽莎白·洛夫特斯极具说服力地展示出人类记忆的重建性本质。当我们试图记住某件事情的时候，我们实际上是在迅速地构建初始记忆。这个快速的过程是关于推理事情曾经应该是怎样的。目击犯罪还包含了情绪上的干扰和经常导致错误的碎片化的观察。更糟糕的是，我们甚至可能不知道罪行正在发生，而是在罪行发生之后才从我们思维的某个角度重构现场。伊丽莎白·洛夫特斯向我们展示了引导人们带有偏见地构建原始的现场甚至是在大脑中植入根本没有发生过的事情是多么的轻而易举。两个人目睹了同一现场，没有人神志不清、看不见或是撒谎，但是，他们的故事却相互矛盾。在实验中，她只不过是用一些导向性的问题操纵了被实验者的记忆。在她的实验中，一旦错误的记忆被构建，参加实验的人就很难记住实际看到的原始图片。

新手和专家之间质的差异

在某一特定领域长期的经验使得记忆的思维模式更加组织有序，因而使得学习者能够根据他们过往的知识和理解做出决定。顶尖的专家能够看到知识的模式，"见树即见林"。例如，一个建筑师可以把看到的平面图立体化，一位科研人员能够注意到数据中一个有趣的偏差，一位医生在诊断过数以千计的病人后，能迅速根据典型症状判断出一种疾病。专家还可以更快速地阅读与他们专长相近的文本，因为他们可以将其置于相关的文本中去理解。

> 我在剑桥的一个学院里完成本章内容的写作。在这里，不同学院的人来自不同的领域，为有关学习的复杂问题的反思营造了一个大有裨益的环境。对于想从不同视角看待事情的人而言，午餐时的一次讨论可能就是一次激发灵感的体验。在很多其他的大学里，人们只和本领域的人进行讨论。

新手和专家之间的差异不仅仅在于专家知道得更多。除此之外，从本质上来说专家的心理模式也与新手不同。心理模式是逐渐发展的，只有费力费时的、积极的和建设性的处理过程才能把无意义的信息转换为有意义的知识。这就是人们为什么不能仅靠谷歌的搜索信息进行推导：他们不具备完善的心理模式来区分相关和不相关的信息，这样的技能需要通过学习来掌握和提高。

有证据显示，幼童甚至可能是某些领域的"专家"，例如恐龙。一些儿童因为对某些话题兴趣十足，而掌握了大量惊人的信息，甚至可以把它们转变为具有相当程度系统性的知识。然而掌握大量事实性信息并不是成为专家的充分条件，因此学生有必要建立起高质量的心理模式，这对于理解其所涉及的领域至关重要。对特定领域的知识基础的组建把新手和专家区分开来。认知的发展要求重新组建心理模式。

典型的熟练的专家行为是逐渐从"知道什么"向"知道如何"的发展。对学习者而言知识应当具有某些个人意义，这激励着知识向专业技能的转型。专业技能的发展有利有弊，因为狭窄的专业技能可能会限制创造性思维的发展。程式化的专长通常局限于某个特定领域，而进取的和创造性的专长要求跨越学科，融合不同科学或艺术领域的专家所长，也就是互联式的专长。

儿童是积极、有创造力的学习者

与成年人相比，儿童通常会从更全局的角度接触这个世界。他们天生充满好奇心，在某个年龄段（特别是在 3 岁左右）

爱提各种各样的问题。令人遗憾的是，提问的数量通常会在上学期间开始递减。很多儿童是根据成年人的目标，而不是出于自身的好奇或学习兴趣来做事。为了培养创造性的思维，我们完全可以从儿童那里学习。美国国家航空航天局最近的一项研究表明，绝大多数的 5 岁儿童能够拥有极具创造性的思维，而在这个意义上，绝大多数的顶尖研究人员也甘拜下风。

有关学习的研究显示，积极处理信息永远比消极接收信息更有效率。儿童和年轻人比成年人更容易记住所学的内容。这是由于他们大脑的可塑性和心理模式尚未定型，使得他们更容易跟着感觉走，而不是跟着他们以往的理解走。有时他们的信仰体系是如此单纯，以至他们无须理解而只需要简单地重复。

学龄前儿童仍然具有丰富的想象力。他们可能在区分想象和事实上有困难。无论年龄，我们的记忆总有谬误的倾向。我们的注意力也非常有选择性：我们关注那些对个人来说重要的事物。我们的心理模式引导着我们所感知和记忆的内容以及如何构建我们的记忆。儿童应当在早期就学会如何成为积极的学习者。

融会贯通，让细节学习变得更有效

死记硬背不是非常有效的记住细节信息的方法，它也违反了我们记忆的运行原理。诚然，在学习语言的早期，运用儿童

的能力来记忆一些东西也不错，但如果他们在这样的行为中看
不到意义，仅是进行刻板学习就有可能摧毁他们学习的动力。
有很多芬兰人完成了所有的语言学习，甚至获得了高分，却不
能运用这些语言（大概全世界都存在这种现象）。虽然我可能
还记得那些我在学校里学到的英语的不规则动词，但因为不
用，慢慢地我就会忘记它们。除非我们也用说或写的方式使用
和创造语言，否则我们的思维和语言的流利程度不会发生永久
性变化。

"

如果我们尚未理解上下文的语义、单词的含义和正
确的用法，不规则动词就算不上是什么大问题。当你日
后真正开始使用该语言的时候，你可以随时"激活"这
些动词。我是搬到瑞典后才注意到这一点的。我可以部
分恢复在学校学到的关于单词、结构和语法的知识。但
是如果不积极使用该语言，这部分知识将仍然处在惰性
状态。

为了进步，我必须学会不要害怕犯错误，而且要尽
可能多地听、说、读和提问。我认识来自不同国家的人，
他们多年学习外语，却不能用该语言在餐馆点菜。讲芬
兰语的人通常拒绝说任何瑞典语，因为他们害怕犯语法
错误。

"

> 我们所有人都能创造以前从未出现过的新知识、新世界和新场所。每个人在做梦时都富有创新力。睡眠和做梦对认知能力的重要性已被充分证明。在睡眠期间，我们的大脑重新组建、连接并巩固记忆。

我们做出的推断越多，内存记忆系统中指向相同信息的路径就越多。知识的丰富度意味着我们为要学习的信息增加了额外的关联。例如，医学领域的知识量绝对庞大。在芬兰、瑞典和荷兰的医学院中从事了十几年医学教育之后，我从根本上了解到，人们不可能通过死记硬背的方式学习所有的医学知识。有策略的、进行融会贯通式学习的学生取得了很好的成绩。深度学习是处理如此大量信息的唯一方法。

我们和维尔皮·斯洛特、萨利·林德布洛姆浏览过1 000多名医学院和健康科学申请人的笔记。我们注意到那些积极地为要学习的文本做笔记（或者是构建概念图）的申请人最有可能在解决问题型的任务中使用该知识。不管是否有真实的笔记，结果都是如此。这项研究结果已被多次证明：如果你确实需要长期使用或记住这些知识，单靠默读或逐字抄写鲜有作用。使用笔记本电脑记笔记通常不如手写笔记管用，这是因为用计算机记笔记本质上是逐字逐句地敲击键盘，而且没有带入太多的运动。

　　大约 20 年前，我们放弃了对入学考试和做笔记的研究，因为我们觉得关于该主题挖掘不出太多东西了——结果始终一样。此外，这种个人表现主要在教育机构和考试中发挥作用。在大教室里从容地写试卷并不一定能转换为解决现实生活中问题的能力。

　　在医学教育中，所学习的知识事关生死。如果医生没有学会有效学习和交流，将会对公共健康产生影响。因此，医学界一直率先采用创新的学习方式。基于问题的学习于 20 世纪 90 年代开始在医学院中盛行，并成为这一进程的组成部分。基于问题的学习方法是利用学习和发展专业知识时的自然的模式，让学习者发挥积极的作用并帮助他们监督和规范自己的学习。同时，他们可以在小组中学习团队合作技能以及协作创造知识。我们的研究表明，小组组员的互动越好，他们在生物医学考试中认知部分的成绩就越好。当然，导师需要理解人类学习的基本原理，方能成功地促进协作并使用基于问题的学习过程。

　　不过，仍然有相当多的人只看到两种选择：讲课或者在缺乏必要指导的情况下丢下学习者。第三种选择似乎是最好的，即在学生和老师之间共享学习的规则。根据基于问题的学习方法，老师需要学习如何间接指导和支持学生的学习过程。优秀的老师能预测学生采取基于问题的学习方式，通常要花多少自学时间。学生在自我引导的学习上花费的时间越多，效果越好。我们在医学教育中有很多可学的知识。把这些知识带入师范教育和学校中是具有巨大挑战的。但是，无论年龄和背景如何，人类学习的基本原理和人类认知的架构仍然是相同的。

有关学习的谣言

数字原生代的谣言。很多人认为"80后"对电脑和数码设备具备一些不可思议的能力。马克·普林斯基引入了"数字原生代"这一概念。所谓的数字原生代对数码技术毫不畏惧，而且看上去运用自如。每一代人对科技运用方面的能力各有高下。绝大多数的芬兰年轻人只是消费科技或者利用科技与他们的同伴消磨时光。只有少数人知道如何编程、理解计算机内部构造、会使用办公软件，或是能利用科技做一些真正有创新性的事情。我们的研究团队跟踪调查了一批"00后"的赫尔辛基地区的年轻人，研究表明，他们在运用科技方面与其他年代的人有着巨大的差异。

一心多用的谣言。"工作内存"这一称谓是指人脑的多层次系统允许暂时性地处理和控制信息以便完成复杂的认知任务，例如推理和概念性学习。工作内存容量有限，即使不是全无可能，也很难有意识地同时处理两个不同来源的信息。只有在内容相互支持的情况下，我们才能边听边阅读。例如，我们可以一边看电影画面，一边听影片的声音或阅读字幕；或者如果我们的驾驶是自动化的，我们可以一边开车一边说话。但是，我们不可能真的同时完成多项任务（即同时执行两项或多项需要集中注意力完成的任务）。然而，人可以非常快速地切换任务。尽管主观上的表现似乎是同时发生的，但人类的认知系统和大脑功能仅允许其在不同任务之间进行切换（即在快速衔接下执行不同任务）。从这个意义上讲，数字原生代的一心多用不过是个谣言。

学习方式的谣言。尽管我们可能有各种模式上的偏好，但并没有证据表明学习风格或类型的差异大到可以把我们按此分类，比如"听觉型""视觉型""动觉型"学习者。简沃·蒙特教授曾在另外一个含义上使用过"学习风格"这一名词。他提到学习取向、类型或概念取决于学生是否自愿对含义进行处理而不是死记硬背。这种学习取向不是人的特质，而是在学生和学习环境的互动中发展起来的。它遵循如下原则：按照学生的不同"类型"或"风格"来设计学习环境没有意义，我们应该帮助他们不断发展学习的功能性和产出性。

天生禀赋的谣言。那些关于与生俱来的能力、特质或风格的看法是有害的，它反映了一种僵硬的思维模式。这种思维定式和成长型思维模式截然相反，它降低了我们认知能力的上限以及不断努力的弹性和意愿。幸而，这种思维模式在芬兰相当少见，我们没有过度依靠测评普通人的"能力"而生存的测评行业。我们仅把测试当作诊断的目的，以帮助有学习困难的学

生（这实际上是阿尔弗雷德·比奈发明智力测验的初衷）。我
们曾试图调查芬兰的教师和大学生的固定的思维模式，结果表
明其很罕见。我们采用了 1~5 分的评分标准，芬兰师范生的"固
定思维模式"的典型平均分低于 2 分。

学习是一个互动的过程

　　大多数心理学的研究文献都基于这样一个假设——认识活
动在个体的思想中发生。这种定义专业知识的方法依赖于"学
习的隐喻习得"，它把学习视为一个个体的知识积累或变化，
却只字不提围绕着学生的情境、背景和社区。认知观点突出了
心理模型的作用，这当然很重要。但是，决策不仅仅事关心理
模型，因为人类的认知总是根植于一个社会环境、文化及其工
具的历史的连续体。基于问题的学习小组就是一个很好的例
子，当小组运行良好并且把精力放在手边的任务上时，个人的
学习成果也会变得更好。

社会建构主义的学习理论

　　我们的"心理模式"在本质上是极度共享和具有文化性
的。正如利维·维果茨基在 20 世纪 30 年代指出的那样，我们

个体间（存在于思维之中）的活动始终有一段人与人思维间的人际史。社会建构主义或学习的社会文化理论认为，学习发生在和他人的文化互动中。参与文化实践和共同的活动在许多方面影响着认知活动。情境不仅是态势的，而且取决于文化和历史发展的传统。人类进化的方式是依赖于某种特定的文化环境来实现正常的认知发展。

就我们可以独立完成的事情和只有在他人协同下才能完成的事情而言，维果茨基提出了"近侧发展区间"的概念。比如，儿童能够在辅助轮的帮助下骑自行车后，成年人需要在合适的时机，放手让孩子骑没有辅助轮的自行车。育儿和教育就发生在这样的敏感区域。由于人的思维不断发展，在生活的不同节点上，人们需要各种不同类型的脚手架。我们是社会性的动物，如果没有来自更有经验的人的鼓励和支持，就永远无法发挥出自己最大的潜能。这也适用于成年人：即使是顶级专家也需要他人的支持才能创造出最好的作品。具备某一领域的专业知识并不意味着我们能够管理好生活的全部。没有优秀的行政管理和财务专家，很多顶尖研究人员也会陷入大麻烦。

自出生起，我们的大脑和思维就具有可塑性，例如，儿童可以学习父母的语言并适应当地的习惯。在正常的社交互动中，口语的学习非常自然，不需要进行刻意指导。但这要求父母只和孩子说他们的母语。通常情况下，即使本地语和儿童父母的母语不同，儿童学起本地语言来也相当容易，这需要他们和当地人之间产生密切的互动。生活在多语环境中的儿童在早期就可以轻松学会几种语言。

与此相对应的是，想要拥有流畅的阅读、写作、数学和其他学术性能力则通常需要经过系统的教育。学校和教育机构曾是实现上述目标的主要场所。今天，其他途径的存在是因为人们可以在校园外非正式地学到很多东西，学习通常以技术和互联网为媒介。社交网络提供了很多隐性的知识和支持。人与人之间的相互依存是绝对必要的。没有团队的合作和他人的存在，人类是不可能生存的。和过去相比，"社会支撑"的新工具目前正在不断发展更新。

知识运用

学校是具有高度结构化的互动方式的机构。教室或大讲堂有其自己的角色、规范、规则和工具，并在数百年当中不断演化。学生和老师也已经发展出了某种身份认同。他们已经习惯了某种思维和行动方式。近年来，旧的制度化学习方式因为不能跟上不断变化的社会需求而受到越来越多的质疑。

凯·哈卡赖宁教授认为，集体性培养知识的实践决定了学习的本质。知识实践是与运用知识相关的社会实践，即个人的、协作的和机构的惯例。如果不变革我们的知识实践，就不能真正变革我们的学习文化，如果不改变知识实践对新技术的运用，就不会改变任何东西。

年轻人在校外进行的各种知识实践可能相当前卫。他们也许会参与到共创文化当中，而共创文化会帮助他们表现自己，并共同创造出新的实践和新的知识。在学校里他们可能不得不采取非在线学习模式，并使用铅笔和纸。很多学生可能会觉得在学校里他们回归到他们父母和祖父母当年的知识实践中。当很多人都在分享个人的知识实践时，这便成为社会的实践。例如，如果只有我使用推特，而我的同事却不使用，这就不会成为我们之间具有关联性的社会实践。此外，还有多种亚文化，一个个体可能和不同的社区及网络分享多种社会实践。发推特于我而言是一种更具公共属性的社会知识实践，而瓦茨普和微信则是更私人化的沟通方式。

另外，教育机构的机构性惯例决定了校内学习是否会被简化为单纯的知识获取和死记硬背式的学习。机构性惯例包括执行学习任务的程序，例如课堂、研讨会、论文和试卷。数百年来这样的惯例一直主导着我们的工作。它们可能导致泛泛的学习或是深度学习。它们难以改变，因为个体基本无法试图改变这种结构性和支配性的机构权力。

但旧式的机构性惯例可能会导致我们在数字时代的失败。我们需要对知识创造的新实践。重点不仅在于个体或是社区，而且在于人们发展其实践的方式。当前并非所有的社会互动都仍在以面对面的方式进行，而是出现了互联网、各种数字设备和社交媒体等媒介。人们学习通过创造、分享和协作开发新的知识实践来处理复杂的知识变得非常重要，例如，我们需要学习如何在校内和校外使用移动设备。

世界上有无数复杂的问题亟须不断创造新的相关实践。我们要比以往任何时刻都更加强调知识的创造性，因为它有可能为教育和科技领域带来进一步的创新。技术工具可能会提供认知性的支持来补充人类的认知。在未来，人工智能、机器人和物联网极有可能融入包含人和复杂工具的混合型网络。

我们需要了解创新的动力，这是现代知识密集型工作的典型特征，也包括在学校中开展的活动。正如肯·罗宾逊指出的那样，创造性活动不是特定人群的特权。因为认知型的常规工作也将很快实现自动化、数字化并被外包给机器人来完成，所以学校不再是执行机械性任务的场所了。在未来，创造性思维会在所有公民的日常生活中变得日益重要。我们要解决越来越复杂和不确定的问题，使我们的工具适应新的工作，并制定新的专业标准。即使是个别专家在专业知识创造中仍发挥着重要的作用，但其活动始终内含于协作性和网络性的活动中。个人天才的时代已经结束了。

学习环境

越来越多的专家建议，应当开发学习环境和学习技术使其支持新型的社会实践。物理环境的改变同样也会改变人们的行为和思考方式。将课堂作为学习的主要环境受到越来越多的质疑。很多研究表明，在校园内学到的知识在校园外得到应用的机会非常有限。

许多工具可以帮助人类减少记忆的负担。书籍、笔记、日历、计算器、移动设备和电脑协助人类把他们认知功能的一部分外包了出去，从而扩展了他们的智力资源。未来，我们将越来越多地使用智能技术（甚至是增强现实和人工智能）来拓展我们的生物记忆。如果它们能被善加使用，这些外部的概念性的人工产品将在多方面辅助人类的认知。此类外部工具应该汲取人类认知的优势并克服其劣势。人们需要依赖外部的支持来帮助他们专注于问题的关键特征，而不是强迫它们超越其处理能力来尝试和跟踪更多信息。在许多方面，我们才刚刚开始了解如何使用技术来支持而不是分散我们的思维。

改进学习环境是一项全球性的运动。人们谈论着"强大""聪慧""建构主义""智能"的环境，然而，这里存在一个问题：环境自身无法被智能化。过于智能化的环境不能像脚手架那样支撑我们的行动，甚至有时会让我们感到自己很愚蠢。良好的学习环境应该能够令用户感觉自己很聪明。它提供了教学上的支持，使沟通能以不同的且具有教学意义的方式进行。

在赫尔辛基大学，我们借助一套被共同认可的、能根据客户需求进行调整的原则来改造我们的学习环境。这个想法是通过把创新教学法、社交数字参与的新模式和室内设计结合起来，系统性地重新设计学习的物理空间和虚拟空间。我们的目的是创造能够根据学习目标和学习计划调整的动态空间。为了促进知识创造活动，把学习的物理空间和创新的、以科技为媒介的学习工具（基于教学法思维的虚拟空间）结合起来至关重要。学习工具的使用可以促进参与者的个人学习活动（心理空间）和协作学习活动（社交空间）的开展。

我们受到了全国性的"室内环境项目（2011—2015年）"网络的启发。很多具有创新性的学校参与了该项目，包括奥卢大学的 Ubiko 培训学院。此外，艾斯堡市的很多学校也是我们的灵感来源。我们在赫尔辛基大区还有其他几个项目。2012年我们为学校的师范生设计了参与式的学习环境——米内尔瓦广场。

情绪、兴趣和动机在学习中的作用

回想一下当年在学校的日子，你还记得自己那时的情绪吗？是感兴趣、好奇、喜悦，还是焦虑、耻辱甚至恐惧？现在很多学生抱怨学校生活很无聊。他们可能觉得所有令人兴奋的事情都是在学校之外发生的。当外面的世界发展得如此迅速时，校园内的世界可能没有那么吸引人。学校里使用的工具和方法可能无法吸引年轻人的注意力。目前在芬兰的学校和教育机构中，学生的情绪、兴趣和动机受到了很多的关注。

老师曾经认为在学校里情绪并不重要，不应当让情绪参与学习生活。学习就是一种责任，就像成年人需要上班以获得工资那样。然而，如果工作的唯一意义就是工资的话，那么并不是所有的成年人都会感到高兴。我们大多数人希望有一份令人满意而且能提高我们的能力、自主性以及和同事间的归属感的工作。关于工作敬业度的研究表明，喜欢自己工作的人比那些愤世嫉俗、疲惫不堪和筋疲力尽的人更健康和高效。为什么在学校就不应该是这样的呢？

情绪和学习

情绪可以在多方面促进认知过程的发展：它引导着我们的关注点和记忆。人们通常对自己感到有意义和能够引起兴趣的事记得更牢。情绪还激活了各种行动倾向，因此它们不仅会干扰我们的思维，而且在我们的生活中具有非常实际的功能。情绪在人类的应对性和适应性方面起着关键作用，因为它们可以帮助我们保护自己免受威胁（想象中的或真实的），并且从事令人心驰神往的事情。

长期以来，在校园内人员的情绪研究中，关于考试焦虑方面的研究最多。只有很少涉及对学习的快乐等诸如此类的积极情绪的研究。积极心理学的思潮出现后，积极的情绪才开始受到更多关注。德国的赖因哈德·佩克伦教授和美国的芭芭拉·弗莱德里克森教授就是其中的先驱人物，他们开始关注与学习和解决问题相关的积极情绪。

成就性情绪与各种各样的测验及考试有关。每当学生之间互相竞争时，就会产生这种感觉。希望和自豪感与成功有关，而焦虑和耻辱感与失败相连。如果告诉学生成功了就会获得奖励，失败了则要付出沉重的代价，那么上述这些情绪就会占据主导地位。

主题性情绪与学习的内容有关。我们在阅读讲述不公平事件的内容时会心生同情或愤怒。一些内容甚至让我们感到恶心。老师讲述的故事可能会启发我们，让我们沉醉其中。艺术和音乐可能会促进我们的情绪体验。正面和负面的主题性情绪都有可能吸引或强化我们的学习兴趣。体验式学习更容易激发主题性情绪。

社会性情绪会在例如小组或课堂活动这样的社交型互动中出现。上课时，学生会体验到崇拜、嫉妒、骄傲或社交焦虑。其他人也许会激怒、惹恼学生或使他们高兴起来。因为想给他人留下印象或者让他人产生嫉妒心可能是学习的动力之一，所以这类情绪甚至会在自学时涌现。社会性情绪在竞争激烈的环境中可能会转化为成就性情绪。

认知性情绪与知识和学习有关。它们是最重要的情绪，因为它们能够帮助我们专注于手头的任务。这类情绪会在我们解决富有智力挑战性的问题时涌现。例如对某一类新任务感到惊讶或困惑，或是面临挑战失败时的沮丧，认知性情绪未必总是负面的。在得到充分的支持时，它们可能会促进学习。兴奋、好奇、灵感和热情当然是和学习乐趣相关的认知性情绪。这类情绪会使我们努力进行融会贯通式的和具有启发性的学习。

学生应当学习怎样对那些令他们感到困惑的新事物产生兴趣。我们则应当帮助他们学习如何应对不同类型的情绪，甚至是具有挑战性的和难以应付的情绪。然而过于焦虑不利于学习。成就性情绪有时会激励学生，但当竞争成为主要的动力时，幸福感就会下降。在复杂的世界中，提供现成的答案不是教学法中最具激励作用的方法。在芬兰，和学习相关的情绪、兴趣和动机是当前很多研究学习的课题组的重点研究领域。

兴趣和学习

兴趣很重要。它不仅是一种情感，而且还涉及认知方面的专心和专注。人们通常对他们一无所知的事物不感兴趣，因为兴趣通常包含着人们与被学习事物之间的联系。在学校的问题是学生需要学习很多他们一无所知的东西，而且这些东西开始时并未表现得特别有趣。但是有很多方法可以提高学生对学习的兴趣，例如一个有趣的例子、谜题或是故事。

苏珊·希迪和安·伦宁格对情境兴趣和个人兴趣做了区

分：有经验的老师或是好的教科书可能会引起我们的兴趣并让我们想了解更多。此类兴趣本质上是依托于情境的，就像需要更多氧气的火花。当学生掌握了有关某一主题的更多知识，就如同为他们的兴趣增添了燃料，继而火花就燃成了兴趣之火。如果学生的兴趣日益浓厚，兴趣之火被真正滋养，学生就会继续保持和加深他们的兴趣。如此一来，兴趣逐渐变得个人化并且更加稳定，就有可能成为照亮他们一生的永恒的火焰。当然，对话题的跟进并不一直有趣，想要保持火势就需要努力工作。研究表明，人们愿意对他们感兴趣的事物投入无限的时间，这就意味着能够激发积极的学术情绪。

在自然科学和数学领域，芬兰的亚里·拉沃宁教授（科学）、马尔库·汉努拉教授（数学）和安娜·乌伊托教授（生物学）以及他们的同事通过研究发现，情绪在硬科学的学习中同样发挥着作用。在生物学中，为了增强学生的兴趣，鼓励他们在校外进行自然体验和参与自然环境中的非正式学习非常重要。在物理学中，最有趣的事情（尤其对女孩而言）是和人类有关的事情，不那么有趣的事情（尤其对女孩而言）则是和人工制品及技术过程有关的事情。而天文学方面的内容对男孩和女孩来说都很有意思。基于所有这些研究，我们发现富有含义的内容似乎至关重要。我们的生物学和物理学教授建议，为了提高芬兰学术对 STEM（科学、技术、工程和数学）学科的兴趣，新课程标准和教科书可以把技术方面的内容和人类、自然体验或是天文学的内容结合起来。

在发展兴趣和学习的快乐感方面，家长的支持同等重要。艾尔诺·莱赫蒂宁教授和他的同事对儿童早期学习数学的兴趣进行了研究。在一个芬兰的案例中，他们观察了妈妈是如何支持儿童对数学的兴趣并鼓励他们取得成功的。支持孩子的数字感和自我效能感，营造一个温暖的环境，特别是通过鼓励孩子独立完成家庭作业来支持孩子的自主性非常重要。此类兴趣也和各种数学任务中的实际表现相关。

动机和学习

动机分为内在动机和外部动机两种类型。内在动机是指为任务本身去做事，而不是为了取悦他人、不感到内疚或是必须去做。一个人采取行动不是因为奖惩，而是感受到自然而然的内在动机，这种动机不是来自一个人的内部，它涉及这个人和其手头任务之间的有意义的关联。活动本身必须能够激发一个人的动机。

考试通常提供的是外部动机，如果学生对内容不感兴趣，则学习可能仅仅是受到外部因素的激励。这种成绩导向型的学习主要涉及成就性情绪。掌握导向型学习表明，即使一些努力源自外部因素，学生也同样经历了认知性情绪并体会到了兴趣。外部动机转化为内在动机也是有可能的。当学生能够建立起和手头任务之间的联系时，可能就会发生这种转换，即使原始的动机来自外部。然而过多的外部压力或奖励可能会极大地干扰内在动机的发展。

可以从四个方面来解释内在动机：第一，一个有意义的内容可以帮助你了解要做的工作为何有意义。它可能是一个有趣的刑事案件，比如弄清一个人是怎么死亡的，是被毒死的还是自然死亡？即使学习生物或者化学确实令人感到很困难，但当你把它放在一个情境中并需要解决一个谜题时，它就可能变得有意义了。

第二，好奇心十分重要。所有伟大的科学家都对神奇的科学世界充满了无限的好奇心。一个好故事或是一个难题会引发人们的好奇心。

第三，在感觉糟糕或痛苦的情况下，你是难以采取行动的，所以胜任感很重要。如果一个人觉得不可能完成任务，那么他甚至会不敢尝试。我们成年人已经有过完成很多艰巨任务的经历。如果觉得自己是有能力的学习者，阅读晦涩难懂的文字就真不算什么了。父母及老师可以鼓励和帮助孩子感到自己能够胜任，并让他们挑战适合的任务，但也不要过于容易，要鼓励孩子："如果现在还不行，那明天你一定能解决这个问题！"

第四，掌控感意味着这是为你自己而学的，你就坐在驾驶的座位上，而不是受到来自外界的控制。即使是读书备考，你也可以掌握自己的节奏，规划自己的学习，安排时间和把注意力集中在自己感兴趣的事情上。与先前的知识和经验建立联系通常可以促进学习。

　　谈到学习，心流体验也很重要。它可以被视为内在动机的理想形式。在进行心流体验时，一个人全神贯注于一项艰巨的任务，时间会在不知不觉中流走，这就是全身心地参与。契克森米哈赖教授提出了流动的四种通道：高任务难度和高技能水平相结合时产生的心流通道；高任务难度遇上低技能水平则被定义为焦虑通道（这未必一定产生焦虑的情绪，有时可能是兴奋和被唤醒）；低任务难度和高技能水平意味着无聊和放松通道；低任务难度和低技能水平则是冷漠通道。后来，他又提出了更加细致的八通道模型，它包括控制、觉醒、厌倦及担忧。我们在研究中发现，当师范学生处于心流、觉醒或控制通道时，他们汇报说出现了积极的效果。体验到兴趣和心流的青少年与那些感到无聊的同龄人相比，身心也更加健康。

　　卡塔琳娜·萨尔梅拉阿若教授开发了可信赖的，对学校投入度进行测量的方法。可以把对学校投入度定义为一种积极的、和学习有关的、充实的心理状态。学习参与度和融会贯通的能力是影响身心健康的重要因素。相反，对学习的倦怠感类似于工作中的筋疲力尽。在我们的研究中，学生产生这种心理状态的频率令人担忧。芬兰的女孩似乎更容易感到疲惫不堪，而男孩则更多表现出无所谓的情绪。强迫性的上网似乎和倦怠症状有关。幸运的是，大多数的芬兰年轻人在学校里看上去很投入、很开心，但我们仍需不断关注并跟进学生的情况。

人类力量心理学或积极心理学思潮在芬兰非常流行。基于这类理论思潮产生了一些创新：我们并不关注问题或是学生的弱点，而是依靠他们的优势。当然，这并不意味着我们对问题视而不见。被强化的特殊需求教育和对任何问题的早期干涉是这一理论的核心。研究显示，自我效能感的信念对于成功教授数学等方面很重要，无须让学生专注于自身的弱点和问题。但我们的特殊需求教育的目标是相反的，需要关注有特殊需求的孩子的优点和长处。

芬兰的特殊需求教育有什么特别之处？

芬兰教育体系的秘密之一是优秀的特殊需求教育，它聚焦于长处而非问题。最初，发现学生困难点的目的是帮助他们而非给他们贴标签。

我采访了一位特殊需求教育（以下简称特教）领域的专家——皮尔纳·奥尼奥教授。我们谈到了"特殊需求"这个词，因为在很多其他国家，特教针对的是一些严重的问题。借由这次采访我们可以窥见芬兰特教体系的一些特点。

1. 有哪几类教师负责特殊需求教育？

简言之，在芬兰共有三种负责特殊需求教育的老师：

（1）特殊教育老师。他们工作方式灵活，也不在课堂中教学。他们可以在问题初发时就介入。他们拥有师范类特殊教育的硕士学位。特殊教育老师是学校可以灵活使用的资源，他们和其他老师合作开展工作。

（2）全科特教老师。他们负责比普通班规模小的特殊班。他们是拥有硕士学位的、专业是特殊教育的全科老师。

（3）学前班特教老师。他们同时拥有学前教育的本科学位和特殊教育的硕士学位。他们负责为 7 岁以下的学龄前儿童提供特殊教育。

2. 芬兰的特教体系有什么特别之处？

在很多其他的国家，特殊需求或特殊教育的工作是从诊断开始的。芬兰的情况却不是如此。在芬兰全纳性的文化根深蒂固，除那些严重残疾的学生之外，所有的学生都被安排在普通班共同起步。无论原因是什么，出发点都是在早期发现学生学习方面存在的问题。一旦全科班主任老师或是单科老师注意到学生在学习上出现问题，他们可以向特教老师咨询，由特教老师对情况进行评估。普通老师并不必须知道造成问题的原因，他们可能只需要注意到不寻常的情况。这并不意味着该名学生就会被贴上"问题学生"的标签，而是将对其进行恰当的辅导。学生或学生家长也可以提出自己的要求。每学期伊始，在学校召开第一次家长会之后，班主任会和每名学生的家长有 15 分钟左右的单独会面时间，他们可能会在讨论中发现一些问题。

接下来，特教老师和普通老师合作设计干预措施。如果轻微干预（额外的教学法支持或是改变教学设置）无济于事，就会采取新的措施，向学生提供强化版的支持。如果无论采取什么样的干预措施，学生的学习或行为问题都没有得到改善，就应该由学生福利小组及时采取行动。学生福利小组通常由校心理医师、校辅导员、校护士、班主任/单科老师、教授芬兰语作为二语的老师（如果是有移民背景的学生）和特殊教育老师组成，当然校长或副校长肯定也是小组成员。学生或学生家长一般不参与这些行动，但如果需要采取新的措施，就应该与他们协商。过去小组成员通常是固定的，但根据新规定，小组的成员配置变得更加开放，因为必须采取更加灵活的操作方式。特殊需求教育的辅助和支持通常是个性化的，而且是定期和长期提供的。

现在，班级规模不是很小，一般可能有几名学生需要额外的帮助。这就对我们的教师提出了挑战，因为我们的体系令他们花费了大量的时间。如果全校学生中超过 25% 是移民学生，该学校会获得最大额度的财政支持。我们的全纳性教育是让各种学生坐在同一间教室里，作为支持的资源被带入教室。一些有特殊需要的学生可能还会获得一名课堂助教，助教的教育背景各不相同。在芬兰的教育体系中没有针对"天才"学生的特殊班。

综上所述，这是一个具有系统性而且能够持续不断提供帮助的体系。当问题初现时，它就开始提供轻度支持。如果之前提供的帮助效果不够明显，支持的程度就会不断加深。在一些班级，多达 25% 的学生可能接受过特教老师的帮助。这对学生来讲，不是大不了的事情。他们已经习惯了不同的人有不同的需要。

一些学生为自己设定学习目标，志在掌握主题（掌握导向型），而另一些学生仅着眼于自己的表现（表现导向型），还有一种是回避导向型，即学生回避处理棘手的任务。海塔·图奥米宁–索伊尼博士和马尔库·涅米维塔教授的著作指出，当学生将精力过度集中在表现或是回避时，会对身心健康产生影响。即使是那些在学校常常做得很好的表现导向型学生和掌握导向型学生，也可能会感到筋疲力尽，从而使整体的身心健康受到影响。为了取悦父母和老师而行动，并不是享受学校课业的最佳策略。

根据新课程标准，社交和情感技能是 21 世纪的重要技能之一。这些技能可以帮助我们的学生应对未来世界的复杂性和情感挑战。关于这些方面技能和能力的详细论述将在本书技能板块二中展开。

如何吸引学习者

传统的学校教育通常由例如一间教室、一名教师、一个班级和某个时段的一门课这样的制度性惯例构成。这种观点在芬兰正日益受到质疑。我们正在重新思考：学习是什么，以及可能阻碍学习或推动学习的实践有哪些。我们还需反思学习和指导之间的关系。许多争论都是基于国际上对学习心理学以及社会文化和社会学方法的研究。

目前，像凯·哈卡赖宁教授和他的同事这样的研究人员更多地倾向于把知识获取和知识创造区分开来。前者的特征是"知识传播 / 讲述"或"工业社会中的教学法"。肯·罗宾逊指出，这种关于学校的理论类似对工业化机构的描述：工人每天早晨来上班，完成交给他的工作，没有人对他们的思想、情绪或动机感兴趣。与之相反的教学观点是"知识的建构 / 创造"或"信息社会中的教育法"，即学校应当是发生积极学习的场所，兴趣、动机和参与都应在这里得到强调。另外，后者这一类型的学习用到了诸如"社会建构主义的学习"或"深度学习"之类的术语。

这两派相反的观点构成了一个连续的统一体，一端是对于简单事实的浅度学习，另一端则是深度学习和协作创造知识。然而，在两种极端的观点之间有很多的阴影区。做出如此泾渭分明的区分是为了帮助我们看清应该如何使用技术和概念性的工具。如果我们仅使用技术和工具，却不改变我们学习和教学的方法，那就不会产生真正的改变。

新的教育和教学实践

当前芬兰的教学改革涵盖了从学前教育到高等教育的整个教育体系。这是对"什么是学习"的深刻的重新思考。随着一言堂式的教学模式的逐渐减少，未来协作性的知识创造活动将愈加普遍。其目的也是在未来把外部动机转换为更多的内在动力和自主性。在高等教育中（包括师范教育），尽管学校已经推行了相当长时间的学生激励型模式，但传统讲座型授课依然很普遍。在拉丁语系中，例如法语，"讲座"就是"阅读"的意思。最初，讲座的功能是大声朗读。在谷登堡（1398—1468年）发明印刷术之前，讲师朗读一本书时，学生需要用鹅毛笔把书的内容逐字逐句地抄写在自己的本子上。在现代教育中，老师大声朗读课件页面上的内容或是老师讲学生抄写笔记的做法和过去没有太大的区别，不过是用电脑替代了纸和笔而已。教育改革则是关于如何深刻变革我们教学法中的知识实践。

以讲座授课和教师为中心的课程通常旨在传播知识，它只能促进肤浅的死记硬背式学习。诚然，这样的教学形式也可以用来激发和激励学生，但传统的讲堂和教室几乎没有给协作性知识创造留下什么空间。

目前已有各种挑战传统讲课方式的教学模式出现。激励学生型的讲座通常采用案例、故事、小组讨论、技术手段和反问等激发学生进行知识创造的方式。问题驱动学习法是从一个具体的案例入手，而无法仅依赖目前掌握的知识解决该问题，这就推动了学生去学习更多的知识，他们围绕该案例提出问题，了解事实和原理。问题驱动学习法被广泛应用于医学和健康科学领域，即使学生仍然是在学习这一基本的事实，但它已显示出促进深度学习和临床推理的能力。

在芬兰的职业教育中十分流行基于项目的学习方式。项目在校外的企业中开展，能够促进学生进行面向职业生涯的学习，更重要的是它会使学生意识到这些方式方法与师范教育相关。但与在学校中的学习又不完全是同一回事。学生的年龄越小，就需要越多的支持和程序上的便利。另一种教学法模式——现象式学习已被纳入芬兰新课程标准。应该针对师范学生和年幼学生采取不同的教学方法。我将在本书后面的一整章中介绍现象式学习。

翻转式学习

翻转式学习在芬兰日益受到欢迎。该教学法最知名的倡导者是芬兰的教师马里塔·托伊沃拉、佩卡·佩乌拉和马库斯·胡马洛亚。在他们最新的著作——《芬兰的翻转学习》一书中，他们把作为教学方法的翻转课堂和作为学习理念的翻转学习进行了区分。翻转课堂的核心理念相当简单：你需要把学习的头尾颠倒，与传统的在学校课堂上传授某门学科知识，然后布置家庭作业的方式反向而行，学生首先通过其他方式（例如视频、教育游戏或书籍）了解基本内容，然后通过和老师以及同学的合作对那部分知识进行细化、应用并完成各种任务。这样一来，宝贵的面对面时间就不会被浪费在简单的知识陈述上。翻转课堂因此改变了在教室中和家庭里发生的事情。其主要目的是创建一种以学习者为中心、个性化的学习文化。

翻转式学习作为一种学习形态，和本章所介绍的内容具有相似的理论框架：最重要的是强调了学生的自主权、选择的自由和内在的自我激励。翻转式学习的践行需要教师从根本上发展其职业素养和技能。

> 我第一次在自己教授的教育心理学大课上尝试激励师范学生时，出现了各种具体的挑战。我想尝试使用翻转式学习，因此要求学生在上课之前阅读材料。我不想仅仅是灌输信息，而是想和学生一起把重点放在内容分析上。但看上去只有很少的学生真正事先阅读了材料，至少在课程刚开始时是这样。他们早已习惯了只带着耳朵来听课。翻转课堂完全和他们的习惯背道而驰。
>
> 但我们不能责怪学生。我们的机构惯例已经深刻地铸就了他们对于学习的概念，导致他们难以改变习惯。无论我尝试做什么，大型讲堂的环境都在引导着他们成为被动的听众。最让我担心的是，我们是在培养未来的教师，而他们的大学教育中最大的问题是被大量的一言堂讲课、研讨会和考试占据，所有这些实践已经有几百年的历史且多已过时。

与时俱进更新方法

现在是时候集中精力进一步开发外部工具来辅助决策并进行更明确的思考了。我们需要更仔细地考虑如何在教育中使用它们。如果我们不能重新组织我们的社会实践并发明工具来帮助我们取长以弥补认知限制的短，我们就无法发展我们的认知系统。在接下来的部分，我们将介绍一些使用技术的案例。

技术和新颖的学习实践齐头并进。学习的融合度和混合度不断增加，意味着面对面和点对点的教学与虚拟学习环境相结合。近年来，新型的社交数字参与工具，例如社交媒体和数码设备已成为混合式学习解决方案的一部分。与其研究"学习环境"或"技术工具"，倒不如研究有可能增强合作、产生新观点的混合"学习环境"。我们的研究小组使用"社会－数字参与"这一术语来描述新的知识实践，它们支持以新技术为媒介的社会互动以及结合了互联网、社交媒体和移动设备的知识创造。

参与性的学习环境

为了创新性地把学习和指导综合起来，我开发了参与式学习模型。这是一个元级别的简化模型，它把学习描述为一个在不同情境下激励和融入参与者的迭代和循环的过程。该参与式学习模型是基于我们20年来对学生激励式和探究式教学法的研究，并在教育心理学理论的指导下形成的。

借由这种通用模型，我们就可以开始采用涵盖不同种类、重视过程的指导程序，例如基于问题的学习、探究式学习、以项目或案例为核心的学习、现象式学习、激励式教学、慕课、模拟课堂、翻转式学习等。这些原则适用于所有以学生为中心的学习形式。我们已经在多种情况下应用了综合模型，例如为师范学生的教学和领导力培训设计混合型的学习环境，为高中生开设在线课程等。参与式学习模型提供了一个结合了学习、兴趣和动机理论的教学方法。所有体验式、变革式和探究式学习的循环模型都可以从这个角度被检验。

一般的参与式学习模型包含三个部分的迭代过程：第一，诊断当下的知识和激活一个有意义的情境，以激发兴趣并帮助学生设定新的学习目标；第二，浏览并为各种询问提供便利，在这个过程中产生新的知识和理解，从而使学生的兴趣和参与度保持下去；第三，评估学习成果以使参加者加深学习兴趣并促进学习和探究的周期。评估是参与式学习模型中不可或缺的一部分，这要求学生在学习过程中及过程后不断反馈。反馈同样适用于教师、学生、专业人员和研究人员。要注意不要把诊断和激活混淆为提供最终答案，前两者是为了弄清楚在给予指导之前参与者已经知道了什么，他们如何理解当前的问题。另外一个重要的事情是不要混淆想法的产生和严格的审视，应该始终分开对待它们。在整个学习周期，形成性评估和不断加深的兴趣十分重要。

在赫尔辛基大学，为了改变陈腐的、以讲座和教师为中心的课堂，我们需要改变具体的学习环境。参与性学习环境是建立在参与式学习模型基础上的、用于设计新的学习环境的全方位的模型。我们的想法是创造一个现实的和虚拟的空间，它能够吸引参与者以在教学法上有意义的方式使用现代科技，变革社会互动的方式。通过和工程师、建筑师、教育工作者、科技人员和室内设计师的合作，我们共同创造了米内尔瓦广场——一个位于赫尔辛基大学校内用于师范教育的新型学习空间。在赫尔辛基作为国际设计之都的 2012 年，我们的广场位居赫尔辛基大学吸引力排行榜的第二名。

通往 21 世纪的能力之路

作为一个小国，芬兰于科学技术领域的发明创造在国际上的表现相当出色，比如木糖醇和短信。伊卡·泰帕尔在他的《芬兰的 100 个社会创新》一书中介绍了各种发明，诸如桑拿、一院制议会、孕妇礼包和免费学校午餐。其中的很多创新都是出自务实的想法。为了依靠有限的自然资源在漫长、寒冷和黑暗的冬季生存，人们需要具有创新力并不断提出新的解决方案。

为了科技和文化的繁荣昌盛，必须让学生从只会通过考试的人转变为富有创造力的思想家。科学的成功要求我们在工作和学习中保持孜孜不倦的态度，同时保持自律、不骄傲自满、在挫折面前不气馁不迷惘以及从失败中学习和执着地朝着任务目标前进的精神。这样的品质听起来很像芬兰语当中的"sisu"精神或是现代术语中的"坚韧"和"弹性"。安静地坐在学校里，像工厂工人那样完成任务显然不能塑造出这样的品质。学生面临的主要挑战应当是应对有趣的问题，而不是努力在课堂上保持清醒。

充满棘手问题的世界

我们要学会处理复杂、不确定甚至是棘手的问题。即使很多电影情节、电子游戏和真人秀节目都比我们在课堂中解决的问题复杂。学术无聊是我们这个时代的病症，这可能缘于校园内外世界不断拉大的差距。我们无意把我们的学校变成游乐园，相反，我们试图想出办法，让我们的孩子愿意认真学习校内功课，校内所学对他们的校外生活也大有裨益。在芬兰，没有标准化测试的传统，但我们有自己的问题，很多制度性惯例让我们的思想瘫痪。

并非只有芬兰面对这样的挑战。即使我们的国家是世界上最安全的国家之一（在很多排名中是最安全的国家），仍然有很多全球性问题困扰着我们。最近的一次是 2015 年爆发的叙利亚危机。它导致了成千上万人离开家园，迫切地来到欧洲避难，其中数千名难民来到了位于北欧的芬兰。我们不能只看到问题，还应看到那些年轻人身上的可能性，他们愿意迁移到有着漫长、寒冷和黑暗冬季的国家。我们真的应该跳出固有的思维模式进行思考，并找到让他们在芬兰安居乐业的途径。

在芬兰，我们也正面临着无数严峻的问题和风险，它们与气候变化、能源的可持续性、日益增长的不公平有关。这些问题超出了个人认知的能力。想要仅依靠传统的委员会来解决这些问题几乎不可能。许多研究人员担心，挑战的复杂性与解决问题的有限能力之间的鸿沟正在日益扩大，尽管这种能力正在通过目前的教育实践得到提升。现状迫切要求青年人提升思考和推理的能力，这将帮助他们理解如何追求真理。尽管世界上仍有一些领导人采用宣传鼓动的方式（甚至是用谎言），有时甚至采取暴力的方式阻碍媒体自由，但对一名年轻人而言，学习如何在这样的世界中进行判断和构建相关的争论极具挑战性。争论和思考是可以被教授和学习的能力，它们应该位于一切教育系统的核心。我们决心通过教育维护和完善我们的民主。

在芬兰，我们认真对待新的挑战。新课程标准于 2014 年出台。它界定了芬兰人在 21 世纪应当具备的能力：思考与学会学习；文化感知、互动沟通和自我表达；自我照顾和管理日常生活；多元识读；信息及通信技术；职业技能和创业精神；参与、影响和构建可持续发展的未来。新课程标准是每所学校根据当地情况调整和量身定做的校本课程标准的基础。我们将在后面的板块中详细介绍这七项横贯能力。

　　随着学生的技能水平不断提高，他们也应相应地变得更加进取和更善于进行自我调整。自我规范的能力不是一蹴而就的，它需要间接的支持。教师首先要提供更多的框架，然后逐步走向共同规范。这种能力在小组形式中最容易被习得，因为学生需要学习如何共同规范他们的行为，教师需要学习如何引导这一过程。教师工作的焦点从教授学生知识转变为引导学生学习。这个发展过程不一定是直线型的。例如，在某些情况下，10岁的学生可能比那些忽然丧失了大部分自控能力的青春期学生表现得更好。学习环境被从教室向外拓展得更加宽泛，学生在校外的非正式学习会被作为一种资源带入课堂，不断地重复也会加深学生的认知行为。浮于表面的学习被转化为深度学习，从而将学生引向长期记忆、整体性和分析性思考，甚至是准备好解决复杂和具有不确定性的问题。

科丝婷·罗卡和尤霍·马科宁

💡 技能板块一

思考与学会学习

芬兰的新课程标准的主要目标之一是教育出文明和开化的人。基于探究式的学习方法很重要，因为如果仅获取知识却不具备批判性的思维或创造力，那么我们的幸福和繁荣之路不会走得长远。探究式学习不是指为学习者提供最少的支持，也不强调任何特定的教学方法。它是一个既强调融会贯通和深度学习又强调学生在学习过程中的积极作用的普遍性思路。

思考能力是学习和社会发展的基石。所有公民都应该能够做出有理有据的决定。民主、人权和可持续性有赖于人们能够以富有意义的方式进行推理。在"后真相"时代，人们很难区分虚假信息和真实信息，故此思考能力从未如此重要。我们迫切需要科学的素养。

当信息接收量非常庞大的时候，学会学习对于保持大脑的运转至关重要。对事实知识的积累诚然重要，但它并不是在任何领域发展专家性学习的充分条件。新课程标准强调自我调节和具备评估自己思维的能力，即元认知能力。

主题 1：探究式学习

探究式学习（或基于探究的学习）在前一章中被描述为一种教学法。它给予学生掌控自己的学习、把学习和个人兴趣联系起来的机会，同时把学习嵌入有意义的环境中。探究式学习可以激发学生的学习兴趣，因为在此过程中学生会参与解决具有实际意义的真实世界中的问题，并进入对他们而言有个人意义的主题当中。它也可以帮助学生加深对知识的理解并保持参与性。

探究式学习的优点众多。在情境式学习中，最重要的是改变学生的角色。探究式学习的过程是关于赋予自主权和把学习的代理权归还给学生的过程。该过程允许学生彼此合作提出问题，并由此引导他们的学习；参与选择使用什么方法和工具；决定小组中角色的划分；产生什么样的学习成果以及如何评估，并根据反馈修正所取得的成果。这种想法是把学生从知识消费者的角色中解放出来，进而转变为知识创造者的角色。最开始，学生需要来自老师的很多流程上的支持和指导。在此过程中，他们应该逐渐学习如何规范和协同自己的调查研究。

探究式学习能够帮助教师培养学生在应对未来工作中挑战

的能力。在未来的工作场合中，提出正确的问题、界定和解决最重要的问题、创造新的知识和变革的能力将会是核心要求。探究式学习应当培养学生创造知识和终身学习的能力。学生应当学会为个人的发展承担责任。他们同样应当在周围的社区中学习并为社区做贡献。

应用基于探究的方法来学习

应用基于探究的方法来学习包括研究、产出、评估、编辑、发布数据和想法的能力。学生要学习如何设定个人及共同目标、规划自己的学习、独立或协同评估所取得的进展。这几点至关重要。在采用基于探究的学习方法时，让学生承担自己和小组学习的责任也很重要。学生应该学会了解整个探究式学习的过程。

在所有探究式学习的过程中，要把提出想法和批判性地审视想法分开。因为我们无法同时拥有创造性思维和批判性思维，通常二者是互相扼制的。在集思广益的阶段，任何想法都是好的。在新想法枯竭之后，就是把所有的想法汇集在一起，尝试检验它们的时候了。然后就是批判性地评估和设定未来的学习目标。

芬兰教授、哲学家帕沃·皮尔凯宁对戴维·玻姆的对话观进行了多年研究。他还曾撰写过关于芬兰哲学家约翰·冯·赖特的文章。我就这个话题采访了他。

1. 你认为玻姆的对话观的关键是什么?

我们在听他人说话时,倾向于习惯性地快速判断他们所说内容的对与错、好与坏。玻姆式的对话中的主要挑战是试图倾听和理解其他人的说话内容,避免立刻做出判断。如果每个参与者都能够做到这一点,那么他们不仅会记住其他人的发言,还会在这一过程中产生自己的观点,甚至可能出现一些新奇的想法。

2. 暂缓评判是批判性思维的一个重要原则。如果你认为其他人正在做出令你感到生气,且十分愚蠢的评论时,你会怎么做?

当你生气时,脑海中通常会涌现这样一个念头:我有充分的理由生气。然而另外一种选择是自我反省并尝试意识到这种念头:我生气的原因是什么?这是一个真实的原因吗?玻姆曾经说过,如果你是正确的,那就没有必要激进地捍卫自己的观点;如果你是错误的,你则不应该这么做。我们要发展出一种本体感受或是处理想法的自我感知能力,就像是通过进化我们所拥有的支配身体的意识能力一般。

　　我认为关键是要深入了解以下两种类型的思维：当我们说话时，通常可以选择措辞，我们的思想受到有意识的自由意志的引导，这在某种程度上是自愿的。但是很多时候，还有另外一种思维过程在同步进行：思维几乎是在自动地喃喃自语或浮想联翩。这个更加自动的思考过程同时也是对我们生活产生影响的强有力的因素，因此应当引起我们的重视。也许当我们这么做的时候，思维就会安静下来。这有点像正念，但我们确实需要理解思维过程的本质以及它是如何形成情绪和感觉，从而反向引起进一步的思维和意图的。我们需要感知意识的整个动态运动过程。这样的感知可以提高连贯性和洞察力，从而提高我们的幸福感。

3. 关于整体思维，芬兰教授约翰·冯·赖特可以教给我们什么？

　　冯·赖特首先提出了普遍存在的以目标为导向的科学合理性（及其潜在的二元性和机械确定性的世界观）可能是我们面临的很多问题的重要促成因素，例如环境危机。同时，他推测科学本身在一定程度上可能是解决这些问题的关键，因为在物理和生物方面某些新的、更加全面的发展可能会促进科学向更加和谐的方向转变。他认为，从科学中诞生的新的世界观可能会鼓励改变人与自然之间的关系，即从统治型转变为共同进化型。反过来，这可能有助于我们的工业社会去适应生存所需的生物学条件。

批判性思维

批判性思维并不意味着人们应该是绝对的、评头论足的或是否定的。我们要将批判性思维和愤世嫉俗的思考方式区分开来。良好的批判性思维专注于问题，但它本质上是自我反思的工具，始终是为了促进创造力发展。过早的判断往往是有害的，批判性思维最重要和最困难的方面是批判性地评估自己的想法和观点。我的论点站得住脚吗？我是否太情绪化了？我是否过于匆忙地下了结论？我是依照证据做的决定吗，又或者它们仅是意见？当然，批判性思维还着眼于他人的信息来源和论据的可靠性，但重点不是主张自己的思维模式。

人们可以通过多种方式形成信息，且来源非常广泛：个人经历、学术权威，甚至是演绎推理（源自理论）或归纳推理（源自事实）。通常，复杂的现实世界的现象不是非黑即白，而是与无穷多的观点和分歧有关。因此，学校应该帮助学生理解模棱两可和相互矛盾的信息。它对掌握评估信息可信度的能力至关重要。

　　了解信息的多样性、批判性思考和质疑概念的能力是解释和理解数据的基本能力。批判性思考的能力也包括理解不同的创造知识的方式。我们的学生应当学习知识是如何经由不同的来源和原则形成的，例如，个人经验和学术性的同行评估过程所产生的知识之间的区别。科学素养在此非常重要：人们需要了解科学研究的性质，并能够解释科学证据和结论。这对于很多成年人而言也很难，但是那种仅仅展示某些事实和简单知识的教育方式的弊大于利。当然，这种思维能力是渐进发展起来的，就像我们不能够期望幼童具备科学的思维能力。但他们可以学习如何为他们的论点提供立足点，而不是理所当然地全盘接受媒体或教科书上的内容。

　　尽管信息的指数级增长在诸多层面很有用，但这也产生了些许问题，例如，关于信息的准确度、如何过滤和评估信息等。评估信息的可信度是学生所需的基本技能之一，特别是当他们在学习时遇到越来越多的不一致且不清晰信息。在评估不同的想法和结果、选择最具价值的方案并应用于手边的任务时，批判性思维也发挥着重要作用。

　　随着本地和全球范围内信息渠道的日益多样化，培养批判性思维也变得日益重要。为了在复杂的全球环境中开展有目的的社会互动，学生需要具备理解他人观点和尊重不同意见的能力。多元识读能力与此非常接近（请参阅技能板块四）。

芬兰的科学教育和科学素养

亚里·拉沃宁教授是芬兰科学教育领域的领军专家之一。2008—2016年，他担任赫尔辛基大学教育系的系主任一职。拉沃宁教授是一位知名学者，他也是南非约翰内斯堡大学的客座教授。我就芬兰新课程标准中的科学性思维和科学教育问题采访了他。

1. 您能谈谈芬兰的新课程标准吗？

芬兰的课程标准大约每10年更新一次。在基础教育和高中教育中实施的最新国家课程标准分别在2014年和2015年被正式公布，取代了2000年初制定的老标准。目前的国家课程标准体系有三个主要驱动因素：第一，广泛的对目标的描述，如学习（21世纪）的通用技能和追随国家的核心价值观，如人权、平等、民主和自然多样性；第二，市级政府提供并培养了教育的自主性，使市级标准成为地方的指导性文件；第三，校内功课的不同思路。新课程标准的关键是强调能力或使用知识，而不仅仅是知识本身。新课程标准结合了态度、知识和技能。

2. 芬兰的科学教育有什么独到之处?

新课程标准还介绍了每门学科的核心目标。例如,科学课程的标准接近新的 PISA 科学框架,描述了科学知识的概念性和程序性。此外,在以下三种情况下会产生采用这种知识(态度)的意愿:科学地解释数据和证据;评估和设计科学式的探究;科学地解释现象。这三种情况是芬兰新课程标准中引入的三项核心能力所采用的科学的内容。

3. 芬兰年轻人在学习科学方面的兴趣和情况如何?

2006—2016 年 PISA 的测试结果显示,芬兰学生对学习科学的兴趣从 64% 下降到了 56%。这和很多其他国家不同,比如,在美国这一比例则是从 57% 上升到了 70%。美国仍有较高比例的学生觉得学习科学非常有用,2006 年平均有 72% 的美国学生认为学习科学有用,2015 年这一比例为 74%。同期,芬兰的这一比例仅从 49% 上升到 67%,仅达到 OECD(经济合作与发展组织)国家的平均值(65%)。

在 OECD 国家中,芬兰学生期待在他们 30 岁的时候从事和科学有关的职业的比例是最低的,尽管从 2006 年到 2016 年,这一比例从 13% 略微上升到了 17%。在所有 OECD 国家当中,美国的这一比例从

32% 上升到 38%，位居第二。

4. 什么是科学素养？芬兰年轻人的科学素养状况如何？

在 PISA 中，科学素养被定义为：利用科学知识和过程来了解自然世界和参与影响它的决策的能力。这样的科学过程是可以描述、解释和预测科学现象，了解科学研究，诠释科学证据和结论的。

尽管芬兰学生对科学的认可程度不高，但芬兰学生 PISA 科学测试的成绩在 2003 年、2006 年和 2009 年名列 OECD 国家的首位。然而，我们的 PISA 测试成绩自 2009 年以来一直在下降，芬兰在 2012 年和 2015 年的测试中名列 OECD 国家的第三名。因此，除科学学科的学习成果之外，芬兰学生对学习科学的兴趣和重视科学的程度也在同期有所下降。而在整个 OECD 国家范围内，学生们的态度几乎是保持不变的，美国学生甚至提升了。

5. 您能提出一些改善这种情况的建议吗？

由于学生对学习科学不够投入，芬兰的新课程标准非常强调学生的参与。和《下一代科学标准》（NGSS）类似，芬兰的新课程标准建议通过专注于核心科学知识和实践，以及通过学生积极地参与那些能够扩展他们获取知识和加深理解能力的项目类学习来支持他们参与科学学习和实践。科学实践应该包括学生自己提出和界定问题，并自己设计和实施调查过程。最后，他们还应该学习如何设计和阐述解决方案。

创造性思维

创造性思维是需要时间和空间来培养、开拓和发现的。以开明的方法学习新观点、新主题和新思维方式有助于跨越通向高质量想法途中的障碍。游戏和趣味性同样能够激发创造力和想象力。重要的是要了解创造力不是什么神秘之物或是个人禀赋，而是一种思考的技能和可以学习的态度。绝大多数 5 岁以下的儿童很有创造力，但可悲的是，上学以后这些创造性思考的意愿似乎也就下降了。

创造力需要技能、知识、丰富的人际交流和社会支持。我们还需要理解创造力背后的情感因素，迷惑、好奇和兴趣是能够促进学习和激发创造力的情绪。这一点已经在前文进行了阐述。伟大的科学家就是那些永远不会对工作失去好奇心和兴趣的人。同理，应该允许儿童思考和尝试实践自己的想法。

尽管创造性思维可以简单地定义为一种从新的角度观察事

物的方式或是跳出思维框架进行思考的方式，但是明白创造性思维是一种可以在后天培养及习得的技能也非常关键。我们可以通过尝试创新过程的不同阶段以及和每个阶段有关的运作方式来鼓励和培养学生开展创新活动。如果他们对创新的过程比较陌生，可能会感到非常困难。结果并不是创新活动的主要目标，相反，系统地经历创新过程的所有流程更有价值。

进一步的创造性思维还需要对眼前任务有基本的理解和认知。如果一个人缺乏工具或是关于该问题的信息，那么在解决问题时则很难产生创意。为了创新，知道什么已经存在非常重要。我们只有站在前人的肩膀上，才能看得更远。有时，我们难以分辨是旧思想束缚了我们的思维，还是我们应该在它的基础上进行创新。创新并不意味着我们应该抛弃所有旧的东西。为了跳出思维的框架，我们首先应该审视我们所处的这个框架。

> 即便是新的见解也极少是全新的。就如同一件婚纱，一个真正的创意结合了新旧、舶来的思想和蓝色的元素。这个蓝色的元素依然是个谜，人们无法根据它追溯到以前存在的任何事物。当有人提出了一个真正有创意的想法后，它看上去是那么明了以至其他人都在想，自己为什么没有想出来。

创新的过程一般分为几个明显的阶段，例如准备、孵化、洞察、提升观点和最后的发布。整个过程不是呈线性发展的，必要的时候可以在各阶段之间跳跃。创新需要持之以恒，进展常常表现为微小的增量。真正的突破和创造性的思维来源于切实拓展自己的能力和知识以及与具有支持性的人群团结在一起。

> 我的专长是教授创造性的科研写作。很多年轻学者的问题是觉得科研写作无聊而机械。当然，科研写作和其他写作一样，都有无聊的。关键是要学习，即使科研写作有因其学科而异的固定格式、传统和规则，但也有一些是普遍的共性。
>
> 写作过程通常是相同的。你需要学习如何搭建论点，而非仅仅描述理论、事实和程序。我训练我的研究小组遵循如下的创新过程：进行研究和文献检索、做笔记、撰写草稿、获得反馈（或按照我们的话说是"前馈"）、修改文本、编辑、精加工、获得更多的"前馈"、进行更多的分析和阅读更多的内容、讨论结果并提交最终文本。
>
> 通常在收到期刊或是评论人的评论意见后，整个过程又要重新开始一遍。在写作过程中，有时会在孵化的阶段出现写作或研究停滞不前的情况；也有一些时刻，洞察力和灵感让你雀跃不已。我的最新研究表明，

> 一些年轻的研究人员把写作视为与生俱来的才能，另外一些则把写作视为创造和转换知识的过程，前者没有后者表现得出色。顶尖的研究小组都是极具协作力和变革力的。
>
> ''

阶段性的创新也受到了质疑。虽然获得真正具有创新性和创造性的成果需要做大量艰苦的工作并花费很长的时间，但让学生在校内体验洞察普通事物的快乐仍十分重要。在我于2015 年撰写的芬兰语著作《顿悟学习》（Insightful Learning）中，描述了在一般情境中的创造，例如在厨房和办公室。在日常生活中发挥创意是我们大多数人都很熟悉的事情。只要我们训练自己的思维从不同的角度来观察事物，新的见解和想法就会涌现。任何人都可以学习这种方法。如果你思考一下上个星期想出来的各种创新方案，你就会意识到创新实际上无处不在。当然，也不是那种伟大的创新，我们当中只有极少数人会成为像达·芬奇或爱因斯坦那样的人。但我们应当调动能够帮助我们应对日常生活的那些小的思维火花，例如，企业家需要时刻具有创新精神并且能够随机应变。

创造性思维的能力日益被认为是学生在日新月异的复杂世界和工作生活中需要锻炼和掌握的关键能力。在一个不发展的社会中，可以先计划后执行。在现实情况下计划仍然重要，但我们还需要学会随机应变。如果我们让学生们相信，他们只需记住事实和听话，就能在这个复杂的世界中生存，那么我们就是害了他们。相反，我们应当教授他们一种无论情况如何变化都要保持自我的态度和核心价值观，例如尊重他人、规范自己的行为和值得被信赖等。

外面的世界更像是一座提供即兴表演舞台的戏院，而不是事先写好台词的舞台剧，但我们仍需要遵循规则、规范，并扮演好自己的角色，只是生活不再给我们提供剧本了。如果我们为学生提供的角色过于狭窄，他们会失去主动思考的能力。我们的任务是训练他们如何创造性地思考。学生一直在寻找表达自己的方式，创造性的思维可能是激发他们找到自己是谁以及自己能做什么的重要途径。

人们可以通过提供适合创造性思维的时间和空间、支持社会互动、提供创新所需的知识和技能来提升创造力。安全感和温暖的氛围对提升创造力来说必不可少，因为学生在新想法的萌芽阶段比较脆弱。在创意过程之初，只要提出新想法就可以，哪怕是疯狂的想法，我们没有必要严苛地加以评判。留出时间打造一种尊重的社会氛围至关重要，学生可以随意发表意见。为了培养创新能力，学生应该拥有足够的时间去发挥想象力、进行反思并提出不同想法。创新本身应被理解为一个过程，而不是一个结果。专注于产出没有专注于过程本身重要。有意思的是，专注于过程通常会产生更好的结果。

主题 2：学会学习

根据 2016 年芬兰新课程标准，学生应当在学习中发挥积极主动的作用。在学习时，要倾听学习者的声音。他们应当自由表达自己的观点和经验，做出明智的选择，并对自己的学习负责。

掌控自己的学习过程

只有在支持性的、允许学生自己承担责任的环境中才能进行独立管理个人的学习过程并建立起学习者的自信心。学生年龄越小，往往需要的支持和帮助就越多。我们要逐步为他们提供工具，帮助他们掌控自己的学习。

运用技能获得的成功体验和发现自己的长处可以对成功学习，以及学生设定自己的目标产生很大的影响。那些对自己的技能充满信心和有过成功体验的学生会为自己制定更具挑战性的目标，在困难面前不容易轻易放弃。要为学生创造一个安全的环境，在此环境中，学生在老师的指导下制定自己的学习目标，并寻找实现目标的方式方法。

凯萨·沃里宁、萝塔·乌西塔萝－马尔米瓦拉、
埃利娜·帕西拉和萨拉－马里特·沃拉宁（芬兰赫尔辛基大学）

正面个人简历

　　"正面个人简历"是包含广泛能力的个人简历，它能帮助孩子学习发掘自身的各种能力。孩子们在不同的环境中（比如学校、家庭以及和朋友在一起时）运用这些能力的情况被记录在"正面个人简历"中。家长可以根据孩子的需要制作"正面个人简历"，从幼儿园开始，伴随着孩子一直到青年时期。

　　无论是谁都无法仅凭纠正缺点就让自己变得完美。批判他人的缺点很容易，而专注于优点和可行之处则需要改变我们的思维方式，并使用有效的工具。我们应当为表扬和激励创造空间。

　　无论身处何处，"正面个人简历"都推动着教师和家长从积极的角度看待儿童。透过孩子们的优点来看待他们，这样他们也就能学会透过优点来看待其他人。

　　"正面个人简历"是评估领域的新成员和新工具，它和传统的成绩单结合在一起勾勒出一个人全面的优点。简历一开始可以是一本笔记或是一张海报，最后发展为电子平台。和孩子们一起设计，特别是为他们提供服务吧！

　　延伸阅读："正面个人简历"的平台仍在开发中，您可

以从 positiivinencv.fi/en 获取更多关于这一模式的信息和相关
材料。

　　学习如何独立评估一个人现有的知识和技能非常重要。这就
是所谓的元认知技能。评估如何才能实现学习目标是这一过程的
一部分。这有助于学生开辟属于自己的学习路径并掌握终身学习
的基本工具。设定短期和长期的个人目标，特别是在自己感兴趣
的领域，可以帮助年轻人了解他们如何独立掌控自己的未来。

　　通过寻找自己的长处、习惯和学习策略，学生能够认识到
他们所采取的方式方法是否有效，并正确地加以取舍和发展。
让学生能够体验各种学习机会，尝试在不同情况下调整自己的
学习策略，学会评估哪种策略最适合手边的任务非常重要。

　　在芬兰，特别是在芬兰的特殊教育领域，人类力量心理学
和正向心理学是主要的理论趋势。重点不仅在于不能做什么，
更在于发展自己的优势。一个人在一生中遇到的问题越多，这
一点就越重要。这个主张并不是要让人们忽略问题，也不是在
弱点的基础上建立联系，而是要推动学生构建作为学习者的自
我形象。传统的心理学着眼于限制和障碍，但这可能并不是最
富有成效的学习方式。培养年轻人的独立自主性是新课程标准
的目标。目前，特别是萝塔·乌西塔萝－马尔米瓦拉博士和
她的同事正在开展很多与此相关的研究项目。

发现自己的优势和适合自己的学习策略

我们可以通过引导不断提升学生有效学习的能力，使学生逐步了解，在学习的道路上，他们应当是坐在驾驶座上的。这就需要元认知技能，学生必须意识到自己的优势，找到适合自己的学习策略和学习方法。

随着学生不断从学习中获得积极的体验，自信心和独立学习的管理技能也在不断提高。自我形象和对个人能力的自信对学习能否取得成功有重大的影响，例如学生如何应对新挑战以及制定雄心勃勃的个人目标。很多学生满足于为认知学习而付出极少的努力。如果不是绝对有必要，很少有人会自发地绞尽脑汁。我们要让年轻人明白，脑袋越用越灵活。这就是为什么让学生解决需要费脑筋的问题比测试他们是否记住了所有的事实更加重要。在芬兰即使是训练有素的老师有时也不免受到智慧经济的影响，智慧经济总是引导学生选择第一个想到的答案。

近来已经证明，自我效能感对学习能否取得成功至关重要，比如在数学学习当中。在这里，有必要提醒学习者不应该对性别或者种族背景带有成见。教师持有的消极观点和成见或许会限制学生的学习。例如，仍然有一些老师相信数学和科学是男孩子擅长的学科。一些家长和女孩子可能也相信了这些错误的观念，这样就阻碍了她们的学习。还有其他一些关于学习的不实传言也会影响我们对学习的观点。例如，很多成年人认为所谓的"数字原住民"不需要学习如何使用计算机。

关于知识的理念以及人们如何认识事物被称为"知识认知"。我们发现，一部分芬兰教师不喜欢元认知，而是想着把特定的事实灌输给学生并只是测试他们的记忆力。在本书的最后一章，我将向读者详细介绍师范教育的最新举措是如何更好地满足新课程标准的。

开创自己的学习之路

认清自己的优点、习惯和学习策略有助于提高个人的思考能力并学会学习。当作为学习者的学生把自身的优点视觉化时，就能有意识地使自己不断进步。比如，他们会绘制一张地图，标明目前的位置和计划要去的地方。除了把学习内容视觉化，更重要的是规划自己的学习过程并设定个人的学习目标。学习过程的透明化有助于学生理解学习的各个方面以及如何对学习施加影响。

但是，在讨论不同的学习风格时也应持谨慎的态度，尽管我们处理信息的方式有倾向性，但研究并未对是否每个个体都有预先确定的学习风格这一点提供支持。诸如"学习风格"之类的传言会导致毫无帮助的思维定式。相反，我们作为学习者要比通常认为的更加灵活多面，可以学习新的学习方法并调整我们解决眼前问题的风格。即使所有学生都需掌握相同的内容，但为达到这些目标我们仍可以调整方式。新课程标准非常注重对这些技术和能力的培养。

主题 3：打造学习社区

旨在提供多元化学习和创造新知识的社会互动所起的作用绝不仅仅是各个部分的总和。通过与他人合作，我们可以克服个人的局限性。为了实现共同的学习目标，学生通过分担责任、发挥所长以及支持同伴，也能够体会到协作的价值。

协作技能

让学生学会合作是为了让他们学习如何积极地互相倾听，并在相互尊重的前提下展开辩论，以确保每个人都有小组归属感。教师在促进互动技巧的学习和树立有效沟通的榜样方面发挥着关键性作用。

教师还应在课堂和学校乃至更宽泛的学习环境中培养一种互动的文化。指导学生一起工作，在集体中丰富他们的想法，这样做可以不断提高他们的思维能力。应当在全校塑造这种文化，这样才能使协作学习和知识创造成为一种常态而不是例外。这一过程应当趁早开始，因为在青少年时期，他们的脑部发育处于风暴期，调整他们的学习方式会很困难。如果可以趁早开始，那么在青春期，他们就已经知道自己是学习者，以及哪种学习策略更适合他们。幼儿园和小学阶段是培养协作学习文化的最佳阶段。

共同学习和知识建构

学习者应当学习的重要技能包括：调节自己的学习方式、和他人协调学习步调以及在小组中分享规则。例如，有必要给健谈的人留有发言的空间，大家要鼓励害羞的组员更多地参与等。学习者应当找到公平分配工作的方法。

知识的构建是一个相互的过程，其中的每一名学生都可能有自己的优势和作用。社区型学习既指学校，也指校外的社区。"从服务中学习"指学生通过服务社区来学习。儿童参观老人院或其他机构对于双方而言都是非常棒的学习体验。在芬兰，很多地方性报纸都有专为儿童设置的版面，儿童也可以担任记者。这样的项目越来越容易在网上开展。教室的四壁不再是学生的"围墙"。

文化感知、互动沟通和自我表达

现在，社交和情感技能比以往任何时候都变得更加重要。由于自动化、全球化、机器人技术和人工（或增强）智能的出现和发展，就业和经济将在未来发生巨大变化。一些职业将被保留下来，而另外一些则会消失。作为这个工业新时代的员工，将要面临的最大挑战是如何发展创造性地解决问题和团队合作的能力，以及培养社交和情感技能，例如共情能力。这样的横向能力将极具价值，因为机器人无法执行需要这些能力的任务。

芬兰人一向勤奋工作并且诚实，但在社交方面却不够游刃有余。在过去的几十年中，芬兰人的刻板形象已经得到了许多改变，年青一代的社交能力越来越强，因为他们日益国际化，而且已经从多元的文化环境中汲取了新技能。例如，芬兰城市里的年轻人更多地通过握手和拥抱表示问候。

如今，社交和情感技能被视为教育的核心要素。研究表

明，社交和情感技能学习对于学业进步同样重要。为了与不平
等现象抗争，学生应该在学校和机构当中习得社交和情感技
能。否则，可能只有具备条件的孩子才能在家庭教育中获得相
关技能，而其他孩子则被剥夺了相关权利。

　　由于历史和文化传承的原因，我们仍然面临着特殊的挑
战。重要的是要理解我们在发展社交和情感技能时，要甩掉一
些历史的包袱。持有固定思维模式的芬兰人，特别是部分芬兰
男性，仍然认为社交技能无关紧要。但在当今社会，这种技能
必不可少。

　　把社交和情感技能视为天生的或永久性的特质毫无裨益。
有些人害羞，而有些人生来外向。但这不意味着害羞的人不善
交际。相反，一个沉默、不喜炫耀的人可能更善解人意、善于
倾听。即使有些人比其他人内向，但社交能力是可以通过学习
提升的。

　　我们每个人在工作中都有自己的优势和需要扮演的角色。
只要我们不率先互相贴标签或只青睐某类人，文化和性情中的
自然的多样性通常是积极的。社交互动技能的培训可以提高我
们的积极性。例如，如果我们认为自己很难向他人表达清楚自
己的需要，就可以通过练习来学习如何清晰、勇敢地进行表达。
尤其可以锻炼倾听的能力，这有助于增强我们的共情能力。

芬兰人在人际交流和育儿方面的历史文化传统

几个世纪以来，芬兰一直是瑞典和俄罗斯之间的战场。但我们的文化心态不仅源于命途多舛的历史。其间，许多外向的人群最渴望移民，而且，某些气质特征似乎在我们的人口中表现突出，例如性格内向、害羞、内敛和一种慢热的特质。

莉萨·凯尔蒂坎加斯-耶尔维宁教授用芬兰语写过数本关于这一主题的书。她的研究表明，以害羞和回避为特点的气质并不意味着不善交际。有这种气质的人不是不善交际，只不过需要多一点时间来适应新朋友。对他们而言，与陌生人交谈或是尝试闲聊可能很困难。但是，当他们和已经认识的人在一起时，他们可能极具共情能力并且热心肠，与最初看上去可能并不友好的人会产生延续一生的忠诚的友谊。

芬兰人经常可以忍受很长一段时间的沉默。一些人会对社交场合中的长时间沉默感到不舒服，芬兰人的情况甚至会令他们自己感到恐惧。在芬兰的文化中，没有夸张的微笑、过度的肢体语言和闲聊的传统。这样的举止过去被认为是不用努力工作的富裕阶层和特权阶层人士的奢侈品。非常有趣的是，和很多其他的文化不同，芬兰女性总体上比男性性格外向，这里存在一种可以用社会分工来解释此现象的观点：话多是女性的特点，通常表现出强烈的情感会被认为太"女孩子气"。

　　家庭之外的文化则更多由男性主导。在很多情况下，一言堂和等级制的工作文化相当典型，可以使员工保持安静和听话，而不是利用智力和社会资本。另外，艰难的年代教会了人们团队协作和员工忠诚度的重要性。当今社会更加欣赏团队合作、沟通和具有协作性的知识创造。

　·　我们的父母辈（或者他们的祖先）经历过非常痛苦的战争，他们的童年被暴力文化所笼罩。他们经常被父母责打。很多人是在"打是亲，骂是爱"这样的教条思想下被抚养长大的。

> 　　我的母亲是一个'战争儿童难民'，在第二次世界大战期间被送往瑞典。她的榜样是她温柔的瑞典妈妈。瑞典妈妈尊重并倾听她的声音，这为她用非暴力方式抚养孩子树立了良好的榜样。这可能是我的母亲采用温和的养育方式的原因。

　　随着对于心理学认识的不断提高，在 20 世纪 60 年代人们对家庭暴力的接受度开始降低。出生于那个年代的人很少再受到自己父母的体罚了。芬兰在 1984 年就已经禁止了对儿童进行体罚（或身体虐待）。由于历史原因，很多成年人仍然缺乏其他具有建设性的方式来教育他们的孩子。尽管我们的老一辈人已经明白不允许再体罚儿童，但他们无法给我们提供其他建议，告诉我们还可以怎么做。在孩子不听话时，家长可以采取的措施有哪些呢？也许可以使用增加负罪感、羞耻心、恐吓或是威胁的办法，但这些不过是另一种形式的虐待，本质上是精神上的虐待。

当孩子做错事时，父母的情绪会受到消极的影响，这可能会使他们无法进行明智的思考。结果，父母使用了他们脑子里最先想到的惩罚方式，也就是他们儿时所经历过的，而没有想到他们的行为可能是有害的。除非父母学会了新的、更有建设性的方法来应对孩子行为不端的情况，否则这种行为的因果方式会导致体罚模式代代相传。芬兰的教育工作者已经开发出各种创新的方法来帮助孩子、家长和老师提高社交和情感技能，引导他们采用以解决问题为核心的、建设性的方式进行互动沟通。

芬兰心理健康协会成立于 1897 年，旨在提供社交和情感技能方面的培训。更多信息请参见：https://www.mielentervey sseura.fi/en。

此外，KiVa——芬兰的国际反霸凌项目为教师提供培训，为学生开设相关的课程。KiVa 课程是由图尔库大学的克里斯蒂纳·昆普莱宁教授开发的。

另外，针对教师的各种国际社会情感学习计划，例如高登教师效能训练和"狮子探索"，都已经在芬兰运行了几十年。针对儿童和青少年的国际社会情感学习计划包括高登青少年效能训练、攻击替代性培训项目、朋友项目、生活行动项目。在学术上，关于社会情感学习的合作伙伴网站上还刊登了最受推崇的用于学校的社会情感学习项目列表（https://casel.org）。

> 我参观过一些国家的学校，虽然体罚已被法律禁止，但仍被广泛使用。我们需要很长的时间去学会如何以非暴力的方式养育孩子。一些全球性的项目例如'狮子探索'可以帮助教师学习此类方法。

一些由芬兰开发的帮助儿童学习的创新项目：儿童社交和情感技能学习

本·富尔曼博士开发了一款名为"儿童技能"的应用程序。它是一个以找到解决方案为中心的方法，帮助孩子通过学习新的社交和情感技能来解决问题。可以通过手机下载该免费应用程序的不同语言版本。更多信息请参见：http://www.kidsskills。

性格教育

在萝塔·乌西塔萝－马尔米瓦拉博士和她的同事凯萨·沃里宁开发的积极教育项目中，他们所推崇理念的核心就是对性格技能的培养（诸如勇气、意志力和自我调节）。性格技能培养对应新课程标准中所强调的横贯能力。它还促进了面向 21 世纪的技能学习。萝塔·乌西塔萝－马尔米瓦拉博士和她的同事深受芬兰教师的欢迎。他们对幼儿园儿童、小学和高中学生

采取监督下的性格干预措施，并取得了振奋人心的成绩。除了
发表学术论文，他们还制作了芬兰语和瑞典语的性格技能通用
教学手册，这份名叫《关注优点》的手册在 2018 年被翻译成
了英文。

主题 1：文化接触

随着人们的工作生活变得日益国际化，未来在芬兰，我们
将需要成千上万的员工。人们随工作而迁移，并且远程工作越
来越普遍。像芬兰这样单一民族的国家，目前还需要一种全新
的思维模式。我们需要摒弃传统的社交互动方式，学习新型的
跨文化交流的社交技能。我们需要抛开这样一种观念，即我们
天生缺乏社交技能。实际上，科学研究表明，和其他技能一样，
社交和情感技能同样可以被教授和学习。诚然，对于我们中的
一些人来说，参加一个鸡尾酒会可能比去看牙医更不自在。但
是，我们仍然可以克服这种心理，并学习如何与陌生人打交道。

要想生活在当今多元化的社会环境中，并拥有文化上可持
续的生活方式，我们不仅需要拥有高超的情感和社交互动技能，
还应了解不同的文化背景对人们的影响。让学生熟悉自己的背
景、建立文化认同并探索其他文化相当重要。这构成了重视多
样性和自我表达的基础。

为了让学生了解自己的背景和文化特征，应当让他们有机会体验不同形式的文化和艺术。老师可以借助游戏、表演和戏剧来丰富课堂学习，学习的环境也可以拓展到对不同文化活动和场地设施的参观。学生能够以尊重和礼貌的态度与不同的人及文化进行接触和交流非常重要，应该鼓励学生参与、互动和表达自我，即便他们还缺乏一些文化技能。

> 我的父母、阿姨和祖父母教会我认识我的家人和芬兰人所代表的文化。只有理解了我代表什么才能使我更容易适应其他文化。我在不同的国家生活过，首先是加拿大，然后是瑞典。这种经历在我们全球化的世界中越来越普遍。在没有社交网络和语言不够流利的情况下，文化上的接触有助于我们学习如何理解其他国家的人。这些都是宝贵的经验。它还可以提高我们的文化技能，帮助我们理解自己的背景并进行身份认同。
>
> 在去国外生活之前，我从来没有真正理解过芬兰的特质和有价值的东西。在很多情况下，迂回自己的祖国甚至比出国更难。加拿大芬兰裔的一位朋友曾经告诉我：'你一旦搬到了大西洋的另一边，你将永远站在那个水坑错的一边。'这是指改变你的思维模式和使用另外一种文化视角的真实体验。在这之后，你的感觉就真的不同了——无论是在国内还是在国外。

　　"第三种文化儿童"是指在与他们的父母不同的文化中长大的儿童。在芬兰也有很多这样的孩子，他们的父母可能曾在国外居住，或者他们生活在一个跨文化的家庭中。去做交换生也会有类似的体验，但没有那么深刻。学校和教师应该认可这种介于两种文化之间的体验。从未在国外生活过的成年人有时可能难以理解这样的孩子。

　　文化接触可能会令许多人感到愚蠢、不够老练或者是无知，特别是在我们不确定如何正确行事的情况下。这会让很多人觉得不舒服，因此人们并非总是那么容易接受新的体验。当我们以前的文化模式受到挑战时，文化接触也会令人感到威胁并让我们产生强烈的情绪。例如，如果一名男子不同意和女性握手，那么这位女性可能会感到非常沮丧。这种需要文化通融的情况可能极具挑战性，有时这涉及难以破除的道德困境。在芬兰，人人必须遵守相同的法律。基本原则是，无论性别、性别取向或种族，人人都应被同等对待，不接受以宗教信仰为理由的区别对待。但容忍甚至是拥抱多样性是在全球化世界中和平与幸福生活的关键。

　　新课程标准强调文化技能。最有效的方法是用体验式学习的方法来学习此类技能，例如戏剧或角色扮演。学生交流的方式对此也很有帮助。在当今世界，虚拟方式的文化接触越来越容易。甚至语言上的障碍也能够使用诸如 Skype（即时通信软件）的翻译应用程序来克服，这让说西班牙语的孩子在和讲英语的同伴交流前无须事先学习对方的语言。

建立文化认同

建立文化认同包括用丰富的文化知识进行自我启发。因而，学校应该引导学生了解自己的文化背景、家庭传承、生活理念以及成为一名世界公民意味着什么。接触其他文化是构建文化认同的重要部分。反思个体和共同的文化背景以及文化选择十分重要。应当鼓励学生把自己和他人的多样性视为建设性的力量和优势的来源；同时也应当解决多元文化世界中的摩擦和构建身份认同时遇到的问题。只要有形形色色的人，就会产生各种问题。但问题不就是用来解决的吗？

新课程标准鼓励多元文化的接触，它帮助学生反思自己的文化认同。我们互相尊重并认可彼此的文化遗产，但仅把目光聚焦在这样的多元文化主义上可能还不够，我们甚至可以再向前迈进一步，讨论跨文化主义，尝试站在彼此的角度建立一个新型的、融合的文化。这发生在许多由芬兰年轻人和他们那些有移民背景的朋友构成的亚文化当中。他们创造了新的文化实践并将他们的习俗融合在一起。在一些情况下，芬兰年轻人可能开始零星地说一些爱沙尼亚语、俄语、索马里语或是阿拉伯语单词，这些是继官方的芬兰语、瑞典语和萨米语之后最大的几个少数族裔的语言。还有很多年轻人不喜欢使用"移民"一类的字眼。他们看到的不过是不同的芬兰人而已，其中一些芬兰人是 1 000 年前迁移到这里的，而另一些人则是 10 年前来到这里的。

体验与诠释文化

在学校，老师应该向学生介绍不同的艺术形式、传统和文化。鼓励学生找到能够表达自己的艺术形式，置身于极具意义的体验之中，这将帮助他们成长为成熟的、具有文化共情力和情感技巧的个体。芬兰的课程标准一直包括手工、美术、音乐、体育和家政这些必修课程。传统上，这些课程是在教室或专门的地点进行的，而在现代化的教学楼中，上课的空间可能更灵活并允许进行校际的交流。

在学前班和小学阶段，伴随着全科教师循循善诱的教导，学生会自然地产生这些文化性的体验感。之后，它们被整合到了主题性的教学当中。语言课上不仅要学习语言，还要了解文化。比如，在法语课上，学生要了解法国文化，甚至是加拿大的法语或是科特迪瓦的法语。童话故事也是体验式学习的一部分，尽管我们应该对古老的故事里包含的思维定式持谨慎的态度。例如，要围绕过去种族歧视的形式展开讨论，阅读巴勒斯的《人猿泰山》就是一个不错的开端。

学校还应引导学生采用多种视角和情境来解释文化。应该为学生提供条件，使他们能够从不同的角度来体验和研究不同的文化和艺术形式。这些技能通常可以通过戏剧、艺术和现象式项目等习得。戏剧曾只是母语学习的一部分，但在新课程标准中它有了自己的一席之地。此外，数字技术、编程和机器人技术正成为文化学习的一部分。数字技术帮助我们创造新型的交流文化。所谓的创客文化广义上是指越来越多的属于网络或团体的人在他们的日常生活中创造性地产生各种人工现象，他们发掘不同的数字论坛，并与他人分享自己的想法和产品。

科丝婷·罗卡、明娜·伯格和马库斯·塔尔维奥

主题 2：情感表达能力

　　芬兰课程标准的中心思想是使学生主动地参与到学习中。他们应该能制定目标，而且能够独立或同他人一起解决问题。在学校的环境里，学习发生在和同伴、老师、社会团体以及社区的交流过程中。他们需要独立的、合作的和协作式的思考、计划、研究、探索，并对学习过程和结果进行多方面和复杂的评估。

　　新课程标准认为，参与和学习如何协作的意愿对于学习过程至关重要。教学策略包括引导学生思考他们的行为对他人和环境产生的影响及后果。协同学习可以增强学生的创造性和批判性思维、解决问题的能力以及理解和思考不同观点的能力。当学生制定自己的目标，而不是被老师牵着走，只是由老师从旁协助时，其自主学习的意愿就会增加。

芬兰教育体系内的每个孩子都应该学会明白自己的行为对其自身和他人的福祉、健康和安全带来的影响。他们不仅应该学习如何照顾自己和其他人，而且应该学习那些对健康、有意义的生活以及增加社会福祉至关重要的技能。培养社交和情感技能有助于他们理解人与人之间的关系和建设一个充满爱心的社区的重要性。

课堂里的教学、学习和操作同样应该得到变革和发展。这意味着一个整体性的变化，它综合反映了标准、目标、期望以及领导、计划和过程评估。整个学校的文化都需要改变，以适应这些目标。

教授社交和情感方面的课程可以与教授其他课程进行比较。学习应在互动中进行。知道学习的目标是什么以及如何朝着目标前进至关重要。在新课程标准中，只专门提及了一种技能，也就是自尊和情感技能。该技能本质上包含甚广。我们把情感技能分为若干个较小的单元。本书涉及的社交和情感技能是根据全球学术、社交和情感学习协同会的分类划分出来的。我们的理解涵盖社交和情感技能或社交、情感和健康技能。如果不理清教室内外情绪的社交维度，就难以掌握情绪技能。

自我意识

根据新课程标准，学校应当从早期就引导学生认识和表述不同的情绪。此外，他们需要意识到自己的价值以及优缺点。为了能和他人和谐相处，有必要在不同的互动情况下意识到自己的价值观、思想、希望和感受。这种意识有助于区分自己和他人的想法、目标和感受。自我意识同样会使主观考量成为可能。只有当一个人对所做的决定背后的机制非常清楚的时候，他才能够减轻负担并加速决策，这也是有效沟通的前提。只有当学生意识到自己的想法和感受时，才能清楚地向他人表达。

这样做的目的是教会学生控制自己的情绪、调节自己的行为，以更好地理解自己和他人的关系。当学生被鼓励营造一种可能取得成功的积极氛围时，他们的自我效能也得到了支持（见图1）。

人有时很难意识到自己的情绪。很多时候，特别是当某些事情挑战了我们过去的思维模式时，我们真的不知道该怎么想。此时，我们的想法可能很模糊，甚至可能会感到眩晕。在这种情况下，提出下面的问题很有用："我能在自己身上分辨出哪些情绪？""什么事情是相互矛盾的？""这里是否存在威胁？""至少可以遵循的是什么？""什么样的价值观和需求与这些想法有关？"等。这些问题可以帮助我们意识到自己的想法和情绪，而不是把它们投射到其他人身上，并把自己糟糕的感觉归咎于它们。

图 1　社交和情感技能的领域

资料来源：马库斯·塔尔维奥。

自我管理

自我管理是指在不同的情况下以适当的方式调节自己的情绪和行为。此外，它也指为了努力实现自己设定的目标所做的自我调节。在同朋友聚会还是学习之间做出选择并不总是易事。即使是成年人在管理个人需求和欲望时也会遇到困难。学习期间，学生必须学会克制自己对外界刺激的反应，尤其是学生通常很难抵制现代科技的诱惑。特别是当一个人需要搜索信息时，关闭通知栏并把移动设备放在一边可能格外具有挑战性。所以，当一个人需要随时在线准备响应或是满足他的个人需要时，情况会变得更加复杂。

利维·维果茨基已经指出，当我们付诸言语时，我们就会意识到自己的想法。我们可以借助语言把自己的想法组织起来，甚至是对那些第一眼看起来复杂的事情做出决定。确定语言类型和斟酌词句也是进行自我管理的重要组成部分。在正式的晚宴场合中使用的语言不同于在非正式的朋友聚会中使用的语言。如果当在社交媒体上的讨论变得激烈起来，其他参与者又不那么善于进行自我管理时，发表恰当的评论可能会特别具有挑战性。与其责怪其他人，不如寻找合适的措辞，这才是我们迫切需要的技能。这可以帮助我们理解彼此，甚至可以邀请其他人就如何应对这种情况集体头脑风暴一下。

应该综合考虑如何在学校环境中，对不同的情绪或同一种情绪的不同程度和强度进行表达。要在多种不同的场合下，或以小组形式，或以两人一组的形式，用恰当的方式练习表达这些情绪。应学习如何对待消极和积极的思想与情感，并支持这些情绪在课堂和演练场合中的表达。这些情绪本身都是可以被接受的，但不是所有情绪的表达方式、表达时间和表达地点都是恰当和可被接受的，明白这一点非常关键。年幼的孩子可能会对有时被鼓励表达自己的情绪，而有时却被要求克制这么做感到疑惑。尽管如此，低龄学生仍然可以理解在不同场合下的规则是不同的：在家里或是私人聚会上被视为恰当的行为，在学校可能并不恰当。

社会意识

社会意识与以价值观为基础构建和维持人际关系的能力有关。具备社会意识的人了解被倾听体验的重要性和价值。这样的技能有助于人们对他人的所思所想、经验和感觉产生兴趣，也使得人们更愿意在他人处在困境时给予支持，并与他人分享成功和喜悦。这首先需要具备学习的意愿，其次要求具备倾听的技能。

倾听说起来容易，但它和其他任何一种社会技能一样，都是一项技能。情绪不佳或是急于给他人提建议时，人们很容易忘记倾听，更不用说是在参加讨论的参与者都情绪高昂的场合下了。给他人空间，让他们表达自己的想法，不要中途打断别人，是显示尊重的具体方法，这样被倾听者会感觉自己受到了重视。在面对面的情况下容易读出对方的情绪，而在线交流则可能极具挑战。

除了发展倾听他人的技能之外，还要区分观察（你能够切实耳闻目睹的事情）和诠释。有意或无意地给他人的行为贴标签，比如顽劣、懒惰、无聊或故意的，都会阻碍你用积极的甚至是中立的态度看待他们。只有认真倾听对方的声音，才有可能把自己的感觉、希望及需求与他人的区分开来。同时，注意把个人的诠释和实际的观察区分开可以提高社会意识。

多元文化的环境对社会意识提出了额外的挑战。通过区分我们观察到的和我们所诠释的，就能够避免不必要的偏见和一概而论，例如，不是所有的芬兰人都很木讷。认真地倾听使我们有机会以好奇且不失礼貌的态度去熟悉文化差异。积极型倾听是一种对说话人的想法予以响应的技能。这通常是帮助说话的人整理他们的思路的好方法，例如，你刚才说芬兰的父母给了孩子太多的自由，你能与我再谈谈你是怎么想的吗？这样的措辞不仅显示你已经倾听了对方的话语，还表明你愿意了解更多内容。这种积极型倾听不仅不会导致不信任和误解，还会增进相互的了解。当说话的人不是通过语言，而是其他非语言的方式，比如肢体语言来表达时，积极型倾听是帮助澄清感受的有效工具，例如，你对与老板谈论的内容感到失望。

负责任的决策

负责任的决策是指做出在伦理上可持续发展的和具有社会建设性的决定的能力。它还包括在必要的场合下，我们能够为自己所做出的决定提供解释或是尊重他人的决定。

一方面，很多学生难以做出决定，他们可能仍然希望别人替他们做决定；另一方面，犹豫不决可能会阻碍他们前进的步伐。有时，尽管学生还在犹豫不决，但老师已经决定执行某一措施，这在教学法上是明智而有效的。出现这种情况，一定是在教学法上事出有因，比如，老师已经策划了一场能让学生大吃一惊并积极参与的活动。总之，研究表明，气氛应该是温馨、友好和支持型的，学生喜欢老师给出一些框架，而且老师知道学生要做什么，并且承担设计和引导课堂的责任，而不是从主要的位置退到一边。

但是做出正确决策的关键是参与者意识到自己的需求，在开展头脑风暴式的讨论前学会表达自己。当人们觉得自己的需求被满足时，他们会对所做的决定更加坚定。最典型的错误是我们常常急于找到答案或是把我们的想法推销给他人，而不是试图找到令每个人都满意的解决方案。

在做出会影响班级或是工作单位的决定前，我们有必要花些时间考虑一下个体的价值观或由社区设计的集体价值观。让学生或同事参与决策会减少不平等的感觉，并增加主动行为、参与感和能动性，这些反过来加强了积极性和朝着共同利益的方向努力的意愿。

在课堂上培养情感技能

如果一名教师不了解如何在课堂上根据学生的技能掌握情况，恰到好处地引导学生，或者对此知之甚少，那么这名教师自然不能促使或鼓励学生提升他们的情感技能。当其能熟练运用社会和情感方面的技能时，他就能给学生布置学习任务，让他们识别不同的情感，并且练习在不同的场合恰当地表达这些情感。

这样，学生才有可能开始练习如何把情感、行为和人区分开来。这意味着即使我们有时会做蠢事，但这不会令我们成为愚蠢之人。另外，我们可能只是被置于难以处理的尴尬境地，而不一定有真正让我们觉得尴尬或是糟糕的原因，一个安全的气氛和建设性的反馈有助于区分人和行为。

> '没有糟糕的作者，只有糟糕的文字！'当我的学生觉得论文写作让他们感到莫名的焦虑时，我经常引用罗伯特·博伊斯说过的这句话。当觉得下笔很困难时，这种感觉并不代表我们是糟糕的作者。我们不要停下笔，相反要鼓励自己写得更多。学习的唯一方法是容忍发展中的困难阶段以及不要互相贴标签。我写的文字不是我本人的一部分，我应当学会对二者进行区分。

因此，通过不同类型的学习任务以及所处的不同的学习场合，学生是有可能学到各种情感技能的。老师可以帮助学生意识到他人的情感并学习如何表现共情心。老师可以引导学生培养设身处地，通过他人的视角来观察世界的技能。在老师的引导下讨论每个人的希望、梦想、愿望和行为的差异相当重要。可以通过有关课程有针对性地培养这些能力。有必要时可以开设专门的课程，但这些生活技能更应该被看作校园生活不可或缺的一部分。

通常学生需要大量的指导才能把他们在不同场合中的观察和诠释区分开来。然而,这是一项对预防霸凌很有价值的技能。只有重点描述所观察到事物的重要性（你耳闻目睹的事情）,而不妄加评述,老师才能够防止危险事态的发展。比如,如果有人若有所思地朝我看,我没有必要认为他恨我,他可能只是对其他事情感到不满意,此时我们应该学会去问:"你看起来很生气,是因为我做了什么吗?"

在课堂上学习情感技能的目标是让学生学会用全面和开放的态度,独立地或是和同伴一起讨论并处理他们的情绪。老师可以在处理情感以及由情感引发的行为所导致的实际后果方面给予建设性的反馈（前馈）,从而提高学生的共情能力。老师在这里起到了榜样的作用:为了学习共情,学生需要在日常生活中看到那些善解人意的成年人。

马库斯·塔尔维奥和科丝婷·罗卡

教师在社会和情绪学习方面的持续性职业发展

　　甚至连许多成年人都不能对本章涉及的内容游刃有余。切实在行动中贯彻新课程标准,要求教师具备充足的关于社交和情感技能方面的知识。教师应该像在学校里教授其他知识那样,教授这些能力。从个人和社会的角度看，对社交和情感技能的学习也是个人成长的一部分。学习反思、体验和情感应与学习新知识、新技能齐头并进。

为了保持课堂中的积极气氛，社交和情感技能对老师来说非常重要。他们首先需要了解什么是社交和情感技能学习，然后接受培训以将其应用到他们的教学中。积极的情感体验、学习的愉悦感和创作型教学方法的使用会促进学生的学习，激励他们积极参与各项学习任务。在教学实践中老师首先要明确目标。教授和学习社交及情感技能的挑战在于其隐形的作用：很多技能几乎像是我们性格的一部分或不自觉的习惯。我们应当认识到教师的榜样作用，他们不断设定互动方式，使用语言和性别角色的标准。若教师缺乏良好的社交和情感技能，则不能帮助学生提升相关技能。因此，我们确实需要在学生面前注意自己的言行举止。

学生对我们是否言行一致观察得非常仔细，这使事情变得更加复杂。如果我们教育学生要"举止文雅、尊重他人"，而我们自己表现欠佳，这样的教授就很难取得成功。人无完人，我们都是凡人，但让社交和情感能力成为我们日常习惯的一部分很重要。

我们的研究表明，未经社交和情感技能培训的老师在棘手的场合下更倾向于使用破坏性的互动方式（所谓的"路障法"）。典型的做法是批评、警告或是下达命令，但是当学生已经完全被情绪控制时，根本无法接收来自老师的任何信息。在参加了社交和情感技能的研讨会之后，教师的知识得到了扩充，行为得到了改善。他们不再是直接下达命令，而是给学生更多空间让他们决定如何改变自己的不良行为。

接受了培训后，教师不再给学生贴上"聪明""听话""优秀"等标签，而是更多倾向于描述他们对于该行为的感受以及该行为可能导致的具体后果。当学生遇到问题时，接受过社交和情感技能培训的教师更善于在解决问题的过程中帮助他们，而不是仅仅提供建议。我们调查了教师社交和情感能力培训的可持续性。9 个月之后，我们请参加过培训的教师描述一个他们应用过或试图应用所学到技能的一个场合。我们了解到了他们对于培训实用性的体验。总而言之，教师称他们从培训中受益，他们也能描述出运用社交和情感技能的场合。此外，我们还调查了教师期望发生的变化以及他们在社交和情感技能研讨会期间对于发展职业能力的准备程度。结果表明，人们的重视程度在不断提高，并在研讨会后表现出了胜任感。因此，可以说教师能够在不同方面从研讨会中受益。

主题 3: 文化的参与

在芬兰的课程标准里，文化参与被视为一种影响自身和他人，并建构身份认同的方式。

表演与演讲技能

在芬兰文化当中，在全班同学面前做展示对于很多人，包括成年人来说都是相当痛苦的事情。这也是我们并未积极训练这类技能的原因之一。过去，学生一年只需要在全班同学面前做一次展示。因为从来没有特殊练习过展示技能，所以在进行展示时学生都非常紧张。

很多教师相信展示是一种天生的能力——要么很擅长要么不擅长。今天我们了解到任何技能的掌握都需要通过练习。在没有充分准备之前就让学生在全班同学面前进行发言展示，会让学生讨厌所有类型的展示。

因为我们需要考虑诸多事项，展示演说是一项对认知提出要求的技能：你要考虑说什么、如何准备你的材料、如何使用技术设备以及如何让听众理解你所表达的信息。所有这些很容易让记忆超负荷工作，而焦虑会让事情变得更糟。照稿大声朗读不失为一种简便的方法，但这实际上并不是展示表演。修辞和如何展示要说的内容同等重要。这种复杂的技能只有通过系统的训练才能运用自如。

新课程标准强调了展示技能。戏剧教育是课程的一部分。塔皮奥·托伊瓦宁和他的同事把戏剧教育（课堂戏剧）定义为一门艺术学科和一种教学方法。他们把戏剧的元素融入了不同年龄段学生的教学活动。在戏剧学习中，所有学生按组和儿童、老师一起，使用戏剧的惯例来设计部分故事情节。在戏剧创造性的学习环境中，学生和儿童获得了丰富的经验，他们在学习中的主动作用被强化。互动是戏剧教育的关键部分，它把学习本身变为一种社交行为。

戏剧教育为想象力和内在动力提供了支持，但这需要轻松的气氛。以儿童为中心的体验式学习方法很重要。所有这些因素为小组的创造力提供了潜在的空间。我们既可以从个人创造力的角度，也可以从集体创造力的角度看待戏剧教育。戏剧教育以体验性、社会性和激发儿童为特点，为培养学生的创造力提供了条件。

皮里塔·塞塔曼－哈卡赖宁和她的同事负责教授师范生艺术、工艺和设计方面的创意实践。这类工作一般都有一个工作模型，它强调以问题或项目为基础的学习，学生会参与开放式的设计项目。这些项目包括一定的外部设计约束，通常需要花费几周时间才能完成。比如，他们参与的一个项目是与工艺美术的师范生共同设计一个供视觉障碍儿童游戏的三维纺织拼图。这种新方法不仅培养了他们的自我表达能力，也促进了学生的创新和设计思维能力的发展。

视频是一种时髦的表演和进行自我表达的方式。芬兰年轻人当中有很多是 YouTube（美国的视频网站）上的网红明星。年青一代因为从婴儿阶段起就被父母拍摄影像，所以他们在镜头前表现得更加放松。很多孩子也用手机和朋友一起制作视频，但在观众面前进行视频直播还是有些不同，需要练习。

>　　我最初的那些会议发言也不是那么精彩。我的第一
> 位大学教授瓦尔德·米科宁把我们在研讨会上的发言
> 都录了像。然后我们和其他同学一起观看录像。（这在
> 20世纪80年代可是相当新颖的！）这个经历帮助了我。
> 虽然，观看自己当众展示发言的录像的过程相当痛苦，
> 但至少我从自己的错误中学到了东西，并且在之后的发
> 言中变得更加自信。
>
> 　　因为我的这个经历，在我的教育心理学博士生参加
> 国际会议之前，我都会给他们提供"彩排"的机会。即
> 使其中的绝大多数人已经完成了师范教育，但学术论文
> 发言对他们来说仍然是一项新挑战，更不用说不是用母
> 语发言了。年轻的学者很重视这次彩排，他们会认真倾
> 听具有建设性的意见，这令他们的发言质量有了很大提
> 高。而且认真的准备也使他们信心大增。

整合艺术教育和科技

在师范教育中，艺术、工艺和设计在现代科技的助力下被以多种方式完美地整合在一起。因凯里·罗科宁博士和海基·鲁伊斯迈基教授在赫尔辛基大学教育科学学院的艺术和技能教育中发挥着积极的作用。他们主要研究如何在建设性和整合性的学习过程中，通过支持师范生和儿童的创造力与自主性来提高他们的主动性。

在互动式设计－学习项目中，他们研究和开发新的用于打造未来学习环境的方案。师范生在学习过程中以协作工作的方式定义问题，并为共同的挑战创造出解决方法。这种创新的、协作式的方法基于循序渐进的、以探究为基础的学习模式，它也帮助师范生在不同的学习环境中思考并通过新途径找到创造性的解决方案。赫尔辛基儿童医院参与了他们的一个项目——欢乐桥。在这个项目中，师范生带着学校的学生和幼儿园的儿童，通过协作性创作的方式为医院里生病的孩子用动画搭起了桥梁。这个项目为所有参与方都带去了无穷的欢乐。更多详细信息，请参见：http://vimeo.com/channels/ilonsillat。

这类艺术教育项目的重点是促进学习过程、培养学生的创造性思维、用计算机辅助学习和进行小组互动。在这些项目中，孩子们也接触到了新技术，例如，通过使用平板电脑上的应用程序打开展示艺术作品的增强现实，制作动画视频或是用应用程序合成音乐等。

书面表达和展示自己的观点

书面表达可能与当众表达同样具有挑战性。在当今社会，口头和书面表达常常融合了数字媒体的各种形式。重要的是学会如何区分在新课程标准模式下快节奏的信息传递和要求更高的、旨在用于被评审和发表的书面陈述。过程写作通常对于进一步润色文字非常有用，本书就是这一过程产生的结果。

我们已经在芬兰的本科和研究生教学中应用了多年过程写作的方法。该方法在 20 世纪 80 年代的兴起要归功于那些先驱性的芬兰语教师，比如伊尔玛·隆卡。他在大学的培训学院中使用过这一方法。我们曾合作撰写了芬兰语的相关练习的书籍。我在给很多国家的青年学者举办的专题研讨会上介绍过如何进行过程写作。

过程写作的方法就是：第一稿永远是写给自己的，用于澄清自己的思路。训练学生提出建设性的反馈，我们称之为"前馈"。其他同伴给出的反馈是为了进一步改善草稿。然后，作者修改文字、进行编辑，最后交给老师。因为这一写作方法不仅可以提升幸福感，还能促进富有成效的写作，所以我都会采用过程写作的方法训练自己科研小组的成员。

另一种方法是把写作当成一种学习工具。如果你还不确定自己对于某事的想法，也许你可以采用自由写作的方法来逐步接近主题。不用考虑语法或者其他形式上的东西，只是随意地写一段简短的文字，然后你就可以看到你的思维和写作之间的差距在哪了。写作不仅能表达出你的认知，它同时也是转换思想的途径。

写作是强有力的学习工具，应该在学校中把写作当成学习的方式加以应用。然而，我们通常只是在考试中才要求学生写作，这种情况下，它发展思维和自我表达的作用就无法得到充分的发挥。

为学生提供机会，让他们在各种场合下练习自我表达和展示技能相当重要：可以通过发表讲话、创作性的写作（例如过程写作）、创作表演艺术作品（例如话剧）或实物艺术作品（例如海报或概念思维图）等多种形式进行。今天，越来越多的展示以数码形式出现，学生可以制作视频片段、博客、视频博客、动画，甚至使用编码程序编写代码游戏。

文化参与及贡献

根据新课程标准，使用不同的沟通渠道是文化参与的前提。这包括但不局限于视觉艺术、文学、时尚和音乐。学校应当鼓励学生参与并融入多种形式的自我表达当中。

> 研究年轻人的知识实践是提高社会中文化参与度必不可少的部分。这就是为什么我的很多芬兰同事对青年在社会中的积极贡献的课题很感兴趣。在很多案例中，在校学生都参与了有趣的体验式学习项目。
>
> 很多赫尔辛基的学生和他们的老师（在课内）或家长（在课外）一起，定期参与了'安娜活动中心'组织的活动。'安娜活动中心'是位于赫尔辛基市中心的一栋建筑，它被用于开展儿童和青少年的文化与艺术教育活动。在芬兰的很多其他城市，也有类似的活动中心。更多详情请参见：http://www.annantalo.fi/en/home。

趣味网络

趣味网络致力于鼓励教师和学生应用编程、机器人技术、虚拟现实和增强现实技术。该网络组织了丰富多彩的活动，比如儿童暑期学校。趣味网络鼓励师生为促进我们的数字社会的发展发挥积极的作用。在这个项目中，企业、城市、民间团体和科研人员携手合力推动大家的积极参与。更多详情请参见www.innokas.fi/en/。

什么是创客文化?

文化参与和贡献越来越多地以线上的方式出现。"创客文化"是指越来越多的人，尤其是年轻人，在自己日常的生活中创造性地生产各种作品。同时，他们在各种现实和网络平台上分享自己的创作过程和作品。皮里塔·塞塔曼－哈卡赖宁教授和凯·哈卡赖宁教授建立了一个名叫"创客文化、设计学习和技术"的研究社区。他们的重点是把创造力工作需要的能动性还给学生。他们把创客文化定义为一种自我表达和技能发展的方式，这种方式能够提高快乐感并带来可持续的幸福感，强调体验式学习和创造力以及自己动手的实际成果。他们的研究领域也涵盖与设计、艺术、家政、日常生活管理、技术、可持续性以及与福祉有关的方面。总之，这个社区对新课程标准里涉及师范教育的方面贡献良多。他们研究了与知识创造及设计技能教学有关的教学法。

从教学的角度看，这一社区专注于对技能教学法、技能的教与学以及对师范教育的发展的研究。借此,他们推动了在不同学习环境中的设计学习。另外,在研究中他们还聚焦于利用新技术、开发虚拟学习环境和电子学习材料。他们同时对使用混合现实,即现实和虚拟世界的结合,非常感兴趣。

更多详情请参见:https://www.helsinki.fi/en/researchgroups/maker–culture–designlearning–and–technology/people。

科丝婷·罗卡和埃丽卡·马克斯涅米

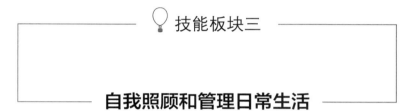

技能板块三

自我照顾和管理日常生活

要想成长为具有独立生存能力的公民，学生就必须掌握诸如处理好日常生活的琐事和照顾好自己这样的重要技能。此外，学校还应支持学生的生态文明型和可持续的生活方式。每个学生的最终目标都是学习技能和养成好习惯，这些技能和习惯不仅可以促进学生个人发展，也可以成为助力他人日常生活的福祉。了解一个人的行为对社会和他人有怎样的更广泛的影响也是很重要的。

由于许多弱势家庭缺乏必要的文化素养，因此，并不是所有的家庭都能帮助他们的孩子掌握这些基本技能。在芬兰，我们认为教育体系应该在帮助每个孩子掌握独立生活的基本技能方面起作用，从而帮助年轻人进一步实现平等。儿童早期教育固然起着关键作用，但是其实对这些技能的学习应该贯穿人的一生。

基本的社会技能既包括时间管理、消费意识和数字时代的自我约束技能，以及培养那些能够促进福祉和健康的习惯，还包括诸如如何促进日常安全、在危险情况下怎样采取行动和保护个人隐私等。

主题 1：管理日常生活

学生在管理个人时间的能力上存在很大的差异。在芬兰，人们认为孩子们不应该只是按照成年人告诉他们的那样去做。相反地，在约束自己的行为这个层面上，孩子们应该学会如何主宰自己的生活。

时间管理

时间管理不仅仅是有关知道当下时间的能力。作为一项更广泛的技能，它还包括决定如何利用时间，以及培养自己的适应性和遇事沉着冷静的能力。在未来，当工作的性质变得越来越灵活，越来越不受时间和空间的限制时，能够管理自己的时间并灵活安排自己的工作将是一项重要的技能。

在时间管理方面，儿童比学生需要更多的帮助。然而，在青春期的"头脑风暴"中，许多年轻人可能会失去他们的一部分自律能力。特别是来自贫困家庭的学生在这方面可能更加需要额外的帮助。

学校应引导学生通过有效的时间规划来安排自己的日常生活。学生可以在学校通过使用各种工具（如时间表和在线日历）来培养自己时间管理的能力，也可以通过观察我们日常生活中重复的活动和通常的做法，并考察不同活动需要多少时间和精力来实现这一点。时间管理在认真思考一个人的学习过程时，也表现得很重要，如单个任务需要多长时间，应该为学习预留多少时间。 我们的目标是让学生尽早掌握管理时间的技能，以便培养他们的独立性，并逐步减少他对外界支持的需求。

消费意识

世界各地越来越多的公民依赖贷款，特别是使用信用卡和高利率的短期贷款。对于生活在消费社会的年轻人来说，这种只顾眼前的想法是很有问题的。当年轻人只想模仿富人和名人的生活方式而不注重提高自身的受教育水平和知识结构时，他们可能会陷入麻烦之中。我们需要教导年轻人：通往成功的道路，很少有捷径可走。在芬兰，很少有超级富豪，我们大多数人都需要通过努力工作来保障日常的生活并维持那种不那么光彩耀人，但还算令人满意的生活方式。

对学生进行消费者技能教育的目的是帮助他们了解自身的消费习惯以及认识到这些习惯将对更广泛的社区所产生的影响。此外，我们需要帮助学生发展个人理财技能。学校应该鼓励学生适度消费、提倡分享和节俭，旨在让学生养成理性消费的习惯。

为了防止气候变化及其带来的严重后果，我们需要理解生态型可持续生活方式的含义，并学会批判地看待广告。了解数字监控系统是如何工作的、社交媒体是如何主导我们的行为的以及广告是如何被用来影响消费行为的，这些都是消费者技能的重要组成部分。这些技能也与常规思维、推理技能以及多元识读能力有关。

我们的学生要明白社交媒体营销的规则不同于传统广告。应该依据学生的个人经验来讨论广告的作用，这可能与我们所知的传统广告有所不同。例如，公众人物经常被用于品牌推广，他们的生活方式也在社交媒体上被理想化地公开。这种间接营销是我们这个时代典型的营销方式之一。年轻人基于不断发展的身份认同需要以及他们崇拜榜样和偶像的心理习惯，使他们成了形式多样的植入式广告的目标群体。在当今社会，这种以"操纵"年轻人为目的的植入式广告尤为普遍。年轻人需要意识到这种"操纵"的存在，因为他们很容易被引诱去消费很多超出实际需要的事物。

数字时代的自我约束技能

如果我们想让学生成长为一个有责任感的人，就需要让他们通过训练达到约束自己行为的目的。这适用于吃零食、使用手机、听音乐以及与同龄人探讨问题等。我们不希望学生只是知道如何安静地坐着，而是希望他们在没有成年人监督的情况下也能够管理好自己的学习。没有系统的教育，人们不会自动成长为积极、负责任的社会公民。这种教育必须尽早开始。因为，众所周知，如果学生在青春期之前还没有做好自我约束的准备，也没有达成共同的行为规范，青春期将会是最具挑战性的年龄段。

在很多情况下，老师和家长只能看到两种选择：要么禁止青少年使用移动设备，要么任由他们无节制地使用。而第三种解决方案是教会孩子如何从早期开始就控制自己对这类设备的使用欲望。许多年轻人都已意识到过度使用手机所带来的社会问题。

> 在学校之外，许多学生（甚至是低年级的学生）已经在日常生活中发展了协同约束技能。例如，我的女儿和她的朋友都遵循着这样一个约定：在用餐时不许使用移动设备。在汉堡店，他们都把手机调成静音模式放在桌子上。第一个碰自己手机的人必须为所有人买单！

师生可以集思广益，讨论各种不同的控制手机使用的方法。全班可以一起写下他们制定出来的规则，并将这些规则贴在一个抬头可见的地方。在未来的学习生活中，学生必须约束自己的行为。芬兰的课程标准也要求学生在很小的时候就学习这项技能。谁也不会想要聘用那些还要被教导如何约束自己行为的员工。

青少年经常拿着手机睡觉，临睡前的最后一件事就是和同龄人互发信息。手机也能在半夜把他们叫醒。有的年轻人有一种近乎强迫性的冲动，需要时不时地查看手机上的信息。研究表明，电子媒体的使用与青少年的睡眠质量和时长有关。频繁使用电子设备会降低睡眠质量、推迟就寝时间和减少睡眠时间。频繁使用社交媒体已经被证实与影响心理健康和导致心理疾病有关。但仍不清楚的是，对数码世界的何种程度的参与是有害的或是有所裨益的，儿童和青少年花在电子设备上的合适时长是多少。

基于以上原因，学校支持学生发展信息与通信技术技能，以便电子媒体的使用在年轻人的生活中起到具有建设性和积极的作用，这一点是非常重要的。目前，我们正在芬兰研究院的支持下针对这一问题开展新的研究。这项研究的重点是电子设备的日常使用以及互联网的不同使用方式是如何影响年轻人的睡眠和健康的。

移动设备应被视为一种附加的资源，而不是什么洪水猛兽或是需要时刻依赖的东西。对于今天的学生来说，电子产品的使用与自我约束应该是一门不可或缺的课程。其中重要的是让学生找到有用的、有意义的和恰当的方式来使用信息技术，让信息技术不仅能支持他们的学习，同时有助于管理他们的日常生活。

主题 2：成为社会的一员

运转良好的社会需要有能力对自身经济和健康负责任的公民。在许多国家，国家债务和医疗费用呈爆炸式增长。维护民主和稳定对子孙后代来说非常重要，学生也应该尽早学习并掌握这些技能。

促进福祉与健康

芬兰学校的主要目标之一是促进和改善学校里每一位成员的福祉与健康。其目标是承认个体对其自身福利、整个社会的集体福利以及他人健康的影响，从而发现可能促进或阻碍个人幸福的因素，这一点是极其重要的。

已有迹象表明，过度使用电子产品可能会导致颈部疼痛、头痛或其他生理问题。因此，人们必须在使用移动设备、电脑和从事其他活动之间达到平衡。在未来，我们需要开发出不会对颈部和背部造成负担的脑力工作的实践方法。缺乏运动可能会对身体造成伤害。因此，我们也应避免让学生久坐，并提出新的解决方案，让学生动起来。目前，芬兰正在开展几个全国性的项目，这些项目旨在促进校内外体育活动的开展。

在芬兰，学生每上完 45 分钟的课都有 15 分钟的课间休息时间，在这段时间里，孩子们被鼓励去校园的户外空间玩耍。在学前教育阶段，幼儿通常每天都要在户外待上几个小时。如果气温低于零下 15℃，孩子们就不必去户外活动。当然，活动前必须准备好与天气状况相宜的衣服。没有合适的着装，谁也不会在大冬天被丢到户外去玩耍。由于项目类学习可能需要更长的时间，一些学校已经实行 90 分钟课时加 30 分钟的课间休息制度。

现代神经科学表明，身体的灵活性有利于促进大脑的血液循环。它不仅能促进生理健康的发展，还能发展认知能力。此外，当孩子们接触到户外的尘土并学习如何适应不同的天气时，他们的免疫系统也会随之增强。儿童早期的普通流感感染往往预示着成年后更佳的健康状况。

随着年龄的增长，学生逐渐能找寻到与幸福和健康相关的信息，并对其进行批判性的评估，这是促进健康和幸福不可或缺的一部分。特别是现在，互联网上充满了各种各样的信息，能够辨别和区分哪些是基于证据的信息、哪些是广告以及哪些是个人看法，是很重要的能力。思维技巧和多元识读能力也有助于区分与辨别此类信息。

在讨论幸福和健康时，要重点强调身体机能、社会机能和心理机能是如何被紧密地联系在一起的。例如，吃饭是一种社交活动，而不仅仅是为了填饱肚子。在芬兰，所有孩子都在上学日享有免费的学校午餐。尽管午餐时间有时会很忙碌，但老师也尽量抽出时间和精力来教孩子们基本的餐桌礼仪以及用可持续的方式回收废物的知识。

目前在芬兰，社会压力和风气日益推动着健康生活习惯的普及和推广。吸烟和饮酒在年轻人中呈不断减少的趋势，特别是在受过良好教育的人群当中。素食主义甚至纯素食（即不吃肉，不吃奶制品）的生活方式在城市年轻人中越来越受欢迎，这主要是出于保护环境和避免动物遭受痛苦的意愿。如果孩子对某些食物过敏或者需要特殊饮食，家长可以通知学校。大学校园的自助餐厅都会提供健康的膳食，并考虑到人们特定的膳食需求。

健康教育可以被整合到许多科目的课程当中，比如生物、化学、体育等。在芬兰，体育是必修课。此外，家政课也是一门必修课。在家政课上，每个学生都要学习如何烹饪和准备健康的食物。

主题 3：日常安全

芬兰学校普遍重视学生对日常安全知识的学习。例如，交通规则、消防安全和互联网安全都属于必须学习的内容。孩子们也要学会解读各种交通标识和警告标志。

日常安全和危险状态下的应对措施

进行安全教育和教授自我保护技能是为了让学生知道如何预防危险的发生，以及在危险的情况下如何采取适当的行动。在芬兰，几乎所有的孩子都会游泳，或者至少在体育课上学习过游泳。当然，芬兰公民的另一项重要技能也包括清楚如何避免自己被冻伤。

经过多年的发展，芬兰社会变得比以前更加安全。它在不同的全球排名中被列为世界上最安全的国家之一（在有些排名中甚至是最安全的）。法律禁止公民在公共场所携带任何武器。在芬兰的乡村地区，捕猎是很流行的活动，在城市里也有射击俱乐部。然而，只有犯罪分子才会在日常生活中携带枪支。21世纪初，芬兰也发生过一些严重的校园枪击案。在那之后，枪支管制变得比以前更加严格。在芬兰，我们认为暴力只会助长更多的暴力。我们不相信枪支会给社会带来任何的安全感，相反地，携带枪支只会破坏人们对他人的信任。

霸凌是暴力的一种形式。我们认为防止校园霸凌的最好方式是在学校营造一种安全和信任的氛围。那些诉诸校园枪击等绝望行为的人往往有着被霸凌的经历。没有一个社会是完全没有暴力的，但是在我们的社会中，特别是在年轻人当中，暴力行为发生的数量在过去几十年里持续减少，而且这似乎是一种长期趋势。芬兰也有相应地预防和处理校园霸凌的干预措施，比如由克里斯蒂纳·昆普莱宁教授开发的 KiVa 项目。

　　安全感在学校的日常安全中具有至关重要的作用。教师和学生应该在学校里讨论影响安全感的因素。安全指的不仅是一种身体状态，也是一种精神状态。应该给学生机会，让他们在模拟的危险状态下演习如何采取适当的应对措施，以促进自身和社区的安全（例如在交通、学校和家庭安全方面）。芬兰的每一所学校都有安全和救援计划，并不时地对学生进行疏散演习。

个人隐私

　　个人隐私保护的主题包括身体边界、不可侵犯性、碰触、暴力和霸凌。这些问题都应该被列入学校讨论的范围。在芬兰，2018 年的"我也是"运动日益提高了人们对性骚扰及其预防的意识，因此，芬兰甚至解雇了一些老师。法律绝对禁止老师欺负或骚扰学生。几年前，甚至禁止老师命令某个学生离开教室到走廊里去（即进入所谓的"惩罚箱"）。

　　毫无疑问，保护个人隐私已成为当今世界不可或缺的一部分。学校应指导学生了解如何创建个人边界（在线和离线）并保护他们的隐私。为了防止个人隐私被侵犯，也必须考虑到会威胁个人隐私的各种因素。例如，孩子们应学习如何防范电脑病毒，以及如何调整自己社交媒体账号的安全设置。由于一些公司滥用社交媒体上的个人信息，个人隐私问题变得越来越重要，比如 2018 年的剑桥分析公司事件，显示了涉及个人隐私问题有多么复杂和深不可测。

科丝婷·罗卡和海蒂·拉玛萨里

技能板块四

多元识读

几个世纪以来，芬兰人一直拥有良好的读写能力。目前，让我们担忧的是年轻人对阅读的兴趣正日益减退，除了对传统印刷品的阅读之外，还包括许多其他方面的读写能力。这个世界充满了各种各样的信息，并且每种信息都是为特定的目的、动机和平台而设计的。在这个快速发展的世界里，仅仅具备阅读文字知识的能力是不够的，学生还必须具备针对各种类型的内容的多元识读能力，以便掌握成功驾驭自己生活的必要技能，并获得一份有意义的职业。图书阅读时代正在转变为屏幕阅读时代。但无论是何种媒体，多元识读都涉及伦理目标和美学目标。

根据芬兰新课程标准，多元识读能力指的是具备理解、创造和评估语言的、视觉的、听觉的、手势的、空间的和多模态的通信与信息的能力。各种文献都对多元识读或多种识读能力有不同的定义。有时，多元识读是就"多模式学习"而言的。多元识读能力的一个定义是语言的构建方式，以及在不同文化或社会背景下语义发生了怎样的变化。

伊尔梅丽·哈利宁女士是 2012—2016 年芬兰国家课程改革的协调员。据她称，识读能力的作用已迅速地发生了变化，与此同时，其他沟通交流手段也在并行发展。信息越来越多地以视觉、数字、音频、触觉和数码的形式，以及所有这些形式的组合而存在。在当今世界中，多元识读是一项重要的技能。在学校里，它既存在于各自学科特定的语言领域内，也存在于和其他领域的关联中，通过学习所有的学校科目可以发展多元识读能力。语言教学和学习的范式正发生着转变。语言和语言意识在学习、学校和具有文化多样性的社会中所起的作用也对多元识读能力提出了要求。重要的是，人们学会了如何辨识各种文学和艺术流派。

人们喜欢的文学类型和形式也不尽相同。年轻人非常依赖视觉和图像表达，比如在社交媒体上发布照片。他们也经常在网上搜索信息。而老一辈人更喜欢印刷的书籍和杂志。不同形式的艺术有自己的文学特征，如戏剧、音乐、电影和现代舞。人们的偏好也因文化而异。例如，我们的大脑和思维习惯了在日常生活中经常听到的音乐和声音，这个过程是从婴儿时期就开始的。习惯欣赏西方歌剧的人可能在理解中国戏曲方面存在困难。古典音乐、重金属音乐和嘻哈音乐都是不同的音乐类型，而每一种音乐类型都有自己的规则和传统。

多元识读能力的终极教学目标是帮助学生利用多种媒介和平台进行研究、应用、编辑、交流和呈现信息。学校应为学生提供实践批判性思维、评估资料来源可信度和学习做人的机会，这些都应被作为学校科目或作业任务的组成部分。这也与批判性思维能力密切相关。同时，学校也应帮助学生认识和理解那些在各类科学中惯常使用的不同表达方式。

克里斯蒂纳·昆普莱宁教授专门从事 0~8 岁儿童的教育研究。她认为，多元识读能力，简单地说就是作为一个人，有能力生活在一个日益多样化的世界里，理解别人和被人理解的方式是多种多样的。对她来说，多元识读能力意味着理解多样性和"复调音乐"。如果我们成功地培养出真正具有多元识读能力的人，那么他们应该对不同的人和文化持开放的态度，并能够理解他人的动机和动力。我们的孩子应该学会如何与各种各样的人打交道，创造性地使用各种工具和采用不同的方式与人沟通。他们不会被排除在讨论话题之外，也不会轻易地上当受骗。根据昆普莱宁教授的说法，多元识读能力也代表着一个具有融入性的和负责任的参与机会。每个儿童和成年人都有权获得有关多元识读能力的教育。

艾米利亚·埃尔温、安蒂·欣察、萨拉·辛托宁、
海蒂·塞拉宁和克里斯蒂纳·昆普莱宁

精灵的低语

　　"精灵的低语"是一个关于神话和多元识读能力的课题。
在这个课题项目中，孩子们要学习的神话是那些没有人真正见
过或经历过，但仍然被认为是真实的故事和信念。芬兰神话在
传统上起源于对自然的观察。在过去，人与自然的关系不同于
今天。受到自然的启发，人们就想与之互动。尤其是芬兰人，
感恩于四季的分明，人们可以享受丰富多彩的世界，所以芬兰
人一直都很景仰大自然。自然激发了人们的想象力，并成为许
多信仰的来源，这一点儿都不奇怪。例如，流星被认为是天空
中的一道裂缝，通过它，神可以窥视地球。在芬兰，森林是重
要的食物来源，所以森林及森林里的精灵也是芬兰文化和生活
方式的重要组成部分。在这个课题中，"精灵的低语"活动卡
片被创造了出来，作为向芬兰独立100周年的献礼。整个软件
包的印刷或数字格式可被用于非商业用途。活动卡片的教育出
发点是让孩子们从不同的角度对芬兰的故事、自然和古老的信
仰产生兴趣。软件包里囊括的一系列任务旨在鼓励孩子们以多
种方式进行想象、观察、合作、反思、创新和实验。其目的还

在于，故事和活动会增强儿童的兴趣并促进多元识读能力的发展。"精灵的低语"活动卡片的制作得到了"学习多元识读能力的快乐"（MOI）课题的支持和帮助（由克里斯蒂纳·昆普莱宁教授负责），该课题是由芬兰教育和文化部资助，并由赫尔辛基大学实施的。"精灵的低语"相关材料可从 MOI 课题网站 www.monilukutaito.com/en/ 上下载。

主题 1：沟通

一般来说，沟通是思想的一个组成部分，也是影响他人思维方式的一个强有力的媒介。因此，理解每一段内容或沟通都有它产生的原因，而且是至关重要的原因。此外，沟通是一种构建自己身份的工具，学生也应该在学校环境中得到进行自我表达的机会。

沟通的模式和动机

内容或沟通的产生总是受到创作者的个人背景及其观点的制约。学生有必要理解、区分和构建不同的沟通模式，如口头的、书面的、符号的和视觉的信息。研究这些信息背后的动机是培养学生沟通和批判性审视信息来源能力的重要组成部分。

　　学校应该赋予学生机会来识别当今世界的各种沟通方式和内容，引导他们区分不同的目标受众和动机，鼓励他们诠释各类沟通方式，并尝试为不同的目标受众创造内容。学生应该在课堂上讨论和评价信息背后的动机。例如，什么是"假新闻"？如何知晓事实和杜撰之间的区别？如何在物理课上进行沟通？我们的最高目标是，无论是以独自的还是以合作的方式，学生都能够独立地评估和诠释各种信息和沟通的模式。他们学习如何根据目标受众来创建内容和信息，比如，编辑学校杂志与在社交媒体上发帖是不同的。

　　重要的是把沟通作为思维的工具（如写作或绘画），例如，各种做笔记的策略应该被列入学习的内容。单纯地记笔记和真正地做笔记并创作出自己对笔记的诠释完全是两码事。我们的研究表明，如果一个人需要把知识应用到有意义的语境中，或者就某个主题写出高质量的论文型解答，那么用自己的话做笔记或绘制概念图要比仅仅阅读的效率高得多。

自我表达

　　应该鼓励学生通过沟通发现自身的优势并建立身份认同。课程设计应包括利用信息、视频和绘画等方式表达个性。此外，在社交媒体上发布照片给人们提供了一种现代化的自我表达方式。不同沟通语境的要求不同，规则和规范也不同。例如，在 YouTube 上发布视频和当着全班同学的面做演讲完全是两码事。

芬兰基础教育中的艺术体系包括音乐、文学艺术、舞蹈、表演艺术（马戏和电影）和视觉艺术（建筑、视听艺术、视觉艺术和手工艺术）。2016 年实施的新课程标准强调互动、协作和学生学习的主动性。当年轻人在一起共同完成各种项目时，创客文化就被嵌入手工和美术的教学当中。美术也被整合到了现象类的项目中。因此，芬兰的年轻人有各种各样的自我表达渠道。

100 多年来，视觉艺术教育一直是芬兰学校课程的一部分。视觉艺术教育的主要任务是引导学生通过艺术来探索和表达复杂的文化现实。最初，视觉艺术教育只跟绘画有关，但在 1999 年它被更名为"视觉艺术"，内容包括视觉文化、视觉化、数字化及其技术发展，其主要目的是发展学生个人与艺术之间的联系。我们学院有许多令人兴奋的课题，这些课题将视觉艺术表达、技术和学习的乐趣结合起来。表达的自由和"从做中学"的自由受到高度的重视。芬兰学校注重的其他学习技能也是综合性的，因为视觉艺术教育的目标是培养学生的想象力、创造性地解决问题的能力和进行探究性学习的能力。

芬兰的音乐教育也有着悠久的历史。直到 20 世纪 60 年代，这门课一直被称为"唱歌"。许多像我这个年纪的人至今都记得，为了得到成绩，站在全班同学面前唱一首歌是多么痛苦的一件事。幸运的是，现在的音乐教育已经不同于过去了。芬兰学校 21 世纪音乐教育的主要目的是鼓励学生积极参与音乐活动，通过声音和音乐来表达自己。因此，音乐教学需要高度激发学生的热情，而且它是基于"从做中学"。给学生播放的音乐涉及的面非常广泛，不仅结合了学生的个人兴趣，而且也介绍了世界音乐和传统音乐。在教学小组中，学生能够学会使用几种常用的校园乐器，如节奏乐器、键盘乐器、吉他等。协作性音乐创作还教授学生其他 21 世纪生存所需的技能，如协作能力、耐心和文化敏感性。数字技术的进步也在改变着音乐教育的范畴，芬兰学校也因此正在开展各种有趣的课题研究。

芬兰学校目前还没有系统地开展戏剧表演教育。传统上，它主要出现在母语课上和学校表演中。传统的舞台表演在我们的年轻人中不那么受欢迎，但电影、录像、即兴表演剧场和艺术表演对年轻人却有着很强的吸引力。然而，戏剧表演教育远不止学校戏剧表演、电影等内容，它可以帮助学生理解个人的情绪，并找到新的方式来表达自己所面临的困境。课堂戏剧并没有把表演者和观众分开，而是让每个人都参与角色扮演。尽管这些角色都是虚构的，却能让学生"仿佛"真实地参与到情境和故事当中。如果我是移民或孤儿，我的感觉会如何？扮演一个角色可以帮助学生安全地尝试和体验成为别人的感觉，而没有来自观众的"表演"压力。这也有助于学生理解他人的观点，并教会他们进行换位思考。通过这种体验式的学习方法可以完成沟通技巧、自我表达以及压力管理等学习目标。

莉萨·卡尔松教授的故事创作法

“　　本文基于莉萨·卡尔松于 2013 年发表在《欧洲社会与行为科学杂志》上的《故事创作方法——分享、参与、讲述和倾听的实践和理论研究》一文。”

　　在故事创作法中，孩子们可以自主选择词汇进行表达，并讲述他们感兴趣或困扰他们的话题。孩子们的故事是按照他们讲故事的方式被记录下来的，然后故事还将被大声朗读出来。在这一过程中，孩子们可以纠正或修改自己的故事。在故事创作中，孩子们对自己的故事有最终的发言权。尽管孩子们很少想要纠正任何东西，但逐字逐句地记录和给其纠正的机会被证明是至关重要的。这样，孩子们就能确保自己的意思是按照他们所希望的方式被其他人理解的。与此同时，这也表明，对成年人来说，倾听孩子的声音是有趣并且有意义的，去记录孩子说过的话是很重要的。

　　故事创作的教学方法是长期研究和发展的结果，它主要在学校和幼儿园里实施。这种方法是在 20 世纪 80 年代被发现的，而当时惯用的工作方式是解释儿童的想法。我们需要一种不同的方法，来倾听孩子们表达出自己的想法。在过去的几十年里，故事创作法在不同的生活情境中得到了发展、应用和研究。

故事创作法使用的前提是，不论年龄、性别、文化背景、教育水平或残疾程度如何，每个人都有一些有趣甚至重要的东西要表达；每个人都有独特的想法、信息和故事。每个人的想法都是有价值的、值得被倾听的，并且是与故事创作相关的。这种方法很容易使用，但是成年人（故事编导）必须对他人（包括儿童和成年人）保持民主的态度。

在故事创作法中，故事编导对一个孩子或一群孩子说："讲一个你想讲的故事。我会把你讲的故事原原本本地记录下来。故事讲完后，我会大声朗读出来。接着，如果你想的话，可以进行纠正或是做任何改动。"

在故事创作的指导环节中，故事编导首先敦促他人讲一个故事。他不会提诸如"你愿意告诉我吗"之类的问题，因为这将使应答者依赖于某些特定选择。相反地，故事编导通过表达乐意倾听他人的意愿来刺激他人讲故事。然后，故事编导会揭示这样做的意图：逐字记下故事的内容，读出记下来的故事，并以故事讲述人所希望的方式来修改故事的文字。在故事创作的过程中，每件事都是大声说出来并当面去做的。精确指导的目的是维护透明度，给孩子决定的权力，并赋予成年人一个积极的倾听者的重要角色。

一个孩子或一群孩子按照自己的意愿讲述他们的故事。成年人只是逐字逐句地、原原本本地把故事写下来而不加任何形式的修改，仅仅记录下故事本身并不是故事创作。故事创作建立在互动和故事编导愿意听的基础上。讲故事的人决定如何使用最终的成果，他拥有这个故事的版权。

故事创作法有别于许多其他叙事方法，因为它包括五个关键性步骤：口头讲述（讲故事）；当着孩子的面记录故事；念出被记录下来的故事；讲故事的人可能会对故事做出修改；如果讲故事的人同意，大声朗读给其他听众听或用其他方式发布故事。

故事创作活动已在所有年龄层的学生当中开展，它已经融入孩子们的日常生活。一些老师把学生分成小组进行故事创作，另一些老师则采取画画或只是听故事的形式。也可以安排孩子们在课下进行故事创作，比如在休息时间、放学后或是在家里。有时候年长的孩子会为年幼的孩子记录他们创作的故事。通常，孩子希望他们的故事被大声读给其他孩子听，例如在学前班、学校、图书馆或被读给父母听。

经由该过程创作出来的故事反映了孩子们的生活经历和思维方式，这一点不同于传统的童话故事。因为由讲故事的人自己决定故事的形式和主题，他们没必要遵循任何特定的叙事方法或体裁。换句话说，成年人不会要求孩子们的故事像亚里士多德的经典构架那样包含开端、中间和结尾。故事也不必是有关讲故事的人的生活或想法的报告。故事可以由几个词语组成，也可以是只有几页纸的书，还可以像诗一样，或者是对话，或者配有插图和旋律。

　　倾听者应该积极投入，专注于倾听故事的内容，并且和讲故事的人之间保持相互尊重的互动。下面的故事是由一个 9 岁的小男孩佩特里创作的，故事从多维度展示了一个孩子观察自然、四季循环以及孩子与自然的关系。

佩特里的故事

阳光普照大地。

鸟儿歌唱，蟋蟀嬉戏，

这是一个美好的夏日。

花儿盛开，夏天终于来到。

冬天被远远落下。

草是绿的。

蚂蚁在树下有一个小小的窝。

鱼在水里游来游去。

海鸥在天上飞来飞去。

毛茸茸的小球是蒲公英。

鱼儿时而跳跃。

小渔夫无论如何都捉不到鱼。

大鱼追逐小鱼。

小鸟的巢穴筑在岩石上。

一艘小摩托艇正在撒网。

喜鹊的巢穴在绿树上。

一只小松鼠跑过草地。

秋天又来了。

蘑菇开始生长，

大雨倾盆而下。

雨逐渐变成了雨夹雪。

冬天终于来临。

孩子们兴奋地玩耍。

树已经掉光了叶子。

孩子们不得不待在屋里。

基于如下几个方面的故事创作法：

· 讲故事的自由。自由的讲述方式为讲故事的人用其选择的方式讲述对自己有意义的事情提供了机会。

· 隐性知识和内心的声音变得显性。每个人都有别人所没有的信息。

· 儿童（讲故事的人）是信息和文化的创造者。儿童的行为包含着与成年人相似的文化生产要素。

· 故事叙述中的经验结构。讲故事的人用不同的和个体化的方式讲述自己的经历和耳闻目睹，即通过叙述，讲故事的人创造了自己的世界。

· 互惠和专注的倾听。流行的做法是安排对等的环节，讲故事的人和故事编导互相尊重。

· 对等的交流。赋权和激发讲故事的人及故事编导。

在芬兰文学协会的民俗学档案馆和芬兰社会科学数据档案馆的研究档案中存储着超过 6 000 个故事。每个故事都各不相同。

博物馆也组织儿童讲故事的活动。两岁的多丽丝在赫尔辛基当代艺术博物馆讲述了她的故事：

鸟的梦

一只鸟在敲窗户。

什么也不是。

梦结束了。

那是一只乌鸦。

语言教育逐渐整合了体验性和社会文化等方面的内容，其重点是有意义的学习、注重自我表达、社会互动和反思。在外语教学中，语言不仅是一种技能和交际手段，而且是一门文化学科。在语言学习当中也应留有趣味性和创造性的空间。很多在线的互动需要使用英语，所以口语交际能力、信息通信技术和社交媒体成为最近的研究热点。因此，大约 90% 的芬兰学生都选择英语作为他们的第一外语也就不足为奇了。英语学习是从小学三年级的 9 岁学生开始的。2018 年芬兰国家教育委员会的最新政策是从孩子 7 岁读一年级的时候就开展外语教学。这是在充分研究的基础上做出的决定，因为大脑的可塑性在这个年龄段更强。

总之，学校应鼓励学生用各种方式与人沟通。此外，害羞的学生需要学习如何在一个安全、具有支持性的环境下实现自我表达。新技术也许会帮助他们迈出第一步。例如，我们正在使用一些允许学生匿名分享他们想法的应用程序。这样一来，成为焦点的就会是那些想法，而不是提出想法的人。这可能是协作性知识创造的一个开端，少了一些主观臆断，多了一丝使人参与进来的激励。

主题 2：多媒体和沟通

教师应鼓励学生在创建内容时结合不同的媒体、格式和技术。教师还应帮助学生认识到不同类型的公共媒体的功能并教会他们如何保护自己的隐私。在学生的学习过程中，应着重强调培养评估信息传递的风格、理解互文性和识别不同媒体类型特点的能力。

创建和诠释多媒体内容

　　媒体素养是多元识读能力的一个子范畴。自 21 世纪头 10 年的中期以来，它一直被芬兰政府和欧盟视为教育工作中一个不可或缺的领域。芬兰官员表示，大众媒体服务的受众获得与其内容相关的识读能力至关重要。媒体素养在数字环境下面临着新的挑战。欧盟官员表示，媒体素养与活跃的公民身份、民主、视听领域、文化遗产和身份认同紧密相连，同时它也能保护未成年人免受有害内容的侵袭。他们还要求媒体行业自身就提高媒体素养的方法提出积极的建议，比如提供与数字化内容和搜索引擎相关的工具，以及开展与传播商业媒体信息有关的公共宣传活动。例如，应提醒人们认识到什么是植入式广告和数字化营销。此外，包含个人注册信息的数据包亦备受关注。打击盗版、保护创意产业以及作家和艺术家的知识产权都是很重要的。年轻人需要了解什么可以做，什么是被禁止的。

　　媒体素养与数字、信息及视觉素养重叠。它强调对各种媒体生态中的信息和知识的加工处理，对媒体文化现象的概念性理解、批判性思考，与媒体的互动，或涉及媒体的社会实践。跨媒体信息素养是近年来媒体素养研究的一个新进展，它涵盖了现代信息通信技术使媒介代理人成为"产销合一者"这一概念，即媒介的消费者和生产者同时存在。儿童在媒体环境中不再被视为被动的客体，而是被看成主动的主体。许多芬兰年轻人会制作 YouTube 视频和视频博客，YouTube 和社交媒体上也有很多广受欢迎的明星，他们被成千上万的人关注。重要的是，关注者要学会看清这些偶像行为背后的动机和隐藏的意图，因为他们的收入主要来自赞助商。

在芬兰，媒体素养被视为信息社会的一项核心技能，因此它与基础教育紧密相连。在基础教育中，它被认为涵盖了美学、沟通、批判性解读和安全技能。芬兰采用的是横向的媒体概念，事实证明这种概念是有效的，而且根据最近的研究，芬兰在媒体素养领域的排名相当靠前。

要引导学习者去了解媒体内容类型的独特特征。通过各种媒体和平台创建多媒体的内容非常重要。学生应独立或以小组的形式练习解释、分享和评估发布在不同媒体中的信息。例如，制作一个视频或动画并将其发布到学校的内网上是需要进行集体协作的工作，它有助于理解多媒体的创建以及如何在事实和虚构之间取得平衡。阅读莎士比亚文学作品和观看当代电影可以提高对互文性的理解，因为许多现代艺术作品都借鉴了经典。最终，学生能够学到如何独立创作多媒体内容，并通过各种媒体表达自己的想法。他们还可以和其他学生一起讨论不同类型媒体的显著特点并评估互文性。比如《西区故事》和《罗密欧与朱丽叶》的共同主题是什么？

保护个人隐私正变得日益重要。年轻人应该了解社交媒体如何运作以及需要何种安全设置。学校课程应涉及：在分享内容和看法时如何处理好公开和隐私的关系。我可以把这张照片发布到社交媒体上吗？我应该在什么时候征询许可？创建可能不道德的内容是否明智？当涉及隐私时，个人的权利有哪些？现代世界公私之间的界限有时模糊不清，重要的是要知道，所有上传到互联网上的信息日后将很难被删除。例如，人们可能会截屏，即使内容被删除，这些截图仍会在互联网上流传。

芬兰新课程标准规定，信息通信技术能力是现代生活和多元识读能力的一个重要方面。它本身不仅是一个学习目标，也是一种学习工具。所谓的新媒体和社交媒体对芬兰学校的传统文本素养提出了新的挑战，这是因为经由它们，信息的形式、生产者和发布渠道变得更加多样化和不稳定，并且这种变化是持续不断的。

另一个有趣的现象是社交媒体渠道的推荐算法，它是由计算机代码构建而成的，它本身可以被看作文本的一个子类。比如脸书、照片墙和网飞是如何在它们的应用程序中为我挑选出要显示的内容的？推荐算法对文本语境和诠释的影响，甚至对于我们整个民主社会的影响，是目前的一个热门话题。通过它们，多元识读能力也与技能板块五紧密结合在了一起，即 ICT 能力。更具体地说，就是编程和计算（或算法）思维的能力。对于 21 世纪的公民来说，一项重要的技能就是了解在现代媒体环境中通过技术和编程所创造的一切可能性。只有这样，我们所使用的媒体应用程序、游戏和服务背后的机制对我们来说才不会仅仅是一个"黑匣子"。

　　计算素养是指通过技术构建而获得的，用于揭示不同媒体服务的后端及其数据收集算法的能力。在当今数字化的世界里，重要的是引导我们的年轻人参与计算，而不仅仅是被动地消费技术。在现代媒体环境下，从消费者到媒体环境创造者的转变并不困难。在学校里创造性地制作自己的设备、软件服务和游戏，就可以有效地提高计算素养。为了在透明的民主体制下确保建设性地沟通和辨别错误，所有公民都应具备必要的计算素养。

　　游戏素养也是芬兰和其他国家一直积极研究的一个主题。电子游戏是伴随这一代人成长的，他们的长大成人为社会和街头文化添加了更多的游戏元素。现实和虚构之间的界限变得越来越模糊。越来越多的活动被年青一代视为游戏。这给教育带来了挑战，所谓的游戏化已经成为讨论的热点。拥有最新的技术，如虚拟现实眼镜、智能手机上的增强现实以及融合了现实和虚拟世界的"穿透"眼镜——混合现实，也成为人们讨论的热点。由神经网络生成的超级逼真的计算机图形，进一步模糊了事实和虚拟之间的界限。所有这些都对人们理解现实的能力提出了新的挑战。

主题 3：文本技能

我们所创造的文字与信息总是与我们的文化和世界观紧密相连，而这些信息是受众通过个人的文化视角来解读的。一个特定的内容可以有多种含义，这取决于作者和读者的文化背景，这就是为什么有时需要对一种文化有一定的了解才能对它做出正确的解读。

文化与美学

因为我们总是在特定的情境中，通过特定的文化视角来解读接收到的信息，所以在解读沟通内容与沟通美学时，应当鼓励学生学习其他文化。此外，在课程的学习中应给予学生机会来表达个人的美学观点。

芬兰的宗教教育很独特，因为在义务教育阶段，宗教课是一门必修课，学生根据自己的宗教信仰上不同的宗教课程。而那些不属于任何宗教教区的学生则学习人生观课程。宗教课程注重培养学生的宗教素养和能力以及跨宗教的交际技能。该想法的出发点是帮助年轻人为在宗教信仰多元化的社会里生活做好准备。芬兰的宗教课不是那种提供整齐划一、提供有力的解决方案的教育，而是让不同的宗教信仰在校园环境里和谐共存。

这种理念也是综合性的，因为历史、艺术、音乐、文学以及诸如人权、公民技能和环境教育等更广泛的主题都和宗教有关系。

根据新课程标准，教师应引导学生去了解文化在沟通和信息传递中所扮演的角色。教师有时只触及沟通和信息的文化性与美学的语境，例如，如何通过动作或语言表达某些意义取决于不同的文化。在更为复杂的层面上，课程会为学生提供机会，通过多种文化视角来评估和诠释信息传递与沟通交流。学生学习如何辩论和捍卫自己的文化和美学观点。最理想的情况是，课程中应包含大量的机会让学生创建、评估、讨论和诠释来自多种文化和审美语境的各种信息，使学生理解沟通的相对性，并清楚信息总是与作者的文化和创作语境密切相关。

学术性

教师应指导学生在学习中理解和使用特定的学科词汇，讨论并强调口语和科学性词汇之间的区别。科学素养可以被定义为能够通过科学知识和过程来理解自然世界的能力，并进一步参与影响科学的决策。科学过程包括：描述、解释和预测科学现象；理解科学研究及其方法；解释科学证据和结论（见技能板块一）。为了能够跟踪科学发现、健康和环境方面的新闻，拥有足够的科学素养是很重要的。仅仅知道一些科学家所知道的事实是不够的，重要的是能够理解科学家是怎样做出推理的。否则，人们可能会相信各种各样的"替代疗法"，而这些"替代疗法"可能对他们的健康有害。例如，反对接种疫苗的宣传非常普遍，如果没有足够的科学素养，人们很容易相信这些宣传内容。

在基本层面上，教师应帮助学生理解与科学相关的特定主题的文本和信息，以及它们所包含的表达方式和术语，例如，生物学的主要概念是什么。在更高的水平上，学生还需要有机会通过实践去理解多学科或基于现象的学术内容。学生应该利用他们在学术词汇方面的知识进行沟通，例如，去比较一下生物学和民间传说之间的差异。当学生能够创造、评估和解释特定学科或多学科的内容和媒介时，就可以说他们已经达到了较高的学术水平。他们还需要了解日常生活语言和科学词汇之间的区别。

" 试着和你的学生一起思考一下，日常用语和学术词汇之间的差异。为什么基于特定主题的术语会随着时间的推移而发展？为学生提供可以作为起点进行讨论的文章、视频和内容吧！

你还可以比较不同学科在概念上的差异。例如，'能量'和'质量'的概念在物理学和日常生活中可能明显不同。 "

科丝婷·罗卡、米拉·克鲁斯科普夫和劳里·赫达亚尔维

技能板块五

信息及通信技术

在全球范围内，正在围绕着科技在校园中的应用进行着一场热烈的讨论。在孩子们的校内和校外知识实践之间似乎存在着差距：在许多国家，学生在校外花在网上的时间更多。尽管芬兰自20世纪90年代以来进行了许多尝试并开展了许多项目，但芬兰的校园数字化仍未跻身世界前列。因此，芬兰的新课程标准中重点强调了被称为"数字化飞跃"的目标。

新课程标准还旨在弥合学校培养的能力与校外生活所需的能力之间的差距，而这种差距似乎在不断扩大。熟练地使用信息通信技术是一名积极的社会公民的必备技能，但这不仅仅涉及工作。在现代社会，如果不能使用先进的技术，人们几乎不可能去旅行、购物或处理银行的事务。没有信息及通信技能的人正在被社会淘汰。

目前，距离技术在校园的最优化使用目标还很遥远。我们最近的研究显示，六年级学生非常欣赏他们的班主任，班主任是学生参与校内各项活动的核心渠道。但学生发现，班主任唯一无法给他们提供支持的是学校里的数字化参与。

我们优秀的教师仍然难以用教学上有意义的方式将数字技术真正地融入学校工作中。当然，各所学校之间的差异也很大，许多学校甚至走在了时代的前面。但是，既然芬兰教育体系的主要优势是人人享有均等的机会，那么我们并不觉得数字化程度的实际差异太大是可以接受的。

数字化对学习有益吗？

人们还在争论"是否有必要将数字化提到如此高的地位"这一话题。既然我们强调研究性教学，那么研究证据就显得尤为重要。研究表明，教育科技对学习效果的影响相当有限，它并不比非技术的学习干预的效果更好。已经有一系列多方面的解释，可以被用于对这种有限的影响进行解释，例如缺乏基础设施和实际知识的现实原因，学校教育和信息技术之间的不兼容，或者主要把技术用于复制流行的教学实践等。

2015 年在 PISA 中得分最高，同时也是最强调学习科学的国家和地区的排名如下：新加坡、日本、爱沙尼亚、中国台湾、芬兰（几乎与中国台湾处于同一水平）。值得指出的是，所有领先于芬兰的国家和地区在实现数字技术方面都比我们更灵活，而这方面显然没有得到媒体的太多关注。然而，这意味着，一个在数字技术方面处于领先地位，并在学校中使用这些技术的社会至少不会危及它的科学教育。相反，如果没有先进的数字化实践，似乎很难保持科学教育的最佳水平。

人们常常认为，不容易对无法明确界定的技术中介式学习产生的学习效果和能够使学生获得的能力进行辨别，而且难以衡量，甚至难以与更正式的"传统教育"的结果进行比较。传统的结果评估测试通常只考察教学的知识内容积累，而不是评估更为复杂的 21 世纪所需技能的获得。评估仍然是本末倒置，任何教学干预方法的使用都取决于把什么作为对学习成果的评估内容。

然而，通过回顾过去 40 年的研究，现在应该很清楚的是，我们的重点应该从"是否应该在学校使用技术"转移到"怎样以及在什么情况下能够更好地从新技术中受益"。在探索如何学习的过程中，应该把重点放在我们已经了解的关于学习和教育的知识上，并努力在以技术为媒介的学习方式中贯彻良好的实践。我们需要弄清楚用新方法做事的附加价值是什么，新奇的数字工具所带来的可能性是什么。在不使用任何现代化数字工具的情况下，要促进集体创造知识是相当困难的。鉴于这一点，我们还应着重评估和开发良好的教育软件，其中一些已经胜利在望。

被研究证实的解决方案之一是使用技术作为学习工具，这需要教师和学生不断发展各种数字技能。尽管早期的"数字原生代"假说认为，青少年在使用科技方面拥有复杂的技能，但现实情况并非如此。很少有年轻人掌握编程、安装打印机或硬件设备维修等技能。

芬兰的年轻人往往只使用现成的、用户友好型技术，他们中很少有人拥有创造新事物的高级技能。此外，会使用被广泛用于工作场合的工具（如 Excel、Word）的年轻人并不常见，尽管成年人可能认为所谓的"数字原生代"生来就具备这种技能。例如，电子邮件在年轻人中也不是一个很有吸引力的媒介。聊天、玩游戏或使用社交媒体是他们更自然的交流方式。在青少年的世界里，发送电子邮件几乎与寄明信片一样罕见。

尽管当下的青少年并非生来就掌握数字技能，但他们出生在一个信息和电子通信能力至关重要的时代。不管是现在还是将来，技术融入日常生活的方式将会与过去几十年大不相同。所有的年轻人从很小的时候起就接触到了数字技术。虽然我们还没有完全了解这方面的最佳做法，但很明显，教年轻人如何使用数字技术这一重任已经落在我们的教育系统上。我们应指导学生如何利用科技为他们谋福利，而科技巨头的目标不一定符合用户的最大利益。我们的学生应该了解其中的诸多弊端，比如隐私和安全问题，并且许多应用程序会让人上瘾。

劳里·赫达亚尔维

芬兰有"数字原生代"吗?

青春期可以被视为一个独特和关键的发展阶段,其特点是:充斥着各种对终身发展具有重要影响的发展任务。我们能够理解,为什么青少年使用数字技术的增长势头会引起社会的关注和期待。的确,自从马克·普林斯基首先引入"数字原生代"这一概念之后,一直存在着一个基本观念:由于其(青少年)高水平的技术能力无法跟传统的教育相吻合,今天的青少年可能会跟传统的学校教育相脱节,或者基于数字技术对其(青少年)社交和情感能力产生的负面影响,他们将作为"被摧毁的一代"而存在。虽然有研究很早就开始披露"数字原生代"的初始概念,但是,很明显,对于一些青少年来说,使用数字技术为他们发展兴趣和获得相关能力开辟了新的途径。与此同时,研究已经认识到,过度使用数字技术是以牺牲幸福为代价的。

更重要的是,研究还表明,青少年在数字参与方面存在相当大的差异,无论是在社会互动、消费媒体还是复杂的创造性参与方面。我们已将青少年的数字活动概念转化为"社会数字参与"。这一概念考虑到数字活动被潜在的诱导力所驱动,并涉及网络互动和社交、生产或创造性参与。这些活动可以是由朋友关系驱动(闲逛)或由兴趣驱动(发现)的。我们发现了以下几种活动：

   1. 社交网络或沟通（聊天）

   2. 知识导向型参与（求知和分享知识）

   3. 媒体导向型参与（创建和共享媒体）

   4. 游戏（玩电子游戏）

"社会数字参与"维度的技术复杂性各不相同，至少那些更受兴趣驱动的实践是这样的，如与知识和媒体打交道需要学习新技能和新做法。因此，除了仅仅"使用技术"之外，数字参与还可以被概念化为一种非正式的新兴活动，它使人们可以负担得起联动式学习，也就是说，学习能够跨越时间、空间、网络和工具，能够在学生和他们的社会生态之间，作为一种互惠、与文化相关的互动过程而存在。

关于所谓的"屏幕时间"的效果，由于青少年的"社会数字参与"被毫无根据地简单化，出现了大量混杂的结果和骇人听闻的说法，也凸显了该领域缺乏共识的特点。联动式学习的可能性毋庸置疑，特别是游戏已经被证明可以产生各种积极的效果。青少年在实际学习中的收获还取决于来自社会网络、父母或教育机构的、切合青少年学生实际需求的脚手架式支持。我们的研究显示了过度使用数字技术（和玩游戏）与芬兰年轻人的身心健康和学业成就之间的关系。研究还表明，学生学习动机的差异与"社会数字参与"和游戏的差异有关。例如，如果学校不能用教学和实践方法去应对，游戏产生的强烈吸引力就会干扰学生对学习的专注程度。

总之，尽管今天的青少年并非都是普林斯基在 21 世纪初所提出的"数字原生代"，他们中的一些人的确非常能干，并且能够让自己从这些能力中受益，而对另一些人来说，数字活动在分配时间和集中精力方面向他们提出了更多的挑战。因此，根据目前的研究显然，数字参与对青少年的发展既有积极的影响，也有消极的影响。这些结果的不同之处在于，青少年的数字活动是怎样和出于什么目的进行的，以及他们调节自己的数字参与的能力如何。此外，很明显，依赖于一维概念的"屏幕时间"的简单解释是远远不够的，我们应该进行进一步的研究来检查这些差异。

莫娜 · 莫伊萨拉

在数字时代开发思维和大脑

随着数字技术在日常生活中的日益普及，人们对数字时代会如何塑造年轻人的大脑思维产生了疑虑和担忧。例如，有人提出，当前的"数字原生代"能够更好地处理、分类和筛选互联网时代提供给我们的源源不断的信息。也有悲观的观点认为，由于无处不在的智能设备所带来的快节奏和刺激的环境，现在的孩子比以前更加焦躁不安和多动。围绕这一话题的激烈争论，表达了人们截然不同的主张和观点，这些主张和观点往往缺少切实可信的科学证据的支持。那么，这项研究要告诉我们什么呢？现在的年轻人的思维和大脑会因为他们成长于数字世界而有所不同吗？

这里非常有必要强调几个与大脑发育有关的关键现象：首先，大脑可塑性的概念值得关注。随着大脑的发育和成熟，它受到基因和环境的双重影响。所有复杂的特质都受到遗传因素和经验的影响，这使得我们无法用有意义的方式将两者分开。对于基因的继承和传递我们没有太多要补充的，我们手中拿的"遗传之牌"没有变化过，而我们的环境却处于不断变化的状态。我们周围的文化、习惯和生活方式都会极大地影响我们大脑的连接方式。即使是日常生活中看似平淡无奇的爱好，也有可能在以高度多样化的方式塑造着我们的大脑。

音乐就是一个很好的例子。研究表明，演奏乐器可以增加大脑当中与躯体运动、声音处理，甚至是与认知功能相关的各个区域的面积。它还被证明可以促进大脑不同区域之间的交流。这很有可能是因为演奏乐器需要拥有同时完成多项任务的协调能力：阅读音符、相应地移动肢体并检查乐器发出的声音。

大脑可塑性的基本理念是：用进废退。我们积极地使用会使大脑连接变得更强壮，而那些受到较少关注的大脑连接会慢慢萎缩和退化。直到生命的最后一刻大脑都保持着可塑性，所以无论我们年龄多大，都有可能创造出新的大脑连接。然而，儿童和青少年的可塑性最高，此时人的大脑仍处于走向成熟的阶段。简单地说，年轻的大脑比年老的大脑更具可塑性。这就是为什么环境的作用对年轻人的思想和大脑的发展至关重要。

现在我们回到数字时代如何影响和引导大脑开发的话题上来。数字技术显然在年轻人当下的生活环境中发挥着重要作用。现在，年轻人清醒时的大部分时间都花在与电脑和智能设备的互动上。可以肯定地说，大脑是由我们的日常活动塑造的，不管这种活动是发生在真实的世界还是虚拟的世界。因此，那些在线活动，尤其是考虑到它们每天占据了多少时间，很可能是引导大脑发育的一个重要的环境因素。

迄今为止，人们已从几个不同的角度研究了技术的使用及其对大脑的影响。这是因为技术的使用不能被视为一个单一的概念，它涵盖了多种截然不同的活动。一个看似被动地盯着智能手机屏幕的孩子实际上可以从事一系列不同类型的活动：与朋友发信息聊天、编辑 YouTube 视频、玩多人在线游戏等。所有这些任务都可能以截然不同的方式激活大脑，因此也会增强不同的大脑连接。在接下来的几个段落里，我们将介绍一些迄今为止最受研究人员关注的在线活动。

年轻人日常使用科技设备时常做的一件事就是玩游戏。自从第一台游戏机进入普通家庭以来，电脑游戏对大脑产生的影响一直吸引着研究人员。这是因为在很多方面，游戏实际上代表了一种理想的大脑训练方式。在游戏过程中，通常要求玩家快速做出决定，同时监控游戏的不同方面（例如敌人的位置和可用弹药的数量），并以灵活的方式创建和测试不同的策略。游戏的另一个好处在于它的过程是沉浸式的，所以经常会让玩家连续玩上几个小时。研究人员发现，游戏玩家在某些认知任务上的表现，似乎确实比非游戏玩家更好。比如，他们的反应速度一直比非游戏玩家快。

对参与我们研究项目的13~24岁的芬兰青少年的研究发现，游戏体验与更好的工作记忆表现有关，这也反映在大脑活动中。一些研究发现，在对非游戏玩家进行几周的游戏训练后，他们在认知方面取得了类似的进步，这表明游戏实际上可以训练大脑的某些功能。然而，这并不意味着玩游戏会让孩子更聪明！没有任何证据表明，玩游戏能让一个人在学业或工作中取得更大的成功。根据迄今为止的研究，我们最多可以说，适度的游戏对大脑功能的某些狭窄区域有益，比如反应速度或手眼协调能力。特别值得注意的是，如果游戏玩得过度频繁、欲罢不能，则观察不到其对大脑产生任何有益影响。过度玩游戏肯定不利于大脑的健康。

屏幕使用时间对注意力的影响也是许多研究人员感兴趣的话题。一些研究已经表明，儿童期在屏幕前的时间过长（无论是在电视机前还是在电脑前）与日后出现的注意力问题有关。另外，其他诸如糟糕的家庭环境或焦虑等因素已被证明比过长的屏幕使用时间更容易引起注意力问题。

我们进行了多任务处理与科技和注意力之间的联系方面的研究。我们的研究受到以下观察的启发：现代智能设备支持甚至鼓励一心多用，例如在与朋友发信息聊天时听音乐。我们的假设是，那些倾向于在使用科技产品的同时完成多项任务的人，在需要他们一次只能专注于一件事而忽略其他干扰因素的任务中，可能表现得不如其他人。

我们的研究结果表明，事实上，那些在使用科技产品时同时做几件事情的青少年和年轻人更容易分心，在注意力任务中表现得更差。因此，我们使用科技的方式似乎与我们的大脑能够怎样表现和集中注意力有关。值得注意的是，上述提到的研究并不能区分其中的因果关系。也就是说，他们不能明确证明使用数字技术确实会降低人集中注意力的能力。

还需要进一步的研究来确定使用科技产品的不同方式是如何切实影响注意力的。然而，可以肯定地说，为了发展儿童的注意力技能，必须把那些需要持续集中注意力的活动纳入日常生活。读书、运动或演奏乐器都需要集中注意力，不能分心，从而建立起重要的大脑连接。观看快节奏的电视节目或玩游戏应遵循适度原则，这样才能保证大脑在一天中有足够的时间在远离噪声、平静的环境中得到恢复。

为了保证大脑的健康和最佳发育，关键是要为大脑提供一个平衡的环境。对于所有年龄段的人来说，科技已与我们相伴并成为日常生活的一个重要组成部分，但重要的是要确保在屏幕前的时间与大脑健康所需的主要因素之间的平衡关系：足够和高质量的睡眠、健康的饮食、真正的友谊和面对面的人际接触、锻炼……而且要让生活富有趣味性！

主题 1：探究式的创造性学习

在过去的几十年中，知识和数据的数量、可用性和可访问性都呈几何级增长，这使得有效地搜索可靠的数据变得越发具有挑战性。对今天的学生来说练习使用不同的搜索引擎和数据库、理解它们的操作逻辑、评估信息来源的可靠性都是至关重要的技能。

然而，应该承认的是，除了流行的和商业的在线搜索引擎，譬如谷歌，还有各种各样的方法可以用来查找信息，这些方法也应该让学生加以学习和练习，让他们不仅知道如何找到信息，而且知道如何管理和创造知识，这一点变得非常重要。

为了不同的目的把数据编辑和组合起来是一项重要的技能，比如，应用于解决实际问题还是创造新的知识。此外，当学生开始用他们收集到的数据创建出一个连续的、文件夹式的生产活动记录时，他们也可以评估自己的思维是如何随着时间的推移而发展的（这种技能被称为元认知，参见技能板块一）。

凯·哈卡赖宁教授、萨米·帕沃拉教授和拉塞·利波宁教授都认为，学生从获取知识向创造知识的转变至关重要，而数字工具提供的可能性起到了桥梁的作用。哈卡赖宁教授是芬兰"计算机辅助下的探究式学习"的先行者。我们与他及拉塞·利波宁两位教授合著的书《渐进式探究型学习》在芬兰持续畅销。但计算机辅助下的合作性学习，至今仍未能在芬兰学校的教学实践中成为主流。也许现在时机已经成熟，因为技术终于达到了一个足够的水平。

修正和创造知识、数据和媒体内容的能力对未来而言日益重要。它对于解决复杂的、定义不清的，甚至是"邪恶"的问题来说也很重要。我们一直在开发学习这些技能的新方法。如果缺乏先进的技术工具，我们几乎不可能学到这些技能。

主题 2：实践技能与编程

除了处理知识和数据，在许多方面，让学生了解数字硬件如何工作、不同种类软件的目的以及程序背后的基本概念也很重要。识别、选择和使用多种类型的硬件和软件的能力是使用技术来支持学习以及其他学术活动乃至未来工作的先决条件。

学生需要识别计算机编程背后的核心原理和操作，并了解它如何影响自己现在和未来的日常生活。编程将成为芬兰学生的必修课，这对我们的职业教师教育提出了新的挑战。

预计到 21 世纪中叶，计算思维将成为每个人日常生活的一部分。近来，人们把无所不在的新技术与电的发明相提并论。学生需要有平等的机会掌握和开发他们的算法和编程思维技能。因此，这些技能都应被视为可与阅读和写作相提并论的基本技能，同时，这些技能也与多元识读能力密切相关。此外，计算思维会在学生拓展思维和取得更好的学习效果方面产生连锁效应。不仅如此，学生要学习如何更好地理解和利用信息和通信技术为各行各业创造价值，同时意识到它有时也可能会对社会产生负面影响。

什么是计算思维？我们应该害怕人工智能吗？

我们生活在一个被各类设备和工具不断包围着的网络世界，因此我们所有人都应当对它们的运行原则有一个基本的了解。所谓的计算思维技能很可能在 2050 年前后每天被全人类使用。当然，要实现这些能力需要来自各方提供的大量教育资源。我们在过去几十年目睹了呈几何级发展的自动化、数字化和机器人技术，也很清楚这些投入将是不可避免的。在不久的将来，所有公民都需要对我们周遭的数字化世界具备同等的计算性的理解。无论从事何种职业，我们都必须能够适应未来工作生活的要求。未来的职业在许多情况下仍然是不可想象的。

计算机的概念是由最早的阿达·洛芙莱斯和后来的艾伦·图灵等伟大的先驱提出的。这是一个对我们周围世界的影响力不断增加的强大概念。从位处理、数字机器语言算法到社会层面的以用户为中心的平台设计，更好地理解计算机的办法是把它视为一个系统或一个过程，而不是一个单独的物理对象或实体。

周以真认为计算思维是指：通过借鉴计算机科学的基本概念来解决问题、设计系统和理解人类行为。它包括一系列反映计算机科学领域广度的思维工具。这个概念切实强调了承认我们周遭计算效果的重要性。它还证明了计算思维技能在 21 世纪是多么重要，因为它能够让公民无论在有没有科技的条件下都能做出理性的、成熟的决定。

那么，究竟什么是实践中的计算思维呢？我们又如何能把它应用到日常生活中呢？我们中的许多人或许还没有意识到，事实上我们已经在日常生活中使用了计算技能。我们每天要解决大量的小问题并做出大量的决定。这些问题可能包括找到回家的路，浏览查询一个特定的电话号码，煮一杯咖啡等。从本质上讲，解决所有这些问题都需要进行某种心理计算。我们有一套需要遵循的惯例、脚本和"算法"。这些解决日常问题的惯例可以通过最近开发出来的不同自动化技术和机器学习来实现。这就是为什么每个人都必须至少要学会识别计算机编程背后的核心概念和原则。我们需要了解如何有效地利用它们来方便我们的日常生活。当然，和其他工具一样，信息技术也可能被用于邪恶的目的。这正是我们需要更多地了解它的原因。

更准确地说，计算思维是应用数学或数学逻辑的形式之一。计算是指对数据结构进行规则控制的操作。在数学中，这相当于对数字的规则控制；在语言学中，这相当于对单词和语法的规则控制。从古代文明开始，人们就通过研究发现了同样的基本逻辑和自然结构，这些结构基本适用于从人文和行为科学到核物理和天文学的任何科学领域，并为科学带来了实用价值。在每个领域中，都有各种形式的数据结构、数据库、表格、列表、向量或其他一些易于计算的形式。这些数据可以由人进行手工操作定义，也可以通过某些类型的传感器生成（以相同的方式递归设计）。

因此，计算机科学可以被视为一门实用的科学，而其他科学都能以不同方式从中受益。这只是关于如何从本质上理解我们在工作和日常生活中所使用的工具的问题。而计算思维是关于我们如何让它们（工具）做得更好。

通过规则控制的计算操作和 / 或分析，对上述数据结构进行实验，力图融入特定的思想和模型，并根据数据归纳出新的规则、规律或解决计算性问题。利用计算思维解决问题有三个基本步骤：

1. 仔细定义问题。

2. 用算法表达解决方案。

3. 执行和评估解决方案的算法。

　　算法本质上是对问题的一种形式化表达，以达到求解的目的。算法的成功标准是通用性、明确性、有效性和效率。无论何时出现明确的问题，正式的解决方案都必须能有效解决问题，不能对其正确性存疑且要在合理的时间内将问题解决。毕竟，谁也不想让自己乘坐的无人驾驶出租车困在某个街区几个小时出不来。

　　除了核心概念之外，解决问题还需要某些既定操作，例如测试和调试、反复使用和重新混合旧模式等。这些操作能够真正地检验程序员/分析师是否有足够的毅力和耐心完成整个流程以及使代码正常运行，而完成这项工作的确需要耐心。容忍无数的错误和失误在编程中存在是至关重要的，所以学校也应该教授学生这些技能。它需要分解、模块化和抽象思维能力，这些能力指的是能够同时看到物体或现象的局部和整体系统，而所有这些都是计算思维的基本要素。科学和工程中的计算创造力在于能够在不同领域的现象之间找到更广泛的联系，并能够将它们重新组合，进而产生一个新的模式、服务或产品，并抽象出自动化。所谓的仿生学，即在设计新产品和纳米材料时模仿自然结构和现象，就是一个很好的例子。基于现象的学习是一种从不同角度看待此类计算思维问题的自然方式。

　　最后，也许计算思维最重要的方面是它们对我们周围世界产生的影响。通过计算实践，我们也拓宽了对自己与整个现象世界的联系的理解（这就像拼图中相互关联的小小图块），并创造性地发展自我表达和阐述想法的能力来帮助我们的人类同胞。在实践中，这是通过算法交互设计实现的，这也是我们在现代媒体环境中获得计算多元识读能力、理解他人计算机代码背后的含义和目的的一个好方法。

　　同样重要的是我们应注意到，技术在历史上和当下的全球社会中发挥的作用正在急剧发生变化。我们正在利用这种数字技术创造一个什么样的世界？我们的前景和方向是什么？这真的是我们想要创造的世界吗？

　　由于人工智能的发展，这类问题以及正视我们的计算行为对它们产生的影响在今天正变得越发重要。多年来，人工智能一直被视为科学奇观，现在它终于得到了认真对待。尽管国际上对人工智能这个问题仍存在广泛的分歧，一些专家声称，他们已经处于创造某种"超级人工智能"的边缘。然而，回顾一下十几、二十年前的这段岁月，毫无疑问，新的计算创新已经发生了巨大变化，鉴于此，未来也将发生变化。

　　由于人工智能将从根本上改变我们的劳动力市场，因此有很多人开始担心他们的工作。不仅是手工工作，很多认知程序在未来都会被自动执行。正如肯·罗宾逊所指出的，我们没有理由继续教孩子们学习那些我们曾经学过的基本认知常规了。取而代之的是，在未来的世界，他们可能需要越来越多的创造力，因为在未来的世界，机器可以处理许多具有认知常规性的事务。

就人类的思维、情感和伦理而言，计算思维和人工智能对人类提出了新的挑战。人工智能既可以被用于积极的目的，也可以被用于邪恶的目的。蒂莫·洪凯拉教授出版了一本名为《和平机器》的书，在书中他思考了如何利用人工智能来维护和平而不是掀起战争。如何理解和容忍与我们不同的立场，这本身就是一个计算问题。这个问题可以在技术的帮助下得到解决，这就像强化相反的思维定式一样容易。这也是为什么对计算思维的探索需要来自广泛领域的专家，而不仅仅是来自方法论的计算机科学和数据科学的专家。

琳达·刘卡斯和《你好！露比》

对于我们大多数人来说，计算思维并不是自动产生的，即使是儿童也能学习计算思维。芬兰作家琳达·刘卡斯因其精彩的著作《你好！露比》而闻名。在这本书中，她描述了一些算法，比如泡澡的算法。命题是：我很脏。解决方案是：启动一个泡澡的求解算法。你应该：

1. 拧开浴缸的水龙头放水。

2. 脱掉衣服。

3. 试一下水温是否合适（如果不合适，调整一下冷热程度）。

4. 到浴缸里去。

5. 用肥皂洗澡。

6. 把自己冲洗干净。

7. 从浴缸里出来。

8. 把自己擦干。

然而，这种算法有一个严重的缺陷。你不能直接执行该程序。你能发现问题出在哪里吗？（答案是：没有人告诉你洗完澡后要把水关掉。这可能会让你的家被大水淹没。）

电脑只能按照既定的程序去做事。即使是最新的神经网络技术，在某种程度上也是这样。如果人们在编程时没有考虑到这一点，算法就可能会失败，或者网络会出现偏差。即使是儿童也能学会这种类型的思维。琳达·刘卡斯还教孩子们了解计算机是如何工作的以及其内部构造。

在我们对琳达的"你好！露比"暑期兴趣班开展的一项研究中发现，尽管在以用户为中心的表面层次上孩子们能够被吸引并直接使用不同的软件技术。但在被介绍硬件和计算机编程的概念后，他们就会发现概念混淆的情况，这一发现与之前的研究结果一致。这就是为什么非常有必要开展进一步的研究，并从低年级开始就在新课程标准中实施这些横贯能力。

主题 3：使用现代科技中的责任和安全

现在，相当一部分的社会、政治和经济互动都是通过数字平台实现的。这些社会数字平台不是孤立的世界，而是我们生活的现实世界的另一个层面。因此，让学生了解那些在线交流的操作准则是很重要的。他们需要知道，通常什么是被允许的，什么是不被允许的（例如隐私政策、版权等）。

此外，指导学生批判性地评价"数字革命"之前制定的法律和法规（如《版权法》）背后的历史，并学会从特殊利益群体的角度来看待它们，从而更好地理解为什么这样的法律到现在仍然存在，这一点至关重要。例如，如果作家或词曲作者的所有作品都可以在网上被免费下载，他们将靠什么生活？

从更贴近个人生活的角度来看，学生还需学习和践行在数字平台上进行互动的同时如何保护自己的个人隐私和安全。网络有它独特的风险，版权和隐私保护是为了保护用户免受这些风险的干扰，因此，引导青少年识别这些风险并确保他们的在线活动安全很重要。

除了外部风险，青少年在积极参与、使用社会数字技术的同时，还面临着各种威胁到他们福祉的内在或主观风险。因此，应向所有学生介绍人体工程学并使他们了解人体工程学的概念。人体工程学在人类生活中起到的作用包罗万象。人体工程学的概念包括预防身体危害（健身、坐姿、颈部疼痛等）和认知危害（一心多用、休息、工作）。我们已经研究调查了与过度上网有关的颈椎病和睡眠困扰。

教师必须确保学生和他们自己在符合人体工程学的学习环境中以合适的方式进行工作和学习。教师应引导学生在使用互联网和利用数字工具参与社会活动的同时学会自我约束的技能。总之，我们的目标是形成一种平衡、健康的生活方式。充足的睡眠、均衡的营养、适当的锻炼和健康的社会关系对我们所有人来说都意义重大。

主题 4：数字世界中的人际交往与互动

教育工作者应该看到，尽管在线社交几乎成了每个年轻人生活中不可或缺的一部分，但它还是有别于人与人之间的实际交往。例如，对不同内容的情感反应可以在网上被抑制或放大。当看到别人晒出（与友人）玩乐的照片时，一些人的孤独感可能会因此而加剧，或者一些人可能会被社交活动冲昏头脑。因此，学校应该发挥积极作用，引导学生以适当、安全的方式在网上与他人互动，因为在缺乏肢体语言辅助的情况下很容易产生误解。

在使用发消息的应用软件或数字平台进行沟通时，怎样做才符合积极的习惯和良好的礼仪，即所谓的"网络礼仪"？这些在线互动程序和数字平台如何学习或支持家校之间的对话？如何在社交媒体平台上维护自身的安全？如何在公开档案中展示个人信息？他人会如何理解你的这些公开信息？你如何理解他人展示的公开信息？一旦人们对事情的理解产生冲突，网络上的事情就可能会被小题大做。在学生成长为完全成熟的数字社区成员的过程中，他们应考虑到这些可能出现的问题。使用社交媒体是 21 世纪的一项核心技能，在这一方面，成年人也可以向青少年学习。我们大多数人都对在社群邮件列表上展开的激烈的电子邮件辩论，有一些尴尬的回忆。同样的风险（或尴尬）也适用于社交媒体。

表情符号

表情符号（诸如 😖 或 ☹ 之类的视觉元素）意在表现个人的面部表情，但它们可能无法完全捕捉到人类的表情。更复杂的是，视觉元素在文本中的使用还存在文化差异。例如，日本的表情符号更可能指的是眼睛而不是嘴巴。要使表情符号看起来很开心，你通常要提高眼睛的位置。最好的字符是:^、´、`。如果你想要表达"可爱"，最好的做法是用嘴的表情符号▽、∀或 ω。你也可以用 * 或 # 来表示红润的脸颊，或者用 / 、\ 或 /来表示挥动的手臂。你也可以随时加入星星或心形。

> 快乐的表情符号是：_へ＿(￣ᴗ￣)〉 (*´▽`*)。
>
> 资料来源：japaneseemoticons.me。

　　许多家长和老师担心社交媒体的安全以及其他问题。他们通常明确认为社交媒体是有害的。这可能是因为成年人在使用社交媒体方面缺乏足够的经验。许多成年人通过"非社交"媒体，即有关博客、电子报刊和电视频道上的匿名评论来了解基于互联网的社交。然而，我们需要记住，社交媒体的人际互动在本质上有深刻的社会性。年轻人无法承受"没有关注"这一事实，他们认为这就代表他们被排斥在外了。对他们来说，这简直就是一种社会"自杀"。因此，他们在网上的表现能力通常比他们的父母好得多。当然，网络霸凌确实存在，但更多的是作为一种例外而不是常规现象。现实世界中存在的所有问题也可能进入虚拟世界。成年人是良好行为的榜样，因此我们应确保自己无论是在现实世界还是在虚拟的网络世界都保持着良好的礼仪。

> **"**
> 　　跨代学习是一种典型的在线社交学习方式。我对社交媒体的大部分了解都是从我十几岁的女儿和学生那里得来的。我从 2011 年开始使用推特、脸书和照片墙，那时我刚刚担任学院的副院长，负责学院的公关和沟通

工作。年青一代帮我进行了安全设置，并填写了个人资料。我的女儿和学生都是特别出色的老师，他们关注我的推文，并给出有建设性的反馈意见。我还为此获得了赫尔辛基大学颁发的"2012 年度传播者"奖。

我认识到，使人们对社交媒体感到安全的唯一方式就是参与其中。去那儿，待在那儿，并参与对话！看看年轻人在做什么。表现出你的关注。假设你不会上瘾，每天最多只需要花费半小时。尊重孩子们的隐私，保持好奇心，集中注意力，为他们的照片和帖子点赞。为他们送上生日祝福。

对新技术感到焦虑？——给数字移民的一些建议

新数字技术的不断涌现确实让人恼火。我们也的确不可能时刻关注到所有的新事物。对我来说，以下的分析很有帮助：

1. 我不可能无所不知。无论我的受教育水平有多高，我只是一个普通的人。人非圣贤，孰能无过。

2. 不断学习新事物对我的大脑有益。我亲爱的妈妈患有阿尔茨海默病，所以为了跟我的基因抗争，我需要不断学习新的东西。如果我善加利用大脑，我可能会把疾病的到来时间推迟10 年。

3. "永远不知道下一步会发生什么"会给你的生活带来惊喜。至少它不会让你觉得无聊！

4. 为了与下一代建立良好的关系，最好尊重他们的世界，并对他们的生活感兴趣。社交媒体就是一种有效的渠道。

5. 为了学习新的社会数字沟通方式，我可以把自己当作"小白鼠"。"数字原生代"应该教"数字移民"新事物。我可以像达尔文一样去探险！

6. 作为一名教师，我也是一个榜样。如果我对学习新事物不感兴趣，那么我怎么能成为榜样呢？

7. 让年轻人教你是一种赋权。这增加了他们的自我效能感和主人翁的学习意识。此外，教别人也是最好的学习方法之一（也许这就是为什么我们会认为自己很聪明）。"数字原生代"和"数字移民"之间的对话以及共同学习有助于我们建立一个和谐社区。在不久的将来，我们将不再是"数字移民"，而是"数字居民"！

科丝婷·罗卡和海蒂·拉玛萨里

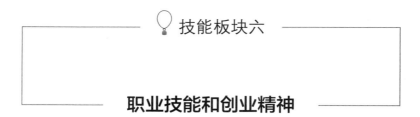

技能板块六

职业技能和创业精神

学校要为学生的未来做好准备，而且这一点变得日益重要。目前的全球形势相当动荡，我们难以预测未来。因此，芬兰的新课程标准也要为这种不确定性做好准备。可以非常确定的是，目前几乎每一个在校生未来都仍必须打工赚取工资或者自己创业谋生。

　　一所现代化的学校应该鼓励学生对工作和生活抱有积极的态度，并支持学生习得可以应用于不同情况或学科的技能。学习何种与工作、生活或创业有关的核心技能不应取决于学生的家庭文化或社会背景，因此，这种技能的习得将会增加学生获得被平等对待的机会。例如，在芬兰首都赫尔辛基大区一些区域的家庭确实已经出现了失业和社会排斥现象。我们这个福利国家的理念是为那些没有生存能力的人提供一个支持性的网络，目的是让仍有劳动能力的人最终找到一份有意义的工作。贫困与健康问题往往出现在失业人群中。

芬兰以其社会创新著称。目前正在进行一项新的社会创新，因为在未来很有可能出现职业生涯和行业的中断使通常意义上的"通过工作挣工资"失去可能。芬兰的这种社会创新被称为"公民工资"或"（全民）基本收入"。目前它正处于实验阶段，因为在未来，我们中的许多人可能会以创业者或类似创业者的身份生存，而且很难保证所有人都能获得足够的收入。① 此外，社会福利往往与其他收入挂钩，在经济方面，就业可能会变得不那么吸引人，因为人们担心它会削减个人能够申请到的其他社会福利。"（全民）基本收入"指的是，随机抽取芬兰公民作为样本，不管他们的其他各项收入如何，每个月都能得到政府发放的一笔钱作为"基本收入"。这么做可能会减少官僚作风，并激励人们更努力地工作，因为，当个人收入增加时，以"公民工资"形式出现的社会补贴并不会随之减少。在未来，我们必须想出更多的社会创新以帮助人们平稳地生活。无论如何，我们的环境变得越动荡，灵活性和创业技能就将变得越重要。

芬兰新课程标准中关于工作生活和创业技能的理念基于这样一种假设，即未来人类需要解决越来越复杂的问题。创造力、自我管理、社交和情感学习以及自发性动机将变得越来越重要。

---

① 芬兰的"公民工资"创新实验是在 2017—2018 年实施的。详情参见：https://www.kela.fi/web/en/basic-income-experiment。——译者注

同时，可以设想，当自动化、人工智能和机器人在未来将替代一大部分传统人类工作时，工作的本质也将发生变化。例如，迈克·劳埃德在他的《让教育与思维同步》（*Schooling at the Speed of Thought*）一书中指出，常规性工作将会减少，而最重要并且必需完成的非常规性工作将与分析性思维和社交互动有关。大部分的常规认知可被人工智能取代，但剩下的工作对于智能机器来说可能过于复杂并且从本质上受制于情境。例如，在医学领域，一个乐观的局面是，人工智能可以促使部分常规医疗工作实现自动化，医生应该有更多的时间与他们的病人进行互动沟通。

职业生活和创业技能的总体目标是让学生学会在不断变化的关联环境中生存。这个环境不仅可能由来自不同领域的人组成，还可能由不同种类的设备、机器以及数据和信息网络组成。

主题 1：为职业生涯做好准备

随着网络化工作的普及，敏捷而灵活的行动力、所谓"浮游"能力的培养，将处于保持个人福祉和绩效的核心。此外，也需要很强的弹性和自我效能感以应对不断发生的变化。在实践中，这一切都意味着学生应该学会发现新的机会，以适应快速变化的环境和偶发的不确定性事件。除此之外，职业生涯和创业技能还包含更为广泛的主题，比如为职业生涯做好准备、工作中的社交互动以及在实习中了解职业生活等。

紧跟不断变化的世界

随着地区性走向全球化，我们对塑造孤立环境的影响越来越小。因此，鼓励学生勇敢地面对意想不到的状况、保持开放的心态和增强适应能力十分重要。在不可估量的未来，这将为他们提供生存所必需的社会工具。本书所描述的所有能力实际上都是高度全球化的，并与所有人息息相关。

我们应教会学生如何应对不确定性以及如何在本地和全球的生活中抓住机遇。学生交换和教师交流的方式对所有人而言都将日益重要。我们需要开发新的生态方式以实现全球合作，并通过新的设备和工具使虚拟邂逅成为可能。从未接触过外国人的人群往往对多样性持否定态度。

创业者心态

我们中的许多人很可能在未来成为创业者或自由职业者。自雇和小型企业呈现出日益增长的趋势，小额支付和众筹等创新形式的出现，使它们变得更加受欢迎和可行。据预测，大部分新增就业岗位将由初创公司提供。然而，即使这一预测不会发生在每个人身上，积极发展自己的技能和寻找新的机会也落在个人的肩上。这就是为什么以下内容至关重要：创造条件让学生成长，使他们具备适应能力，能够以创新和开阔的心态去面对职业生活，并帮助他们了解创业的现实，包括风险是什么、回报有多少以及需要承担哪些社会责任。在课堂和项目中，还应给予学生机会，让他们提出新的想法和解决方案，并提供在校内和校外生活中实施的可能。

创业思维模式由以下几个组成部分。首先，创业思维和行动力可以被视为一种未来生活所必需的技能。这也适用于成熟体系内所谓的"内部创业"。例如，研究人员需要在进行研究时做好准备，具备积极主动性和创造性，目前，大学日益增加了对这种具有内部创业精神的项目的资助。公益创业会涉及解决诸如社会、文化、环境或系统性的问题。

其次，"创业警觉性"，即在被别人忽略的地方看到潜力和可能性。这种警觉性指的是不断地寻找信息，把信息片段连接起来形成知识，并用来评估机会。在动荡的环境中，拥有一个活跃而敏锐的头脑是一种财富。"创业兴趣"是指毕业后创业的意向。另一个可能的基础是"创业者个性特征"，它包括面对新刺激时的开放性、外向性和责任心。过于墨守成规、顺从、随和或神经质都不是这种类型的人的典型特征。

在我们与马丁·奥布斯洪卡进行的合作研究中，我们跟踪了赫尔辛基市的一些高中生。我们发现，即使没有职业意向，学生也可能表现出创业警觉性。我们似乎可以根据人格特征预测他们的创业意向。一些潜在的能力，如领导力和自尊心，调节了个性和创业意图之间的联系。在芬兰的核心课程中，重点是发展学生的潜在能力。在芬兰，教师在教授职业技能方面仍然面临挑战，这就是为什么最近出现了新的创新，比如新开发的在线课程。

劳里·J. 瓦拉

年轻的商业新生代——以科技为媒介的参与式学习模式的应用

未来的工作生活和后期的学习与目前芬兰高中学习的关联性方面存在一些不足。由芬兰经济信息办公室针对高中生进行的一项广泛调查结果明确显示：70% 的参与者回答说，在高中阶段的课程中与工作生活相关的课程内容仅占"相当小"的比例，69% 的学生渴望更多与工作生活相关的教学内容并渴望学校能够培养自己在这方面的能力（《临毕业前的调查》，芬兰经济信息办公室，2016 年）。此外，许多大公司的代表均对当前高中生缺乏商业能力和对全球市场的认识表示担忧。

因此，2015 年，芬兰经济信息办公室着手开发一种新型的电子学习材料，旨在借由一个参与式的数字化学习环境，提升青少年的商业和工作生活技能水平。目前，这个学习材料由四门数字商务课程组成，采用先进的参与式教学设计，在内容上与相关的权威机构（阿尔托大学商学院、哈格－赫利尔应用科技大学、芬兰国家创新基金会等）通力协作、精心编写。

教学设计以科丝婷·罗卡教授的参与式学习模式为基础，在与赫尔辛基大学教育心理学科研小组开设的课程中共同实施完成。

数字学习环境下的教学实施由各种任务类型组成，这些任务类型旨在促进参与式学习过程不同阶段的进展（图2）。一门课通常包括4~6个主题，每个主题构成一个完整的参与式学习的过程。

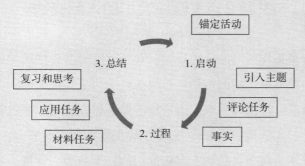

图2　参与式学习过程

目前为止，教学的效果和收到的反馈都非常不错。在2016—2017学年的试点阶段，已有30所高中参与了该课程的实验，其中超过90%的学生愿意向其他学生推荐该系列课程。自那时起，我们也与参与实验课程的老师和学生合作，对课程进行了逐步完善，以使学生获得更深入的参与式教育体验。

商务课程的教学设计于 2017 年秋季获得 Kokoa 国际教育标准认证，有关教学实践影响的科学论文也在准备当中。在 2017—2018 学年，芬兰各地已有 50 所高中开设了电子商务课程。为了在国际上推广这些课程，它们被翻译成英语和瑞典语，同时它们也可以在将来为初等教育、高等教育甚至是某些公司提供定制版的课程。

更多信息请参见：www.tat.fi/courses。

主题 2：工作环境里的人际交往

未来工作所需的能力将比以往任何时候都更加跨学科，相关专业的专家之间的密切合作将是解决与工作相关的问题的成功保障。学校教育采取的适应这一情况的做法是：通过与来自不同背景和学科的人合作，为学生提供所需的技能和实践经验。同时，学生应该从总体上完善他们的社交技能，并进一步了解社交技能对他们在未来的职业生涯中取得成功的重要性。社会学习、情感学习以及协作技能非常重要，因为与来自不同文化和学科背景的人合作正日益成为一种默认规则。

项目中的协作与分工

之前的研究表明，创业教育对成年人的效果并不显著。因此，应该尽早施行项目型工作。基于项目的职业生涯在现在和未来都是大势所趋。在实践中，这意味着在一个既定的时间范围内，团队要为一个共同的目标而一起工作。从这个意义上讲，能够与各种各样的人和谐共处是一项很重要的能力。因此，学校应引导学生了解自身在一个更大的专业实体（如某个项目）中所扮演的角色和肩负的职责。这可以通过分担责任、设定共同的目标、互惠互利和评估协作效果等手段来实现。

我们也应当鼓励学生努力在他们的学习项目中设定长期的小组目标，持续对项目取得的成果进行发展完善，管理并协作处理在工作过程中产生的情绪和遇到的挑战。无论是线上还是线下的社交互动，本质上都是以人为本的，复杂的社会互动也将变得越来越重要。

社交

专业知识并不是内部的和个人的，特别是我们现在所谈论的网络化的专业知识。一个人的知识面不可能涵盖所有可能的领域，也不可能具备所有可能需要的能力。因此，新课程标准强调"协作"。数字化网络和实际的网络日益在各种数据、知识、职业或商业机会之间周旋。它们对于学习和发展来说也是必不可少的。可以说，信息——甚至是智力和智慧——都存在于网络之中。网络不仅仅是指那些对个人来说可能有用的东西，它也是我们智力系统的一部分，因为我们的智力技能在很大程度上是由社会共享和分配的。对于个体而言，单打独斗难以发挥聪明才智。这就是为什么学校工作应着重引导学生认识到网络的重要性，我们要指导学生恰当地利用网络实现个人目标，并促进学生的智力发展和进行社会化学习。

应培养学生与网络相关的社交和情感能力：如何介绍自己？如何结识新朋友？如何对他人表现出兴趣？如何以一种可理解的方式明确地展现个人兴趣和才能？沟通技巧，比如积极地倾听，在这里就非常重要。在实践中，教师可以鼓励学生主动出击，寻求那些支持学生活动的社群和网络，并支持学生学习如何在更广泛的层面上贡献自己的力量。

主题 3：工作实践

学校所在的局部环境往往为协作和伙伴关系提供了难得的机会。与周边地区的机构积极展开合作，可以为学生提供机会，增加他们与当地居民协作的机会，甚至能够使他们以一种创新的方式为社会增进福祉。在熟悉周边地区的过程中，了解学校附近行业与企业的特色和品质以及它们对当地环境和生态系统的贡献是非常重要的。

工作经验与创业

我们每天消费的大部分商品和得到的服务都是由私营企业提供的。此外，私营企业为相当一部分人口提供了就业岗位。因此，企业和企业家不仅在我们作为消费者的个人生活中发挥着至关重要的作用，而且还是全球经济发展的驱动力。在学校方面，创业和商业应该被当作一种社会现象向学生介绍，校方也应该为学生提供可能获得个人创业体验的机会。学校以外的合作伙伴、联系人和资源都可以为学生提供多种可能性，例如，实地考察和工作见习将有利于促进学校教育以及学生的学习。

　　针对上述内容我采访了芬兰赫尔辛基市青年和成人教育处副处长梅尔维·威尔曼女士。

1. 在赫尔辛基地区所属的学校中，目前最令人兴奋的创新项目是什么？

　　来自埃图－蝶略高中的"非凡的企业家精神"项目是众多令人兴奋的创新项目中的一个。他们正在测试把现象式学习的方式应用到高中教学当中，并将重点放在他们的特色项目——创业上。整个学校都参与了这个项目，他们的努力赢得了国际上的赞誉。埃图－蝶略高中开设了 10 门创业课程，学生从中学习创业的基本知识、求职面试的技巧、国际商务和创新方面的内容等。这些思想都被置于现象式学习的框架下，尤其是在学年中的第 5 个小学期，学校都是以现象式学习的角度进行课程安排的。

2. 实施新课程标准，特别是涉及教师在职业技能的继续教育方面，在实际操作上是否存在挑战？您能举些例子说明吗？

当涉及对变化的适应时，挑战在所难免。面对新事物，有些教师会比其他同行更有心理准备。有些教师则更钟情于原先的教学方式，即教师对教学内容"无所不知"并扮演着知识传播者的角色。这些教师可能认为以教师为导向的教学对学生来说是最好和最安全的学习方法。

也有一些人渴望尝试新的教学理念，并把改变视为一种激动人心的挑战。他们试验新的方法，并将新课程标准视为一个激励他们尝试新教学方法的生态系统。他们把重点放在学生身上，而把自己视为教练，教练的任务就是激励学生发现并发挥自己的最大潜力。对一些教师来说，完全摒弃旧的方式方法确实很难。他们可能会保留自己的惯常做法，同时尝试一些新的做法，但这样做很可能会使自己精疲力竭。如果他们不懂得轻重缓急，也可能使被试验的对象疲惫不堪。

3. 对您来说，在芬兰的学校和教育方面，目前正在发生的、最有价值的变化是什么？

　　我重视新课程标准。它特别关注学生和他们的潜力。作为专业的教育工作者，如果我们懂得如何实施新课程标准的理念、原则，学生将学到对未来有帮助的良好技能。新课程标准中最有趣的内容之一是站在新角度对学生进行评估。根据新课程标准，评估不再仅限于对知识的记忆，还包括掌握不同的技能。在一个不断变化的社会中，学生需要工具来帮助他们适应不同的和未知的境况。他们应积极主动、相信自己并与他人构成支持性网络。总之，新课程标准引导我们支持学生采取积极主动的学习和生活方式，而且，所产生的自我效能感会带给他们自尊和希望。

　　生活在数字化时代初期的我们可能还没有完全意识到它的各种可能性及危险性。但我相信，只要数字化能够发挥把人们会集在一起的作用，它的目的就达到了。数字化为参与者提供了工具，例如，通过共享的数字学习环境，学生可以一起研究不同的现象，并相互给予积极的反馈。通过数字工具，整个世界向学生打开了大门：学校建筑不再是学习的边界。

目前，芬兰的《中等教育法》正在进行变革。新法律将把重点放在学生的福利、与大学的联系以及职业生涯等方面。在中等教育和高等教育之间、中等教育和工作生活之间找到过渡的桥梁对学生来讲益处良多。在经过实践的检验后，通过这些桥梁和体验，学生的身份认同会变得更加清晰。

4. 放眼未来，您觉得接下来要采取的措施或未来的愿景将是什么?

我们将学会以更加多样化的方式使用数字化带来的各种便利。教学将更注重对学生技能的培养而不是对知识的记忆。机器人将作为助手进入学校。我们将更多地在校外学习，共同完成项目，其中包括国际项目。我们可能会变得更加团结，但也存在两极分化和被孤立的风险。

我和我的城市

　　"我和我的城市"是一个针对芬兰六年级学生的学习理念，它曾屡获殊荣，其中涵盖了社会、工作和创业精神方面的内容。学习模块包括在校的课堂学习和去一个独特的学习环境参观体验。在一个微型城市里，学生在真实存在的企业里模拟从事某项专业工作。此外，作为这个微型社会的一部分，学生也充当着消费者和公民的角色。

　　学生的任务是和那些参与项目的真实存在的企业进行共同开发。这些任务搭建起了学生体验日当天的教学构架。预备任务是学生在前往微型城市之前和老师一起在学校里完成的。所有任务和对工作的监督都是在数字平台上进行的。这种教育方式反映了芬兰课程的特色，其概念是基于对有效的体验式学习法的研究。"我和我的城市"提供了一个现成的高质量的教育解决方案，它向学生传授了工作生活和经济方面的知识和技能。这个课程也被销售到了其他国家。更多信息请参见：https://yrityskyla.fi/en/。

科丝婷·罗卡和埃丽卡·马克斯涅米

 技能板块七

参与、影响和构建可持续发展的未来

芬兰的新课程标准强调儿童是社会生活的积极参与者。我们需要培养出能够照顾自己和他人的积极的公民。在学校，学生要学习各种各样的技能，知道如何积极地影响自己的生活以及身处的社区。学校通过为学生提供不同的机会，使他们获得自主参与的积极体验，这也鼓励着他们掌控自己的生活。他们既要学会如何积极地面对困难和挑战，还要学习如何保持社会关系，提高自己的实践能力，并保护周遭的环境。这些类型的活动能够帮助学生在与他人的交往中发展个人身份认同。要让学生成为社会的积极参与者，就应该采取类似措施。要培养学生的能动性（即采取行动的意愿、获取经验的意愿和存在的意愿）就需要提供各种机会让其发挥主动性并学会做出决策。

学校在支持学生参与方面处于独特的地位，通过创建多种正式渠道（如课外活动），学生可以有效地影响自己的学习环境。学校的日常教学环境也应该起到促进能动性的作用，这样所有的学生都能感到有自主权、能胜任，而且是社区的一员。

芬兰教育强调儿童在校内外的主观能动性。安蒂·拉亚拉博士在他的博士论文中表达了并不把能动性看作一种个人禀赋，而是人们变革自己的行动和社会环境的能力的观点。在非正式和正式的学习之间建立桥梁是很重要的：孩子们可以在学校充分运用自己的个人能力，学校也应该认识到孩子们的独特优势。

教师的掌控与学生的能动性之间始终存在着张力，因为促进能动性在改变社会关系的同时也会质疑权力关系。积极的公民也可能对现行规范提出质疑和挑战，这应该是民主社会的一部分。学生可以通过质疑现有的社会实践，批判性地分析它，并与同龄人和老师合作创建新的活动形式，从而拓展他们目前的学习。随之而来的可能是整个社区都发展新的实践。这种学习通常与变革性的改变相关。总之，重要的是要认识到，其在促进积极的公民权的同时也对我们现存的做法提出了挑战，因此需要重新界定教育的作用。芬兰的新课程标准也体现了民主的教育理念。

主题1：学生参与活动并产生影响的方式

要选择完全可以使学生体会到他们是社会和社区的一部分，而且可以对周围的环境产生影响的方式，例如，让学生参与建设他们的校园环境或从事志愿者工作。

让学生参与建设学校环境

在芬兰，自新课程标准实施以来，学校的课程设计已经发生了变化。在建设新学校的过程中我们也会听取来自学生的声音。他们的学习环境不仅是固定的，而且是移动的、数字的，并具有社交性质的。每个学生都有个体的学习需求，这个需求应该根据其他人的需求进行相应的调整。共同设计学习空间是提供参与体验的有效途径之一，其目的是增强学生的参与感，使其对自己的学习负责。在改善学校环境时，学生应参与其中的评价、设计和重组过程。有时这也具有挑战性，因为人们可能很难想象一些尚未存在的东西。而真正的协作设计是老师和学生一起进行的，并在设计中体现学生的需求，是儿童和成年人的协作性知识创造。

海蒂·拉玛萨里和科丝婷·罗卡

学校设计中的用户参与

随着我们加深了对参与性的学习环境重要性的认识，学校的设计和建设过程也逐渐呈现出新的形式。在芬兰，有越来越多的项目是基于或至少有一个关键因素是用户参与学校和学习环境的设计。

　　和以往不同的是，人们认识到，尽管建筑师和工程师毫无疑问地从事着有价值的工作，而且过去一直负责学校的设计，但他们并不是学习或教育学领域的专家。这就是为什么跨学科的工作方式正在进入学校设计领域。在实践上，这意味着建筑师、工程师和教育专家之间的合作。这种合作的目标是从一开始就将设计过程与教学上的专业所长交织在一起，支持学生、教师和学校的其他使用者的参与，并培养他们的主人翁意识，为学校和学习环境设计找到真正的、源于学校用户的第一手经验和感知的创新解决方案。所有这一切都是为了创造出更具功能性的学习环境，创建出不断发展的学习和教学方法，促进学校使用者的身心健康。

　　如何在实践中实现这种用户参与呢？在我们参与的一些项目中，学生、老师、校长、政府官员和研究人员共同创建了一系列的活动，包含使用参与式工作坊、用户调查问卷等方法来确定学校的当前状态以及如何通过用户的观点促进学校的发展。

　　苏维·内诺宁博士和她的同事开发了一种创新方法，叫作可用性演练。我们已经使用过这种创新方法，它包括观察目前的空间物理环境，并从头到尾走一遍，同时组织研究人员与用户就观察、体验和对环境的未来需求问题进行对话。这种方法可以指导研究人员详细思考用户的心理过程，而不是只评估实际界面的特征。此外，仔细聆听用户及其对环境和可用性的第一手经验似乎为接纳和开发新事物提供了强大的基础和动力，因为用户获得了积极参与的体验，并目睹了他们的知识和实践是如何被尊重和考虑的。

这种用户参与式的方法已经付诸实践，例如，2016 年在阿尔托大学、赫尔辛基大学和爱斯堡市实施的名为"灵活的学习场所"的项目。该项目的目的是通过把替代场地转换为一个创新的学习实验室，创建一种灵活、可持续、成本效益好的解决方案来支持可再生学习模式。"灵活的学习场所"是一个很好的例子，它生动地诠释了一个项目不需要太多投入就可以产生影响。学习实验室主要使用的是回收的家具，这些家具被重新组合后变得更加灵活和舒适。例如，使用那种能直接在桌子上画画的颜料会使学生更加活跃。这个项目也激发了一个想法：学校可以被视为一种服务，而不是一栋建筑。这表明，学校建筑可以更多地向公众开放，反之亦然，更多地利用地方资源把学校发展成为新兴的学习场所。

校园之外的影响和工作

新课程标准强调学校应该与周围的社区保持联系。过去，这并不是我们学校的强项。当然，学生和老师也会外出参观和郊游，但基于社区开展的活动并不多见。

应该给予学生参与和影响校园之外的社会的机会，架起校园生活和职业生涯之间的桥梁。学生在早期就需要学习如何适应环境以及如何在现实生活中应用他们学到的知识。学生可以实践从学校学到的技能，学习对他们的社区产生影响的具体方法，比如参加志愿工作或慈善项目。这类活动确实会发生，例如，在社交媒体上组织活动。

许多学校会组织学校市集活动日，学生和他们的父母会在其中发挥积极的作用。在芬兰，因为私人筹款并不普遍，这种活动日的作用不像在其他国家那样举足轻重。芬兰的教育系统由国家和地方政府提供支持。然而，也有一些例外，比如华德福学校，这类学校就非常依赖于家长的积极参与。

所有初中九年级的学生均会在 15 岁时参加为期两周的校外工作实习。这会给他们的工作生活带来实际经验，也有助于他们思考自己的未来和选择初中毕业之后的去向。

主题 2：理解社会结构和规则

教育的目的之一是支持学生成长为民主社会中负责任的公民。学生应该知道和理解社会是如何运作的以及它是建立在什么样的实践和结构之上的。

生活在一个民主社会

有很多教学方法可以帮助学生理解一个民主和负责任的社会是如何运行的。其中有一个与媒体合作的项目，在这个项目中，孩子们可以在报纸或广播节目中扮演记者的角色，以帮助他们理解平等、公正和可持续性等重要概念。在芬兰，曾经有过关于将市政选举的投票年龄降低到 16 周岁的讨论。这是因为年轻人不像老一辈那样对政治感兴趣，也不像老一辈那样渴望在选举中投票。然而，他们在很多方面都表现得很活跃，尤其是在社交媒体上参与不同的社会倡议运动。

2017 年的"芬兰青少年指标"显示，只有 34% 的青少年认为他们在学校里学到了社交技能。他们认为，社交技能对于人们在生活中的良好表现起到越发重要的作用。新课程标准正在努力改变现状。

负责任的决策

学生应该早早学会如何独立做决定以及对自己的行为负责。他们应该看到自己的行为对自己和他人的生活产生的影响。学校应该支持个人和集体做出决策，并创造环境让学生尝试做出决策。此外，学生应该练习如何解决冲突、如何与不同的人相处以及如何设身处地为他人考虑，而这些都与社交和情绪技能学习密切相关。2017 年的"芬兰青少年指标"显示，76% 的受访者认为他们在校内和校外都学到了社交技能。许多芬兰教师都接受过专门的提高社交和情绪技能水平的培训（如"狮子探索"）。

规则与协议

当学校与更大范围的社区或是团体在一起工作时，就会出现对为什么有规则和协议等话题的讨论，例如警察、消防员和其他社区成员与学校举办共建活动。学生在学校的日常学习生活中遵守相关的规则，通常采用的方式是学生与教师合作制定班规或校规，如果学生出现违规行为，老师会提醒学生注意这是双方商定的准则。此外，在教学中应强调理解规则、协议和信任之间的相互作用。

如果学生参与制定规则，他们就会更加注意遵守这些规则。而且这个积极参与的过程有助于他们理解这些规则存在的原因。此外，应该给学生参与修改已经过时了的规则的机会。总之，关于伦理的讨论应该包含在这些过程当中。学生应该理解为什么会存在某些规则。在许多情况下，安全、平等和其他重要原则是可以被拿出来讨论的。

主题 3：构建未来

为我们的地球创造一个更光明并且可持续的未来，需要所有社会成员的努力。我们还需要学会为后代着想。因此，学生在成长过程中表现出有责任感、积极主动、生态友好的行为是非常重要的。

培养孩子保护环境和可持续发展的意识

在芬兰的许多学校，午餐都有素食选择，主要是出于环境原因（在这里有必要说一下，在芬兰，无论背景如何，每个学生都能吃到免费的学校午餐）。学校鼓励学生了解和评估自己的选择会如何影响当地和全球的社会与环境。新课程标准中除了回收活动日和与回收活动日相关的课程之外，还有关于气候变化、污染和其他环境问题的课程。2017 年的"芬兰青少年指标"显示，58% 的芬兰青少年在学校就形成了环保意识。但只有 32% 的人称，他们掌握了能直接影响环境的技能。

在基于现象的学习项目中，也可以涉及"能源""循环经济"等现象。学生在教师的指导下与自然建立了个体联系，因为这将促进他们理解选择可持续生活方式的原因。发展个体与自然之间的联系并不困难，因为许多芬兰人都喜欢户外活动。

全芬兰大约有一半的人口在乡村有夏季住所或是来自乡野。几乎所有的孩子都会每天进行户外活动，他们所处的环境是绿意盎然的，即使在赫尔辛基市区，也有很多树林。孩子们在户外玩耍是安全的，在春季，一直到晚上八九点天都是亮的，孩子们有时会在户外待到很晚。然而，花在计算机和移动设备上的时间越来越多可能会导致其他活动的时间被占用，比如户外玩耍的时间。我们应该重视这一现象。

关乎未来的选择

在芬兰的学校里，所有学生都有相似的学习权利。学校的目标是支持学生的学习和发展，并使他们习得各种各样的技能。应该给予学生机会与同学、老师一起梦想和规划他们的未来，表现出积极的能动性，甚至挑战当前的实践。他们需要学习如何以具有建设性并且和平的方式做到这一点。学校也应该鼓励学生思考和评估他们未来可能会有什么样的机会。理解过去和未来之间的因果关系，在今天做出有利于创造美好明天的决定，于公于私都至关重要。学生还应在教师的指导下思考社会的未来，以及作为未来的公民，他们可以扮演什么样的积极角色。

为了更好地了解主题教学与本技能板块的关系，我采访了赫尔辛基大学的安娜·乌伊托教授，她是生物学与可持续发展教育领域的专家。

1. 请简要描述生物学与可持续发展教育在芬兰新课程标准中的作用。

在小学一年级到六年级，生物学教育是综合学科的一部分，它由生物、地理、物理、化学和生理卫生教育组成，也包括可持续发展方面的内容。在初高中阶段的七年级至九年级和十年级至十二年级，生物学被作为一门独立的科学课程来教授。一般来说，生物学的基本主题是不同组织层次上各种生物实体的结构、功能和相互作用，以及遗传和进化。此外，生物学的学习目标包括令学生掌握生物知识和技能，培养积极的态度，帮助学生树立与生物界、人类、伦理选择和可持续发展有关的价值观。它还强调科学素养、对社会科学问题的理解和对环境负责任等能力。在新课程标准中，可持续发展是所有教育的主要价值。有关生态和社会可持续性的问题是生物学课程标准的一个重要方面。

2. 在您的研究和实践中，什么样的教学方法在生物学和生态可持续性的教与学中被证明是有效的？

我们的研究小组把生物学教育作为科学教育和可持续发展教育的一部分进行了重点研究，尽管这两个研究领域的一部分相当不同。在生物学教学中，我们采用了大规模调查和定性案例研究的视频研究方法。在分析了调查结果后，我发现例如"以教师为主导"和"以学生为中心"的方法在中小学的生物学学习中都很重要。

生物学的基础包括理解不同组织层次的因果关系，因此，在教学中通过使用不同的展现方式和模型形成概念实体非常重要。此外，探究式学习也很重要，因为它能激发和提高学生把生物学作为一门学科的积极态度，并培养他们学习生物的自我效能感。成绩最好的学生能做到这一点似乎主要是受到积极态度和自我效能感的影响。一般来说，学生喜欢演示、进行小规模调查研究和其他动手操作的实践活动。目前，我们也在研究不同情境下的教与学，例如在户外自然环境中，通过拍摄视频进行研究。学生更喜欢实地研究或参观博物馆的形式，但目前我们尚未针对在这种环境中的学习进行充分研究。在校外环境中的学习与传统的课堂学习有很大的不同。

通过对可持续发展教育的大规模调查，我们能够构建模型来预测与学校相关的、能增强学生可持续发展行为的因素。我们发现，参与教师或学校组织的环境活动或项目，对学生的态度和行为只有少许的积极影响。然而，当可持续发展活动强调学生的合作和能动性体验时，学生的个人生物中心价值观、生态行为的自我效能信念、对校外的生态责任感都得到了极大的增强。研究的各年龄组之间也存在差异，对于六年级学生来说，学校提供的可持续性规范和模式在增强他们的可持续行为方面更为重要，而对于九年级学生来说，自身的能动性体验更为重要。一般来说，采用面向全校的方法是可持续发展教育取得成功的重要保证。整个学校都应该参与进来。

3. 什么样的措施在师范教育和职业发展继续教育方面是有效的？

生物学是一门发展迅速的学科。人们已经发现，对于即将入职和在职教师来说，以下几点是非常重要的：掌握生物学作为一门学校教育学科的本质及其在学生和公民的科学素养中的作用；理解社会科学问题，例如可持续发展的框架、健康和福祉。举例来说，重要的是让学生了解基因和遗传的生物学内容，以及讨论与基因组知识和基因技术相关的社会科学问题。此外，我们也发现，掌握探究法这类激发学生兴趣的方法，以及在户外和数字学习环境中进行教学的能力也很重要。如今，我们的核心课程强调涉及多学科的学习，班主任和学科教师在学科整合和与学校其他教师合作方面都需要更多的理论和实践。

在可持续发展教育中，学校的所有教职员工都需要有针对性地接受继续教育。校长在为学校文化建立可持续发展教育的价值观及其实践中发挥着关键性作用。在教授可持续发展的各方面知识和全局观上，教师的能力各不相同。因此，通过继续教育，他们无论是在可持续发展教育的理论还是在实践上都会获得提高，并学会如何计划与其他教师开展多学科的项目。当然，也应在师范教育中考虑到可持续发展教育。目前，我们还没有任何与此相关的独立课程，但是未来的师范教育和大学的教师培训可能会将其纳入考量。

4. 在您的研究中，是否发现学科教师在教授生态问题上的意愿存在差异？

我们发现，学科教师在可持续发展的教学方式上存在着很大的差异。研究发现，学科教师的可持续发展教学主要与学科相关，而可能与教师的意愿无关。

例如，在生物学和地理学中最常考虑到生态、社会和全局性问题，这是可以理解的，因为在这些学科的核心课程中经常会提到可持续发展的问题。在历史和家政课上会谈到社会和经济问题，在宗教和伦理课上经常会涉及社会问题，等等。一般而言，所有教师在教学中都会考虑到与可持续发展教育相关的问题，但教师可能不会直接将这些问题与可持续发展教育联系起来。因此，即将入职和在职的教师都可能对可持续发展教育的教学法感兴趣。学科教师对自身可持续发展教育能力的认识对鼓励他们在教学中规划和实施基于学科和跨学科的可持续发展教育具有重要意义。在师范教育和培训中也应考虑到学科教师在可持续发展教育方面的专业知识。

科丝婷·罗卡和苏维·克里斯塔·韦斯特林

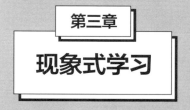

第三章

现象式学习

现象式学习强调整体性的学习方法。它的思想基础是：为了培养学生解决问题的能力，应将校内学习的知识与现实生活中的问题联系在一起。学生应当学习如何在协作中找到解决问题的新办法。它还综合了来自不同学科的知识，不是为了取代科目学习，而是为了将其置于更广阔的视角之下。也可以用基于某一现象的方法来学习一门学科。如果学生能够提出问题，还可以提高其创造力。这样的问题经常会跨越学科之间的界限。

　　从深层次来说，现象式学习理应超越某一门学科。由学生界定的某种现象作为探索的核心。通过这种方式，可以开发出更加灵活的思维模式。现象式学习有助于学生以多方面、多学科的视角分析世界上的各种现象，比如"贫穷""可持续发展""世界经济"。它不仅是对相关内容的了解，而且也是对一个人现有理解的积极重建。当学生通过讨论、思维导图、写作和其他方式，以及他们认为必不可少要触及的问题来激活先前的假设时，他们解决问题和创造思维的能力，以及其他21世纪所需要的广泛的能力同时也得到了发展。

新课程标准强调现象式学习的采用尚未在师范教育中得到广泛鼓励。我们传统上的师范教育和教育体系强调学科教学，新课程标准并没有从根本上改变这种方法，它只要求学校在每个学年开展1~2个基于现象的项目。芬兰并没有放弃学科教育，而是通过向校内课业添加新的基本要素让学习内容更加全面。这是合理的，因为让学生了解各个学科领域的推理方法和逻辑非常重要。

1998—2001年，迈亚利萨·劳斯特 - 冯·赖特教授在赫尔辛基大学的教育科学学院为那些主修教育心理学专业的学生创立了一个全科教师的特别项目。最初教育心理学专业的学生是长期在固定为10人左右的小组中学习。他们用基于现象的方法学习所有学科。那时，这是一个全新的，甚至有些争议的做法。学生和各学科的老师一起，从他们认为对了解世界和自我至关重要的角度出发，分析各教育科目。自2005年以来，我和我的同事继续开展现象式学习的项目，我们发现在过去的10年中学习项目发生了显著变化。如今，小组中有20名学生，他们集中学习沟通技能、心理学和小组动力机制。尽管在5年的本硕学习中他们只开展了两个基于现象的项目，但在他们本专业其他所有课程的学习中都包含着不同的探究式学习的方法。

学科逻辑和现象逻辑未必相互冲突

西方科学类似于筒仓结构,它将真实世界切割成一片一片,有时,它很难把不同的观点结合起来:一个人在生物学中学习了关于人类的知识,但他并不常能把这些知识与在心理学、历史学和统计学等方面学到的知识结合起来。数百年来,学术领域已经被分为不同的学科。传统上,每个学科的专家专注于他们自己的领域和该学科的逻辑。年轻人的认知系统不是围绕着领域建立起来的,他们也不具备相关的思考能力。学校的教师鲜有根据学生的未来职业需要来思考他们的教学工作的。诚然,这也可以理解,因为学校的教师一直在学校的架构内照顾年轻人的成长,其工作重心并不是教授从现今劳动力市场衍生出来的狭窄的知识内容。然而,当今社会瞬息万变,因此创造力、思考能力等其他广泛的专业知识都是不可或缺的。

人类不会天然地站在某一特定领域的角度思考问题,相反,我们的思维在不断地构筑对世界更加全面的理解。这是一种感知世界的方式,可能有助于建立跨学科的桥梁。这并不是说我们不再需要专业领域的专家。在现象式学习中,所有的参与者——学生、导师、某一学科领域的专家和来自不同领域的访客都是学习者和专家。他们每个人都掌握着一些关于现象的信息,以及一些需要学习的东西。人们可以在运用他们的专业知识的基础上，学习把彼此的观点纳入考虑范围。

> 我的专业领域是心理学。作为学习方面的专家，我在医学院工作了10年。在那里我学会了尊重不同的专业知识。医生知道医疗相关的内容和程序，而我可以在学习方面为他们提供帮助。技术专家帮助我们搭建了新的学习环境。这就是现代的研究团队和开发小组的工作方式。有了这段经历，与建筑师和工程师一同启动实体的混合型学习空间的设计就容易多了。

在解决我们这个时代一些结构混乱和棘手的问题时，具备全局性的和跨学科的思维非常重要。例如，在建设一所学校时不可能不把教学、建筑、工程和其他方面的专业人士综合起来。"建设一所学校"是需要构建专业人士网络的典型的现实现象。

智慧与创造力

智慧是人类发展的终极目标。它的本质是集成性和全局性的，帮助我们透析事物。智慧极为稀缺并且非常宝贵，通常会随着长期的生活经验而不断积累。但狭隘的和二元论的思维却不是孕育智慧的有利土壤（参见技能板块一）。创造性思维可以建立我们平常不会想到的关联。对于那些被培养为"狭窄领域专家"的成年人来说，拥有这种类比性的思维并非易事。狭窄的思维教育经常把成年人引入隧道式的直筒视角。

基于现象的视角使得作为个体的学生有可能整合广阔的研究领域，例如世界经济学、生态系统或可持续发展，并有助于与其他现象进行关联，比如卫生和健康。因此，和把世界切分成各个学科的方法形成对照，可以促使人们进行系统性的思考。学生不仅开始看到类别和子类别，而且学会提出纵向问题和子问题。同时，他们构建了自己与整个世界的关系，即他们对关于世界如何运作的理解。在探索期间，不同学科和领域都涌入同一幅画面，不同领域的专家可以坐在一起相互探讨。

> 从表面上看，美术、科技、音乐、计算机、动画、戏剧、娱乐、游戏、编程、移动设备、工程和科学之间没有明显的联系。史蒂夫·乔布斯的杰出之处在于他看到了所有这些之间的联系。他创造了一种被称为 iPhone/iPad 的现象，即把所有这些不同的领域整合在一起。这不仅事关生产设备，而更多的是创建了一个平台和一种新的沟通方式。这一切和诺基亚仅专注于设备是同时发生的。大多数工程师都只是在想他们自己的领域，而不是考虑用户以及他们希望用设备做些什么。不跳出'盒子'进行思考和询问用户同样富有挑战：诺基亚先于其他人拥有了触屏技术，但它停止了对这一技术的开发，因为用

户说他们更喜欢用键盘。用户怎么会需要还没存在的东西呢？他们只有使用键盘的经验，所以他们没法想象使用那些尚未出现的东西。

"

你无法需要让你无法想象的东西，这也是我们的教育体系存在的问题。过去孩子们习惯安静地坐着听教师讲课，然而这种方式在过去的几十年当中发生了变化，芬兰很少再有教师仅专注于向学生灌输知识。早在 20 世纪 80 年代学校就引入了激励学生的方法。

在旧有的画布上添加更多以学生为中心的和激励学生的教学法并不能增加任何革命性的创举，因为旧有的设置并未发生变化，依然是数学课、英语课、音乐课和生物课。但如何在这些课程之间架起桥梁？在一定阶段，学生应当找到一种能把不同领域联系起来的现象，比如计算不同物种的生存概率，或是绘制一幅动物画像，或是用英语撰写相关主题的文章。在现象式学习中不存在对创造力和创新力的限制。出于这个原因，我们应当打破校内各学科间的封闭筒仓结构，这将促进学生创造性思维的发展并帮助他们跳出"盒子"思考问题。

在很多亚洲国家已经发展出了综合了科学、技术、工程、艺术和数学的 STEAM 理念。现象式学习则更进一步，因为它打破了学科之间的界限。很多情况下，仅仅在科学类学科中添加艺术还远远不够，我们还需要添加人文科学和其他主题，以

避免出现对思考限制过多的情况，并进一步拓展创造力。现象
式学习并不否认学科和领域的重要性，它有助于通过个人探究
来看清这些学科和领域之间的联系。

> 作为心理学家，我在多伦多大学组织的对话研讨会
> 上和一位哲学家的交流帮助我看到，这两个领域在切入
> 同样的问题时，采取了截然不同的途径。这次体验令我
> 收获颇丰，因为它让我了解到心理学和哲学实际上是对
> 立的：前者要求实证证据，而后者则思索这些证据背后
> 的逻辑。现象式学习也有益于各领域的专家，因为通过
> 相互学习可以使他们在各自的领域提出新的、令人兴奋
> 的问题。学习如何容忍不同心理和文化模式之间的冲突
> 非常有价值。为了继续这一教学法，20 世纪 90 年代末，
> 我们在赫尔辛基大学和哲学家埃萨·萨里宁一同开设了
> 非常受欢迎的对话讲座。

在现象式学习中，探究的目标比单个情况或问题更加宽泛。
学生会共同提出一个有待研究的问题。在我们的项目中，我的
师范生曾经提出了这样一些现象："生与死""战争与和平""发
明"。把如此宏大的现象作为探究的目标需要把各类学科结合
在一起，例如历史、美术、音乐、数学、语言、戏剧、生物、
宗教等。

在绝大多数基于现象的项目中，都是由学生自己定义现象。他们按照自己的创造性思维开展项目研究。学生担任自己学习过程中在"认知方面"和"动机方面"的引路人，这使得他们能够体验过程的连贯性和重要意义。当学习源于学生个人提出的问题时，他们的学习思路自然就会相当深刻且清晰。这非常重要，因为发现问题是创造性地解决问题的一个关键部分。提出一个好的问题已经是给出了一半的答案。

有时行政原因限制了科目老师的时间安排，这时可能就会由学校给出一个宽泛的现象（比如"拯救地球"或"能源"），或者学生提前知道他们可以应用到哪些科目的领域。在这种情况下，学生可以缩小现象范围或是请教校外的专家。发现问题依然是创造性过程的关键部分。

在高质量和有意义的学习中，我们能够利用人类已知的事物深入思考、研究并在积极的小组工作中超越个体的想法。这样的创新工作并不一帆风顺，在很多情况下，人们是在经历了一些妄想的推理路径后，才能获得创造性思维并形成知识构建的。与免费的游戏类似，现象式学习基于日常的经验和观察。即使是在正式的学校体系内，也需要为疑问和思考留出空间。学生提出的问题会引导他们走出学校进行探究，开展实际调查并采访专家。当今社会中，这样的过程更多发生在网络中。就像在戏剧教育中，学生可以想象"如果怎么样，则会怎么样"的情况。

现象式学习的一点哲学背景

现象式学习也与马修斯推动的强调儿童也是哲学家的理论思潮有关。当成年人不强迫儿童参与以教师为中心的活动时，儿童也会天生地对各种不同的现象感到好奇。不幸的是，他们通常会在 9 岁左右就停止提出哲学性的问题。在他们提出的问题和进行的讨论中，可能会出现一些根本性的哲学问题，比如思想和物质的关系、科学和宗教以及有关人和动物的情感和权利的问题。如果给这些根本性的问题留出空间，那么在基于现象的项目中，儿童、青少年之间有关哲学和道德问题的讨论就自然而然地发生了。不要急于给出答案，成年人应该知道孩子对这件事情是怎么想的。如果孩子只是听大人给出的解释，他的原始想法就永远不会被听到和讨论。

现象因素在幼教中非常普遍，在这一阶段，父母能够支持儿童思维的发展。针对学生的活动应该是把他们的个体经验、观察和想法融合在一起，让他们积极观察周围的环境，模仿大孩子和成年人，并产生新的想法。即使对于成年人来说，这些想法并不新奇，但它们对孩子而言是有价值并且真实的。小朋友可以有大想法。

蒂纳·索伊尼在她的博士论文中展示了迈亚利萨·劳斯特－冯·赖特最初是如何把现象式学习（或她所称的以现象为

中心的学习）基于约翰·杜威和乔治·赫伯特·米德的实用主义哲学基础上的。杜威认为，学习应当是相互关联且具有实用性的，而不仅限于理论。它应该帮助学生在塑造未来社会的过程中发挥充分和积极的作用。杜威称，传统教育把儿童看作等待着被填充思想的、空空的、被动的容器，他们将成为听话的公民，只会支持现存的秩序。杜威的进阶教育把学校视为儿童成长为个体和公民的一个机会，甚至可以使他们找到未来的真正职业。

同样，基于乔治·赫伯特·米德思想的现象式学习支持统一的世界观，即超越了分类法和身心或是身体和思维之间的二元二分法。世界可以被视为一个不断变化的、不断进化的，并且不断促使人们产生新的理解和认知的环境。按照这种实用主义的观点，人的思维是在个体与自然、社会环境之间相互作用的过程中发展进步的。迈亚利萨·劳斯特–冯·赖特代表了一种实用建构主义的革命性的形式。在她的时代，师范生通过建立自己的课程开始学习。

> 2005 年我们开始和拉塞·利波宁在这项新颖的师范生培训项目上展开合作。我们更多地转向知识构建和渐进的探究式学习。我们也需要做出很多的妥协，使我们的理念适应主流的师范教育课程。我们为实用主义增加了更多的科学哲学，并开始引导学生逐步拓展探究的深度。

　　我们有很多灵感来自与凯·哈卡赖宁教授的合作。他的哲学建立在"探究式的疑问模型"（模型 I）之上。他认为，科学探究和知识获取通常被认为是提出问题和寻找答案的过程。由著名的哲学家例如雅克·欣提卡和马尔蒂·辛托宁等提出的疑问方法已经被广泛应用于各种领域，从解释和发现到科学史，例如达尔文的进化论。

　　在凯·哈卡赖宁教授提出的模型 I 中，知识探求不仅存在于科学领域，也存在于教育的环境中。此外，模型 I 特别强调问题的特定类别的重要系统作用："解释－寻求"性质的"为什么"和"如何"的问题，以及"分类"性质的"什么"的问题。这些界定鼓励学生合作并使他们的问题更加精确，从而具备了极大的启发性和教育性价值。在共享的信息搜索中，他们最终合作构建了答案。接下来的重点是儿童能够在多大程度上提出新的问题（什么）来回答他们探求解释的核心问题（为什么）。

　　迈亚利萨·劳斯特－冯·赖特关于现象式学习的初始概念和渐进的探究式学习背后的哲学思想之间的共通之处在于：它们都是建立在理查德·帕瓦特的"大想法"基础之上，即世界上规模宏大的现象。"大想法"的价值不仅在于知识本身，更在于它们的结果。其目的是帮助师范生建立起整体性的、连贯的和相互关联的世界观。帕瓦特的思想目前处于科学教育理论探讨中相当核心的地位。总之，现象式学习与现代科学中所提出的很多想法相一致。例如，目前的神经科学从整体角度看待人，视其为被嵌入世界的、具备社会性和心理性的生物。

在现象式学习的背景下，学习的概念不仅涉及获取事实，而且涉及改变及格式化之前的思维模式。这种学习观强调真实的学习、有意义的环境和学生的积极作用，它在芬兰新课程标准中被重点强调。如本书前面所述的，记忆是在人类的思维中建立新的联系。学习发生在可能包含了人、人工制品和器具的社会交往和网络中。凯·哈卡赖宁教授和他的同事提出的网络型专业知识是理解现象式学习的关键。学习不只是获取内容性知识，更多是学习如何了解和探索世界，最终看到的是模式和系统，而不仅仅是现实的零散片段。

现象式学习非常接近哈卡赖宁教授的渐进的探究式学习或是贝赖特和斯卡德玛丽亚的知识建构法，这些方法依赖于逐步深化、协作、有意识且有针对性的学习过程，对现象式学习有各种不同的解释。教育心理学专业的全科老师力图打造以现象为基础的项目，而需要理解的核心现象是学习不断发展的心理学课程、社会互动和把社会作为一个整体。我们的学生需要同时经历两个层次的研究过程：处理用于研究实际现象的过程，以及分析过程质量、工作方法、小组动态的元过程并对所有这些内容进行学习。

现象式学习的教学模式

可以从参与式学习的模式出发，过渡到现象式学习。该模式是关于各种探究式和以学生为中心的学习方法的通用模式，它也与兴趣和情绪相关。我们很难根据这些相同的原则和阶段给出如何执行一个现象项目的具体指南。它不是一个直截了当的方法，而是一个创新的过程。现象式学习经常始于真实的疑问和观察以及由此产生的问题。学生的真实情况和一个令人饶有兴趣的现象是探寻之旅的起点。对于老师而言，这是一项具有挑战性、创造性和启发性的工作，因为它需要构建一个项目或是一个能让学生对于核心现象自然而然产生问题的学习环境。真实的问题能够确保学生获得参与感并在此过程中培养其主人翁意识。主人翁意识和能动性才是现象式学习的核心体验。

基于现象的教学法经常采用协作创造知识的方法，在已有的知识基础上构建新的能力和知识，并成为有意义的知识结构的一个部分——一个连贯的思维模型。参与式的学习过程通常从对每个学生的现有知识、见解和能力的基本考察开始。在激活了每个学生的已有知识之后，老师会交给他们思考手边事物的任务。这是发展个人兴趣的好机会。只有在学生让小组成员和老师了解了他们的思想后，真正的交互式学习才会成为可能。基于现象的项目不是一项浮于表面的任务，它揭示了学生的意图、想法和计划，同时，使学生在 21 世纪所需要的诸如自我调节、共同约束和元认知能力方面都得到了发展。班级和小组中的学生就像专家组的成员，大家关注的焦点不再落在教上，而是落在个性化的学上。

基于现象的方法也对传统学习的作用和内容提出了挑战。在校外，很多年轻人在团队合作中（例如体育运动）和调节自己的行为方面具备出色的技能。而在很多学习的情境下，这样的技能却可能根本没有被施展！如果我们能够在教学的情境中激活这些"校外脚本"，并帮助学生在现象式学习中建立起与校外活动的桥梁，那么他们的参与度可能会提高到全新的水平。可以在现象式学习中培养各种个人技能和兴趣，使学生可以利用自己的专长。当然，所有以上内容必须被组合在一起，学生也必须学会有时不得不放弃自己的个人目标，做出妥协以维持整个项目的重点和目标。这是团队合作中的一项重要能力。

我们应该如何开展现象式教学项目

没有单一的正确路径来执行现象式教学项目。不同年级的学生的理解水平和互动水平各不相同，自然就需要不同类型的知识实践。通常教学机构的日常活动围绕以学科为基础的专业教学展开，学习不同领域的逻辑也很重要。但当我们从系统的和现象的角度来接近知识时，我们还能够发展新的知识实践，界定学科之间的一些消极的界限，并帮助学校创立新的有建设性的互动形式。

可以把参与性学习环境的模型作为有用的框架来设计现象式教学项目。整个过程如下：首先，营造一个安全的氛围很关键。每个人都应该觉得自己可以提出任何想法。让每个人都参与进来，定义要研究的对象，提高参与者的兴趣。可以通过头脑风暴来激活学生已有的知识、技能和疑问。在这个阶段，不拒绝任何想法非常重要。在此基础上，下一步就是创建关于现象的初步模型。

通常定义现象是最困难的部分,因为这需要进行充分讨论,有可能在第一轮讨论之后，要定义的现象依然不够明确。等到确定了现象之后,接下来重要的一步就是设立共同的学习目标。分工也很重要，因为参与者可能有不同的兴趣和特长。同时，应确保每个参与者都将学习到必要的内容，实现学习的目标。因此，定义参与者的任务和角色非常重要。

该小组需要得到持续的支持、间接的引导，并且要有前瞻性的学习过程，因为有时我们很难就现象、科目主题、要包含的广泛而基础的技能达成共识。所有这些问题都可能在实施的过程中涌现出新的见解，而不需要立刻解决。现象式学习并非过多关乎产出，而是在其过程中持续不断地进行构成性评估、组员前馈和文档记录，目的是不断加深学生的兴趣并使其愿意进行更多学习。只在最后才对学习过程和其产出进行一个更具总结性的评估。这种逐步深化的学习周期在不同形式的现象式学习和以探究为基础的模型中都很常见。

老师应当提供充分的、脚手架型的支持并确保学生有学习目标。尽管是和学生一起设定目标，但老师的重要性丝毫没有减弱，只不过他们的角色变得更具辅助性。学科教学的重要性同样没有消失。学生仍然需要学习和记住很多科目的内容，将其置于有意义的情境中有助于长期记忆。现象式学习不能回答所有可能存在的问题，它仅仅是一种组织校园活动的方式。

现象式学习的范围随着以学生为中心的程度、组织的好坏、整个过程的开放程度的变化而有所变化。这取决于内容、文化和项目的设计。由于受到学校管理和时间安排方面的各种限制，并不会总是存在一个真正深入的、探究的形式。有时有必要给学生一些启发性的建议并提供需要研究的现象。并非所有的小组都能准备好界定这类项目的所有参数。

现象式学习或是项目成功的关键在于对其基本理念的深刻理解。每位老师都可以根据自己的教学风格量身定制现象式学习项目。与监督、指导、程序便利化、外部规则和不同学科的角色等有关的问题都需要视项目来定。无论如何，现象式学习的作用和目标与教师本位的行为截然不同，事先要严格计划好教学的节奏和步骤。现象式学习也总是需要教师之间的合作。

劳里·J. 瓦拉

如何在现象式学习中融合现代科技

现象式学习一般由分阶段的学习过程组成，每个过程都有不同的学习环境、工作方法和教学目标。因此，综合性的现象式学习对于老师和学生而言可能是一项相当大的挑战。虽然现象式学习是在自由和以学生为中心的环境里创造性、协作性地解决问题，但它也应该具备教学法的意义，以平衡整个过程并帮助学生获得必要的洞察力，从而促进他们的学习。

在现象式学习的过程中，学生时常因长时间关注一些无关紧要的问题而被卡住。如果时间可以无限延长，这当然不是问题，但事实并非如此。在某个环节被卡住意味着结尾部分将受到影响并被延迟，这会破坏现象式学习的效果和作用。

因此，我们需要一些框架和指南使得现象式学习的进程与时间要求保持一致。例如，这个框架或脚本可以参照和利用罗卡的参与式学习模型的不同阶段、总体目标和实现目标的工具。这些工具可以包括不同的工作方法、单个知识实践或是促进过程中某一特定阶段学习的数字化工具。

由于这是关于如何在现象式学习的过程中使用教学手段的论述，我将从可以实现的教学法出发，描述怎样在现象式学习的过程中嵌入数字化工具。但这只是来自两个项目的一些抛砖引玉的经验（"现象游戏"，2015—2017 年；"年青的商业一代"，2015 年至今）。在这两个项目中，现象式学习和数字化工具被成功地结合在一起。使用数字化工具出于两个原因：增强学习体验并为学生提供未来很有可能需要的、以科学为媒介的技术。

1. 激发。用于参与和共创思想的数字化工具及应用程序。在现象式学习过程的初始阶段，以某种方式激发学生头脑中的现象相当重要。最好的方法是走出去，在真实世界的情境中体验现象，但这并不总能实现。然而，通过使用数字化的工具，比如借由混合现实设备或只是播放一段引人入胜的视频，就可以把现象生动地带入教室。进行这段介绍后，就可以应用思维导图绘制学生对该现象已有的认知、设定学习目标并研究问题了。

2. 过程。用于协作性知识创造的数字化工具。现象式学习主要由学生独立完成，数字化平台有助于人们视觉化地深入理解这项工作并为教师提供指导学生的渠道。通过平台，学生还可以检查他们的目标和有关工作方法与学习工具的实用建议。最好的解决方案是将基于云的数字化平台，用于协作式知识创造并针对特定团队建立学习档案。现在有很多具备上述特性的数字化平台，其中一些还是免费的。但是，明智的选择是使用那些在校外生活中常见的应用程序。比如一个简单的方式可以是撰写维基文章或是博客，因为这可以形成面向更广泛读者的自然联系。我们也强烈建议教师使用移动设备，因为现象式学习应当是富有吸引力并且具有一点不明确性的。这当然会对使用何种数字化平台提出一些要求。

3. 总结。用于分享和展示的数字化工具和应用程序。在现象式学习过程的最后是与他人分享发现成果的阶段，所以学习如何准备展示和如何展示很有必要。因此，屏幕共享功能是最好的选择之一。在一些项目中，博客会是一个理想的选择，但更传统的 PPT 展示同样可以胜任。数字化最有效的特征是可以保存成果，并在结束后轻松与他人共享。出于这个目的，诸如维密欧（Vimeo）、YouTube 或是各种博客都是通过展示参与式学习和主题学习过程的结果与外部世界沟通的富有成效和有教育意义的渠道。

如何评估现象式教学项目

在现象式学习中由学生、教师或是可能来访的专家进行评估是一个持续的过程。任何人如果注意到有必要调整工作的节奏、质量或是分享过程的方向，就应该把意见表达出来，让大家知道他的想法，这样小组就能讨论和决定为了提高学习质量要做些什么。

对现象式学习的官方评估是多维度的，甚至对于那些擅长该领域的人而言也具有挑战性。如果评估标准是在和学生讨论后达成的，那么他们就知道要评估什么，从而会更加努力地达到共同的目标和标准。我们建议采用整体性的评估标准，因为让学生了解什么正在被评估很重要。在我们的师范教育项目中，我们会对整个团队进行评估，团队里每个人得到的评分是相同的。

只看结果还不够，过程评估非常重要。最后的成果可能是一篇博文、一段视频、一场辩论或是一个书面文本。在师范教育中，成果的一部分是关于如何在学校里执行这样一个项目的计划。反馈更应该是一种向前的反馈，这样重点才会是过程而不是结果。整个过程包括构成性评估、自我评估和互相评估。

可以从为了执行项目，学生发展了哪种类似专家的做法这样的角度对成果进行评估。例如问题和假设是否吻合；学生对该现象理解的深度和广度如何；工作方式是否有意义或是他们对探究的投入程度如何。"布鲁姆"或许是一种有用的工具。另外，也应当把人们面向 21 世纪所需要的技能纳入考量范围，还可以评估各种参考和信息来源的使用方式。仅靠复制粘贴或是维基百科作为信息的来源是不够的。理论分析推导远比事实重述重要。即便现象式学习本质上是创新和迭代的，使用有意义的方法来搭建和支持这个过程仍有可能。

虽然基于现象的方法要求参与者主动承担责任，但教师协助性的作用丝毫不应被低估。恰恰相反，开展现象式项目需要老师进行跨学科式的、细致入微的指导。除了学科问题专家之外，有关教学法的知识也是关键。老师应当具备良好的社交和情绪技能，以支持建设性的互动并不断加深学生的兴趣。教师的任务是营造鼓舞人心并且安全的氛围，充当"科学助产士"的角色，帮助学生对现象和主题产生新的见解，协助小组保证项目进展顺利，并帮助他们应对项目对情绪方面的挑战。

明娜·伯格

如何在学校里开展和评估现象式项目

" 明娜·伯格是全科教师，她的专业是教育心理学。她拥有在学校里开展现象式项目的经验。 "

现象式项目或现象式学习的理想开端是学生的一个问题或是他们开始思索现实生活中的一种现象。我们时常可以从多个不同的角度寻找这些问题的答案。例如，可以从政治、历史、生物、心理、地质甚至是化学或数学的角度切入自然环境的问题。教师将现象式项目或现象式学习构建在课程计划内，自然而然地涉及多个学科，并且围绕着某一现象的教和学是非常恰当和有巨大益处的。例如，课间休息有何价值和意义？为什么在不同的国家使用不同的货币？为什么我们有不同的时区？在现象式学习体验中，所有这些不同的方法都可以被整合起来形成一个完整的现象实体，而无须把现象切割成适合于不同学科的片段。

需要教会学生进行团队合作以获得最佳的学习体验。现象式项目是一个在真实情境下教授沟通及团队工作技能的绝佳机会，演练和学习这些技能的动机不仅与学习知识挂钩，而且与用合作的态度成功完成工作相关。但无论是对老师还是学生，从项目一开始就明白这些目标至关重要。这可以通过设定目标、分配职责以及告知学生评估的标准来实现。在这个阶段，教师需要对学生足够熟悉，这样才能有效地把学生划分为若干小组，并保证这些小组具备实现既定目标的潜力。

应该同步设定目标和评估依据。在评估项目中，教师应当自始至终关注工作进程的不同阶段。除了最终的成果，评估还应该聚焦在设计、工作阶段，选用的技术和对设备的挑选及管理上。换言之，对过程的评价和评估也很关键。评估需要同时考量独立进行和团队进行的工作。因此，教师要帮助学生设立个体目标和团队目标。如何设定目标并根据进程制订平等分配工作量的计划也是不断评估和展示的一部分。评估的标准考虑到了如下因素：信息量，创造力，学生描述他们的学习、思想和对工作的感受的能力；同时也不要忘记评估是否践行了合作精神，对共用工具和工作环境的维护也是评估的一部分。

在实际操作中，要引导学生遵循具有前瞻性的反馈原则，进行自我评估和互相评估，使连续不断地对多个学习小组同时进行评估成为可能。这意味着学生愿意帮助自己和同伴在学习的过程中实现最佳表现。但在期待学生能够使用评估方法前，要先教授他们如何使用。为了达成共识并使学生愿意在能使全班和学习小组都获益的项目中努力付出，最佳的方法是从一开始就使目标和评估标准一目了然。这样，教师和学生都可以保持专注，学生能够获得深度学习的体验，而不是记住过不了多久就会忘记的内容。对教师而言，这需要知识或是有意愿获得关于所研究的事物的知识、对现象式学习的了解、足够的互动技能，以便能创造和支持一种在个人和团队层面都有可能获得成功的氛围。

明娜·伯格

一个六年级学生开展现象式项目的案例

芬兰的地理和生物课程标准要求教师教授学生关于世界各大洲的知识。我们采用现象式项目对这一内容进行教授。首先把 25 名学生分为 5 个小组，每组再分为一个 2 人组和一个 3 人组。5 个大的小组各负责一个大洲的研究。此外，教师向学生介绍了自我评估和互相评估的工具，指导所有的小组思考哪些情况会随大洲的变化而变化。各小组会提出例如气候、植被、文化、宗教、民族、国家以及语言相关的主题。有些小组甚至还会提出，是否要找出那些对形成该大陆上的国家发挥重要作用的历史事件，但最后决定不考虑这个主题。

撇开历史，我们决定把时区和用欧元来换算货币设置在主题中，因为这些内容是被包含在数学的课程标准中的。此外，我们还在英语课上进行了这个项目，学生在教师的指导下制作他们所负责大洲的有趣景点的旅行广告。这个项目同样可以把音乐课包含进来，使学生熟悉全球不同的音乐文化。

时间：该项目总共持续了四个星期。在此期间，每周的生物、地理、数学、芬兰语、英语和音乐课都被分配给了该项目。在四个星期的时间内，参加项目的学生主要和他们的全科老师、英语老师和音乐老师在一起。

评估：因为有数位老师和众多学科被包含在项目中，所以学生被告知在每节课上都要使用自我评估和互相评估的工具。这些工具将在以后作为教师评估工作的基础。告知学生评估的标准：最后的评估不仅涉及他们完成的结果，而且也涉及从最初的想法开始的整个过程。项目期间，评估集中在设计、所有不同的工作阶段和技术、设备的挑选和管理、完成的工作以及向其他小组展示的情况。教师还要告诉学生，评估将考虑到整个过程中个人独立及与小组合作开展工作的情况。

为了避免小组中出现搭便车的现象，要告知学生在使用自我评估和互相评估工具时报告某些事项：第一，他们如何计划用平等的方式来分配工作量；第二，他们如何成功地遵循原计划以及需要进行哪些必要的改动。

绝大多数的小组选择用 PPT 展示最后的成果。只有一个小组选择了用 PREZI 文稿演示软件。所有的小组都给其他小组分发了演示打印稿。

要求所有的小组评价其他小组的展示，提出至少三点他们认为其他小组成功的地方、三点他们觉得有兴趣了解的事情和两点他们认为可以做得不一样的地方。最后，他们需要对怎样可以做得更好提出意见。同时指导学生提出与展示主题相关的问题。学生明白在展示现场的老师会监督所提问题的质量。

这样，从学术内容和知识表达的角度看，所有的展示演讲都是高质量的。最大的挑战是工作量的分配和如何面对有挑战性的互动。同时，最大的成功之处也正体现在上述这些挑战领域。学生在项目进行期间学会了给予积极的反馈，以建设性和尊重的态度对待互动中遇到的挑战，同时注意到他们的同伴为项目的成功做出的贡献。

现象式学习的情绪挑战

现象式学习要求以学生为中心，但说起来容易做起来难。

教学体系内学科内容本位的模式在我们的教育文化和老师的意识中根深蒂固。即使是现代化的教育工作者在设计应用型场景时也可能会遇到困难，而这些设计将切实激发学生提出真实性的问题。我们踏进教室的那一刻，就会触发如何当一名老师和如何当一名学生的脚本。根据这一古老的脚本，无论采用何种激励和创新的方法，学生都应当执行老师布置的任务。这就给我们提出了一个问题，如何停止这些脚本模式的自动产生，反之确保学生探究真实的过程，以及如何使这些要学习的内容对学生而言变得有意义。

学习如何容忍模糊性、不确定性、困惑甚至是焦虑对认知结果和思考能力同等重要。学生在现象式项目中通常会反映出所谓的"边缘情绪"（由凯苏·梅尔基博士提出的一个概念）。此类情绪一般产生于以前的思维模式受到挑战时，而且很难采纳新的视角。如果这样的情绪非常强烈，心理活动就会转为捍卫自己的立场，而不是学习新事物。

现象式学习不可避免地会引起边缘情绪和挫败感，因为它迫使我们扩展以往的理解和思维模式。如果学生的兴趣以及他们经历过的挑战和技能处于平衡状态，现象式学习就可能使他们产生心流体验。当我们一天中数次测量情景情绪时，我们发现大学二年级的师范生在开展现象式项目的过程中体验到了一种比以前更加广泛的、积极的或消极的情绪。但在现象式项目完成后的面谈中，他们主要记住了这是一次积极的体验。学习成果可能美化了他们在面谈时所表达的体会，因为不同领域的专家都会对学习结果给出非常优秀的评价。

学习如何应对这种情绪是现象式学习的核心成果之一。你无法避免情绪的反应，而且要留出时间来倾诉和审视重要的认知情绪，比如困惑。面对负面情绪和迎难而上是学习过程的一部分，而不是失败的标志。这些都是人们在面对 21 世纪时需要的重要技能，因为当下的职业生活里的变动和弹性要求人们学会压力管理并掌握社交和情绪技能。与此同时，重要的是学习如何成为积极、具备主观能动性和负责任的公民，以及如何参与跨学科的讨论并接受他人的观点。

第四章

展望未来

现在是总结全书的时候了，这里要在概括主要内容的同时展望一下未来。我所传达的信息的核心是：免费和平等的教育是一项能真正得到回报的投资。如果你想拥有一个和平和富足的社会，那么拥有受过良好教育的人才是关键，即使你没有特别丰富的自然资源。如果你认为教育是昂贵的，那么想一想无知的代价会有多大！芬兰社会的和谐在很大程度上是基于信任和信息丰富的人群，他们对于社会的运作方式有着必要的了解。没有针对老师和学校的检查制度，也没有针对学生的接连不断的考试。我们常常进行自我批评，而且我们的政客也会时不时地受到批评。

　　芬兰并没有紧跟"全球教育改革运动"（GERM）。但我们参与了 GERM 所提出的从教师投入转向学生学习和保证所有人的全纳教育原则。芬兰还赋予学校很大的自治权，教师可以自由设计他们的教学内容和方式。另外，芬兰并没有遵从 GERM

提出的通过标准化考试赋予家长择校的可能性，以及学校之间的竞争或是学校的私有化。我们仍然相信，最好的选择是让芬兰所有的学校免费，而且都是同样高质量的学校。我们仍然关注对基础知识和技能的教授，但我们也正在增加更广泛的针对能力和跨越各学科封闭式教学的现象式项目。教师工会依然非常强大，芬兰没有用技术取代教师，相反，我们开发了翻转式或混合学习的模型，将技术和移动设备与面对面的学习融合在了一起。

在儿童早期教育中户外活动与游戏的重要性

学习在学龄前已经开始，那时大脑的可塑性和人的发展处于最活跃的阶段。社交和情绪技能学习以及创造性思维的发展在这个阶段尤其重要。可以说，整个芬兰教育体系的基础是对幼儿时期的关注。本书没有强调这段时期，因为它不是我的主要研究领域。本书所写的主要是关于 K12 学校改革和师范教育的内容。我的同事当中有很多是幼教方面的专家。最前面的几章介绍了他们的一些创新。

芬兰的幼教和学校教育不同，幼儿园几乎没有什么上课学习的时间。孩子们在幼儿园里的大部分时间都用在自由玩耍和户外活动上。虽然没有科目教育的课程，但我们的小朋友一直通过游戏的方式学习各种能力和技能，比如识读 / 多元识读、数字感、创造力。幼儿园里每个年龄组的孩子都配备了受过良好训练的专家和科学合理的教学计划。孩子们从 6 岁开始上学前班，但和学校也不完全一样。未来，寓学于乐对于在校学生来说可能也会日益重要。比如安娜·宝丽娜·赖尼奥已经开发了游戏世界教学法，可以增强儿童的能动性和想象力。据她介绍，游戏的元素可以被融合在多种学习情境中。从行动力角度看，戏剧和即兴创作接近游戏，而且对于年轻人而言更具吸引力。戏剧为年轻人间接地和通过隐喻的方式处理很多矛盾的情绪提供了可能。

什么是 HEI 学校？

　　我采访了拉塞·利波宁教授，他是芬兰赫尔辛基大学幼教专业的知名专家。我请他介绍了一下 HEI 学校的概念，这是他和他的同事开发的一种用于教育出口的新的学龄前教育模式。

　　童年是一切皆有可能的人生阶段。它是充满了学习可能性的人生阶段。大部分的核心变化都发生在了这一阶段。HEI 学校是芬兰的以研究为基础的学校教育模式，致力于帮助每一名儿童在不受局限、没有借口的条件下发挥自己的全部潜能。在 HEI 学校，我们认为评估教育如何让儿童意识到他们行动的可能性至关重要，这样才能了解教育过程的质量。

我们的目标是培养儿童自主进行社交活动的能力，并逐步让他们了解他们能够变革和改善的社会与物质世界，从而把握自己的人生，并为他人的生活做出贡献。在实践中，我们的原则是让儿童有机会表达自己的观点，并鼓励他们这样做。我们认为，每个儿童都拥有深远而广阔的，在一个自由、快乐和无压力的，承认他的兴趣并以他的幸福为目标的环境里成长和学习的权利。我们的方法和途径基于最新的有关教育和教学方法的学术研究。HEI 学校把好奇心、探索与研究的自由和有关学习的、深刻的并具有科学性的知识结合起来。赫尔辛基大学是 HEI 学校的一个合作伙伴和股东。我们在全球以特许经营的模式提供了紧密的、声誉极佳的研究型学龄前教育概念。更多信息请参见：http://www.heischools.com/#intro。

什么是 Grapho 游戏

Grapho 游戏是一种经过学术研究，为教授学龄前儿童基本识读技能而开发的培训方法。它被证明可以帮助儿童，特别

是让有阅读障碍的儿童掌握最基本的阅读技巧。来自芬兰的
Grapho 游戏基于芬兰语识读教学法，它能帮助儿童学习字母和
发音之间的联系，鼓励教师使用音素而不是字母名称（例如：
/k/ 而不是字母名称 "kay"）。有证据证明在拼写中使用字母名
称发音容易使人产生混淆。在通过一系列的学习层级后，儿童
就能够把字母组合成音节，最后把音节拼成单词。

Grapho 游戏通过学习算法来适应儿童的阅读能力，并且为
家长和老师迅速找出儿童学习中的瓶颈提供可行的学习分析方
法。Grapho 游戏支持 17 种不同的语言，所有这些语言版本都
是和说母语的研究者以及大学合作开发和研究的。可用的语言
版本包括英语（和剑桥大学合作）、法语（和艾克斯 – 马赛大
学合作）和西班牙语（和智利天主教大学合作）等。

当前的挑战

当前仍有很多问题需要解决。经济合作与发展组织中高绩
效的国家在生态可持续方面做得不是很好。例如，芬兰消耗着
3.6 倍于它应消耗的资源。尽管有着洁净的水和空气，同时也
是全球最绿色的地方之一，芬兰仍未以成功的方式承担起关于
全球生态问题的责任。我们的教师在传统教学方式上做得非常
出色，但是国际教与学调查（TALIS）报告（教师部分）显示，

他们在应对多元化和在多文化的课堂中教学时仍然会遇到困难。另外，芬兰的教师也还需要在如下方面提高和发展自己的能力，包括对数字化和新的教学环境的利用、使用面向 21 世纪的技能、引导学生主动学习、支持他们的身心健康发展和促进他们对学习的参与等。根据 TALIS 报告，芬兰教师最大的问题是缺乏教师之间的团队合作和网络式沟通。此外，在跨行业的环境内工作也具有挑战性。

新课程标准的实施要求改革我们的师范教育。师范教育尚未充分强调沟通技能和为建设性的课堂互动提供支持。这类技能无法从课本和随堂听课中习得，因此我们建议使用体验式的学习方法。师范教育是成人教育。因为芬兰的师范学生是经过精挑细选的群体，我们可以在师范教育中采用比在学校教育中更先进和更加以学生为中心的教学方法。常见的问题是学生在上学期间很擅长对知识的练习，他们之所以想成为教师常常是因为他们喜欢童年时期的学校。我们需要在大学里支持他们的自我调节和协作学习，以使他们能够为学生的学习提供支持。我在荷兰的同事之前做的研究表明，教师的学习是在教育中引入创新的主要因素。如果教师没有意愿学习新事物，那么改革必然失败。

除此之外，还有其他的一些挑战。芬兰同时在幼儿教育、基础教育、中等教育、职业教育中引入了新课程标准，政府被迫削减预算以节省费用。教育经费削减，加之欧洲难民危机，以及雄心勃勃地针对有特殊需要学生开放的全纳性系统，使课堂多元化情况有所增加，这些都导致很多教师从 2018 年开始感到疲倦，且对工作的参与度下降。

芬兰师范教育改革

任何创新的成败都取决于其实施。我们受过良好教育、资质优秀的教师处于确保新课程标准获得成功的中心地位。如果没有作为合作者和共创者的教师的参与，就很难实施任何改革。一直以来我们教师的自主权是一种优点，但与此同时，它也可能成为一种障碍：很多在 20 世纪八九十年代接受教育的优秀教师习惯于用自己的方式来做事。他们中的一些人适应新课程标准的速度比较慢。但也有很多具有创新精神的教师在他们的职业生涯中参加了继续教育。例如，由超过 3 万名教师加入的网络团体正在积极传播如何改善教学实践的各类最新想法。

如何帮助教师改变他们的课堂实践？

我们和剑桥大学教育学院的里卡·霍夫曼博士进行了相关合作。霍夫曼博士研究全球范围内教师的职业发展问题。她指出，改变流程常常只能改变教师谈论学习的方式，而很难改变课堂实践。

1. 教师真的不愿意改变吗？

我们经常听人说，教师不想改变。教学非常复杂，涉及不同的学生和不同的挑战。我们发现在充满挑战的校园环境里，教师为应对这种复杂性所采取的一种方式是努力简化学生的情况。教师坚持的这种务实的概念化，即"他们的学生是什么样的"可能是变革的真正障碍。在我们的研究中，当教师认为他们的学生没有能力使用新的学习方法时，他们通常就没有注意到他们的学生正在展示出新的行为方式。这同样适用于学生，当我们看到教师在尝试用一种新的方法做事时，也会出现因在学生心目中对教师做什么的文化假定非常强烈，而无法注意到该变化的情况，这就使得改变一些惯常的做法，例如在一间教室里要做什么，变得非常困难，即使教师真的希望有所不同。

2. 教师真的在考虑改变和学习吗？

教师要同时照顾到数十名学生，在任何一个课堂上，教师认为哪些是需要解决的"问题"会影响到他们所采取的行动。因此，理论上，教师可能明白，在数学课上应该与学生继续探究对数学知识的理解，而不是仅仅停留在关注答案的正确性上。然而，教师如何在帮助其他学生的同时，让那些已经得到正确答案的学生保持忙碌，这一实际问题很容易就会超越对培养学生数学理解的认知问题。为了取得成功，教育干预需要找到一种把教与学的实践问题和认知问题相结合的方法，以期在二者之间搭建桥梁。

亚里·拉沃宁教授是芬兰师范教育论坛的主席，该论坛由芬兰国家教育委员会在 2016 年成立，其目标是促进师范教育的发展，这也是国家改革计划的一部分。我有幸成为被提名加入的近 100 位专家之一。提名的机构包括大学、各地市政府和工会。我们的任务是分析与师范教育有关的潜在研究成果，确定师范教育的最佳实践方法，并研究其他国家的相关政策文件。论坛活动期间，还就如何改革师范教育组织了一次全国性的集思广益活动。

我们最后的任务是准备一份《教师的学前和在职教育发展计划》，尽管很快我们就转而开始谈论终身职业教育了。该计划的目的是提出促进师范教育发展的措施以支持改革的实施，并通过各种由芬兰国家教育委员会资助的发展项目来推动芬兰师范教育的革新。这种亟待我们实施的专业发展方式将支持芬兰的教师和学生在课堂上学习各自所需要的技能。

　　我们学院的项目"现象式师范教育——混合型学习环境（2018—2020 年）"就是芬兰国家教育委员会资助项目中的一个。我们和其他教师及利益相关者一起设计了一门混合型课程，内容是关于如何培养学生基础广泛的能力和开展现象式项目的。我们把来自教育心理学（参与式学习模型）、学科内容教学法（教学内容知识）和新技术进步（例如，增强智能、增强现实、大数据分析和机器人技术）的资源整合起来。我们的想法是同时发展物理的、社交的、教学的、移动的、数字的和思维的学习空间，为未来和现在的教师打造一种新的学习环境。

　　有研究文献表明，促进教师的学习相当困难。那些被证明有效的职业发展计划通常可以在真实的校园中解决实际问题，关注学生的学习和理解，介绍同事之间协作共享的教学实践以及教师主动要求的学习和研究。我们教师的未来职业发展目标应该是促进整个校园文化发展，其目标应该来自学校，而且学习应该是一个长期的过程。

> 　　就我个人而言，我已经对那些在校外举办的有关教师职业发展的孤立的课程或研讨会失去了信心。单纯的讲座并不能从实质上改变任何东西。一堂参与性的讲座充其量可能会触发一些学习过程，但它们通常只能说服那些已经是'信徒'的人。要改变专业的成年人固有的思维模式极其困难。此外，经验丰富的教师掌握很多有

价值的隐性知识，应当使其更加明确并对其加以挖掘。
那些对新事物不感兴趣的人通常会不高兴，不想听到
'最新的废话'。这就是为什么我们应该把对未来的研
究和发展精力放在学校里，通过教师和学者共同合作来
发展知识实践。

"

在职培训比单独的培训课程或研讨班更富有成效。一种古
老的由日本首创的"课程研修"方法目前在欧洲越来越受欢
迎。它强调由教师集体设计研修课程，并对其进行规划和分析。
课程研修方法被认为是日本取得优异成绩的关键因素之一。这
一方法也被在其他成绩优异的国家和地区使用，例如新加坡和
中国香港。剑桥大学的彼得·达德利和简沃·蒙特教授对这种
方法进行的研究已经取得了可喜的成果。目前我们和他们合作，
探索其在芬兰师范教育中的应用。

STEM 教育的创新性与创造性

芬兰青少年在理工科方面的学习在全世界名列前茅，但他
们当中很少有人考虑从事 STEM 领域的职业。我们已经面临
在这些领域劳动力短缺的问题。学生仅仅知道事实还不够，他
们应该渴望将其付诸实践。因此，当务之急是提出令人兴奋的
参与式的科学教育方式。

在数学方面，佩卡·佩乌拉和他的同事采用了翻转式学习的方法。机器人、物联网、严肃游戏和编码可能会吸引那些对数码技术感兴趣的年轻人。把科学置于有具体意义的情境中不仅有助于认知类学习，而且有助于发展对科学的长久兴趣和参与的学术情感。芬兰的很多机构对此展开了研究，比如 Sitra 芬兰国家创新基金启动了一项关于未来教育的研究项目。另一个例子是国家 LUMA 中心，它旨在激励儿童和青少年学习 STEM。由迈亚·阿克塞拉教授领导的国家 LUMA 中心为儿童、青少年和家庭提供了丰富多彩的科学营和俱乐部活动，出版了许多国际在线出版物并制作出了适用于教师职业发展的课程，包括慕课。

如何支持科学教育中的创新和教师学习？

为了找出在科学教育中促进创新的方法，我采访了科学教育的专家卡勒·尤蒂博士。他当时正在研究教与学中的数字化工具。

1. 您从事与学校里的创新和科技有关的工作。您能告诉我们您的研究的最新发现吗？

在我们的第一项研究中，小学生在他们的科学学习中使用了两年的智能手机。在这个全纳性的小组中，有两名全科老师、一名特教老师和大约 50 名学生。这项研究的目的是找到克服学习困难的实践方法。科学学习中有很多很难的概念和术语，科学探究需要集中注意力，学生通常在预先分好的小组中学习。因此，学生需要丰富的社会技能。

使用智能手机来支持学生的学习具有很大潜力。对科学学习的研究包括短期试验和干预措施。然而，我们对于如何在全纳性的环境中支持学生学习却知之甚少。在这种情况下，教师帮助学生测试了几种应用程序和智能手机的使用方法。主要目的是试验为克服学习困难，应用程序和智能手机在日常教学中的使用情况。根据案例研究数据，学生在他们基于智能手机的学习中需要大量的指导和支持。此外，我们发现，智能手机对于那些学习有困难的学生在注意力集中和行为控制、运动技能、语言精细化，特别是知识构建方面有帮助。渐渐地，智能手机的使用变得更加广泛。学生开始在交流性的活动和合作当中使用智能手机。

在我们的第二个案例中，一名初中生物老师在一次班级外出活动中使用了瓦次普。在森林中，学生的任务是找到和辨识蘑菇，讨论并为他们的观点提供证据。当一组学生找到一种蘑菇后，他们拍照并将照片发送到瓦次普的群里。同在森林里的老师查看照片后，评论学生的辨识和论据是否正确。如果不正确，老师可以提出认识方面的问题。学生还需要回应老师的反馈。在瓦次普群里，老师可以给学生以个性化的辅导，学生自由地在森林里行走和交谈，他们能够获得真实的自然体验。与此同时，老师能够实时了解学生在哪里。这个案例中相当重要的一点是，老师回复的短信内容都是与学习内容相关的，重点在科学实践上，而对管理的需要被降到了最低。老师可以强调学生的自我管理并减少他们被控制的感觉。

2. 您还研究了对科学教育的兴趣问题。什么样的指导会激发学生对科学的兴趣？

我们对情境参与的研究强调从科学的角度看待具备真实性的科学实践的作用，例如学生提出（研究）问题、应用模型、设计和进行调查、构建模型和解释，以及交流发现的结果。此外，教学应该为学生提供思考现象的机会。把教学和学生认为重要的事情关联起来很重要。我们知道，学习环境会影响学生的兴趣。教师可以在不同的环境中教授科学现象和概念。例如，人体的温度调节和建筑物的供暖都涉及相同的物理现象，并且可以使用相同的概念进行建模。可以使用数字测量工具测量生理过程，比如出汗在热调节中的作用。此外，重要的是向学生展示学科核心思想的解释能力，他们将获得强大的理解工具并使用它进行实践。

3. 您为芬兰的科学类科目老师提供培训。您在这项工作中实施了哪些创新？结果如何？

我越来越关注和教师协同设计的思路。我采用了共同构建人工物品和学科实践的方法，这至关重要。当教师和学生共同参与设计、执行和评估教学时，他们就会学有所得。这需要应用到师范教育中的一种新思维。很多时候，教师被要求采用创新的方法。我的观点是，教师是创新者，但他们需要置身于创新的环境和网络。我们对指导这类教师有许多积极的经验。

创新、编码、科技、媒体教育和艺术相结合

赫尤里卡芬兰科学中心采用参与和互动的方式向公众介绍科学和技术知识。每年参观赫尤里卡的学生和家庭络绎不绝。中心的教学协调员丝尔卡-丽娜·莱蒂宁谈到了他们最近的活动，特别是"会说话的脑袋"工作坊。

每年，有超过 1 000 名儿童参加赫尤里卡组织的为期一周

的科学营。所有的工作坊都是多学科的，重点是创新。其中的一个例子就是"会说话的脑袋"工作坊，孩子们可以制作他们自己的新闻，甚至可以制造一个机器人，并对机器人进行编程，让它用播报电视新闻的方式播报孩子们的新闻。

工作坊分为两个 45 分钟的时段。首先由指导老师展示不同类型的机器人帮助我们进行日常的剪辑。那么可以用机器人代替电视中的新闻主播吗？机器人如何知道要做什么？我们必须以正确的顺序给他们发出具体的指令。在工作坊里孩子们被分成不同的小组，编写新闻故事，并用电视新闻的形式把它们写下来。孩子们也可以从一组由赫尤里卡编辑好的真实的新闻故事中挑选故事。新闻播报的排练结束后，每个小组就在指导老师的指导下在一间安静的屋子里录制新闻。每个小组还用纸板搭建他们自己的新闻主播机器人。"会说话的脑袋"需要有一个上下颌和一个躯干。还要使用美术和手工艺材料，例如颜料、纸和胶水为机器人造一张脸。

在工作坊的后半部分，每个小组会被分配到一台树莓派电子计算机、一个屏幕和一个键盘。指导老师给小组提供一张录有他们新闻录音的内存卡、一个编码程序和一个安装了连接线可以连接至电机和 LED 灯的机器人骨架。纸板做的部分与机器人骨架相连，嘴部和下部连接，有眼睛的头部上方和机器人骨架上部连接。学生通过程序向机器人发送指令，比如张开嘴巴和根据新闻报道的需要用不同颜色的 LED 灯眨眼。最后，

每个小组展示他们由"会说话的脑袋"播报的新闻，这一过程
会被录制下来，以便与参与者分享视频。

更多信息请参见：www.heureka.fi。

新的开端

目前，尽管在我们的教育中仍存在一些问题，但我们也有
很多方法解决它们。现在是我们应该看清前行方向的时刻了。
芬兰正处在执行新课程标准的阶段，途中有很多艰难险阻。很
多专家一致提出三条观点：师范教育和职业发展起着决定性的
作用；需要一个战略性的研究开端；要进行公私合作。

战略性的研究开端：growingmind.fi

芬兰的战略研究委员会支持高水平的、能产生重大社会影
响的研究，每年用于支持研究的经费达 5 500 万欧元。战略研
究的目的是找到重大挑战的解决方案，这些方案需要应用多学
科的方法。产生和使用新知识对人们之间的积极合作至关重要。
每年，战略研究委员会都会就关键性研究主题和优先顺序准备
一份提案，交给芬兰政府，由芬兰政府确定是否需要进行研究

并决定最后的主题，然后，战略研究委员会据此制订 3~6 年的研究计划。2017 年的一项重大挑战就是改革我们的教育，使之提高到一个新的水平。

战略研究委员会在 2018 年推出的计划之一是《可持续增长的关键》。其目标是：提出解决方案，使社会、社区和个人能够更好地以新颖、可持续的方式利用、开发和汇集资源和资产。该计划资助的项目应当能确定变化带来的新的可能性，并分析执行改革的前提和障碍。更多信息请参见：http://www.aka.fi/en/strategic–research–funding/programmes–andprojects/programmes–2018/。

我们的项目"成长中的心灵"在 2018 年获得了战略研究委员会的资助。该项目的关键点是"促进数字时代可持续的个人、社会和机构更新的教育变革"。赫尔辛基大学的凯·哈卡赖宁教授为这一项目的领导者，我负责项目中的互动部分。其他的研究人员包括赫尔辛基大学的基莫·阿尔霍和亚里·拉沃宁教授、图尔库大学的艾尔诺·莱赫蒂宁和塔皮奥·萨拉考斯基教授，以及坦佩雷大学的弗朗斯·梅于雷教授。我们的核心主张是：青年是我们未来可持续发展最重要的资源。我们旨在为学校、教师和学生的进步和发展提供方法。我们的项目把社会、个人和机构层面的数字化带来的挑战置于最前沿。我们与赫尔辛基市、教育从业人员、大学和公司合作开展了活动。这些活动支持新的核心课程的目标、学生面向 21 世纪的技能和教师的职业发展。研究得出的模型将通过 Innokas Network（一个覆盖芬兰多所学校的网络）在全国范围内传播。

我们跨学科研究的目的是结合教育心理学、社会文化教育研究、神经科学、游戏化和大数据分析。一些核心要素应该是：

· 收集有关青少年学习和发展的纵向数据。这旨在找出那些有问题的学生，并进一步提出防止他们受到排斥的方法。我们继续调查学习动机和参与度、数字伙伴关系、福祉以及数字化对青少年大脑功能的影响。

· 对转型期的青少年进行干预。加强学习、持之以恒地关注他们未来的发展。

· 利用项目中收集的数据开发教学创新。这些创新基于新课程标准。目的是引入复杂的开放式问题，通过合作解决问题的方式来激发学生和教师的创造力和创新性。

· 在跟踪个人的和社会的数字化学习过程中应用学习分析法。

· 通过创造深入的研究－实践伙伴关系和协作的可能性，支持教师的职业发展。

新课程标准在赫尔辛基市的实施

我采访了赫尔辛基基础教育发展服务部主任马里奥·屈勒宁博士和教育委员会的执行主任莉萨·波约莱

宁。我向他们提出了关于新课程标准的实施和研究合作的作用等五个基本问题。我们主要讨论了新课程标准在赫尔辛基的发展情况，这些情况具有全国甚至全球意义。应该同步进行社会变革和教学更新。

1. 目前最激动人心的创新是什么?

我们课程标准的整体性思路特别令人兴奋。帕西拉小学正开展着包括编码和信息通信技术在内的现象式学习课程。一个 11 岁的五年级男孩说："上学很有意思，因为新课程太酷了！"当这种变化在学校里发生的时候，显然会使学习更具吸引力。当然，学校不能变成游乐园，但学习应该是快乐和有意义的。如果我们真正理解了现象式学习，它就会是一个非常实用的工具。

在赫尔辛基我们有很多所作为实验学校的创新学校。它们采取了多种教学方法：电子文件夹、现象式学习和没有书的教学等。这些学校是创新的先锋。我们的评估表明，无论哪种创新形式都增加了教师之间的共同教学和合作，并且学生也变得更加活跃，评估的目的更多偏向指导学习过程，而不仅是衡量结果。而且，学习越来越多地在校外发生。因此，不是某种特定的方法起到了作用，而是这些试验改变了通常的教学方法。当我们开始在课堂中进行翻转教学时，会有助于学生在很多其他方面的发展。

有越来越多的学校重视创客文化、共创过程和设计过程。在一个共创项目中，学校的这些变化对学生而言是可见的，因而会激励甚至使他们非常兴奋。赫尔辛基市希望成为此类创新的平台。因此我们开辟了和公司以及新创企业合作和结成伙伴关系的新方式，这也被纳入了城市战略中。新的"成长中的心灵"项目也有助于这种方式的推广。其目的是增加参与学校的数量，并为教师提供执行新课程标准的工具。否则，改变可能仅仅流于表面，人们可能只是更换了技巧，而不是改变了根本思路。

2. 新课程标准在实施中是否会面临挑战？

当然存在挑战。改变课标实践绝非易事。所有的父母和家长都是传统教育体系的产物，他们的思路可能很难被改变。风险在于我们只是用新术语替换了旧术语，而没有了解它们的本质。系统性的变革要求我们理解为什么需要改变学校，以及此种改变的关键因素是什么。这就需要采用新的方法来思考教学和理解未来社会所需的关键技能。

当谈到教师持续的职业发展时，我们不相信孤立的课程，而是相信在学校体系不同层次上发生的更系统的改变。具有创新性的学校的发展会形成具有先行性的学校网络，他们的教职员工可以应邀去附近的学校学习和分享自己面临的挑战、遭遇的失误和取得的成功。赫尔辛基市刚开设了一个芬兰语的网站，教师和校长可以在这个网站上分享他们的想法和经验。另外一个资源是，40 多位资深教师安排出时间来开创新事物、组织教学会议、前往不同的学校，并在新的学习实践方面指导他们的同事，甚至走入课堂提供帮助。在每所学校里，都有指导教师帮助开展因数字化带来的教学法的变革。他们在那里为学校社区提供指导。当然，也有课程和研讨会，但是我们做得更多的是开发长期的干预措施和研究如何开发课程的实证知识。孤立的课程鲜有帮助，它很容易使人们回到自己的习惯中。

环境已经发生了巨大变化，这为教师提出了很多挑战，他们必须放弃一些旧事物以创造一些新事物。我们不能一味地推着他们走，因为我们的教师也需要时间进行消化和反思。我们需要真诚地倾听教师的声音，确保我们不会危害到他们的健康。家庭、学生和父母身份的多样性不断增加，我们是学生的榜样，所以也需要彼此尊重。如果我们不尊重家庭，我们如何期待他们来尊重我们？我们要如何尽力使他们的孩子获得成功？

　　总之，不同的教师需要得到不同类型的支持：每所学校都在发展自己的创新实践能力，然后把它扩展到其他学校。各级学校都需要改变。协作型知识的建立需要教师之间的协作。他们要在应对新的教学方式上积累经验。因为我们正在强调学生的主人翁意识，所以我们需要给教师赋权，邀请他们协作，而不是仅仅告诉他们要做什么。

3. 目前在芬兰正在进行的最有价值的变化是什么？

　　在国家层面上，新课程标准推动了变革。正如伊尔梅丽·哈利宁指出的，以前的课程标准是关于学校教什么，而新课程标准则是关于如何学习新东西。我们需要研究应对未来挑战所必需的横向的、基础广泛的技能。这不仅是一个认知过程，而且还涉及学习的意愿和态度。同样，社交和情绪方面的学习，例如协作和沟通技能也很重要。重点是要学会不害怕尝试和失败。如果学生对这些事情有信心，他们就应该尝试并获得新的技能。

　　总之，知识的概念正在发生变化。当然，我们仍然需要构建科学知识并理解关键概念。但是，我们还需要基本的核心技能，例如文化的能力和积极的公民意识。这些能力有助于我们构建未来的社会，并通过日益多元化的学校来建立社会凝聚力。芬兰民族必须重塑我们是谁的观念。不论我们来自哪里，我们都是"我们"，而且我们应该教导我们的后辈，他们是社会的一员并能对社会产生影响。

4. 面向未来的下一步是什么？我们下一步要前往何方？

将来还会有一个叫作学校的空间吗？教育至关重要，它应该主宰我们的未来如何被实现。我们在"成长中的心灵"项目中构建了智慧学校的概念。与大学的合作和实证的学习非常重要，因为我们需要从根本上了解我们的孩子未来需要具备什么样的能力和技能。

智慧的学习能够使学生拥有灵活、聪慧和创新的思维。这包括采取各种途径来解决世界上棘手的问题。没有任何一种方法可以解决所有的教育问题。要切实开展促进智慧的思考项目，融合不同的思维模式，使人们学习如何共同创造新的解决方法。通过现象式项目，我们能够为孩子们提供新的学习工具。

智慧的学习还意味着使用学习分析法来重新定义什么是好的学习，好的学习的要素是什么以及它如何实现。适应性的学习平台促使我们的学生以一种无法与他人合作就无法真正走得更远的方式进行工作。同时，所有学生都有自己个性化的学习路径。因为分析有助于使我们的课程目标可视化，学习将变得越来越有趣，并具有激励性和元认知性。教师需要理解这一点以便能真正支持不同类型的学生。孩子们学习如何享受学习、认真努力并因学习而获得奖励非常关键，而不是仅因完成成年人告诉他们去做的事情而获得奖励。迄今为止，我们一直过于关注最终结果和产出而不是学习的过程。分析性的工具将使得学习过程可视化。

5. 你认为"成长中的心灵"项目有什么贡献？

　　"成长中的心灵"是一个非常复杂和系统化的项目，旨在通过革新学习文化带来真正的变化。我们对这个内容宽泛的项目抱有很高的期望。我们需要新的工具来支持变化的过程，这是一个梦想成真的过程。让研究人员和教师通力合作，在研究合作的基础上产生创新再恰当不过。我们将共同推动这一进程。我们最强烈的希望是，这个项目可以真正把学习的分析法提高到新水平。如果我们能成功做到这一点，我们就能真正推动整个芬兰教育体系的前进。

芬兰高考的数字化改革

评估的方法还是手段大于目的，它对学习活动和学生的学习方式有巨大的影响。因此，了解评估的实践正在如何发生变化十分必要。芬兰的新课程标准强调进行具有形成性和诊断性的评估，以帮助学生了解他们前进的方向。但是，评估还具备指导生活方向的功能。

芬兰的青少年在 18 岁以前不会经历高风险的考试，但在九年级的时候他们需要取得良好的毕业综合成绩才能进入自己理想中的学校——高中或者是技术学校（或是高中和技术学校的综合，但这种形式很少见）。即使他们在 16 岁的时候选择了职业培训，他们也不会因此失去接受高等教育的机会。从高中或技术学校毕业后，他们可以申请大学或是应用技术大学。芬兰的教育体系里没有死胡同，但高考对于有志进入大学深造的年轻人来说还是具有决定性作用的。

因为高考的主导性作用，芬兰高中的发展一直非常具有挑战性。它是唯一的主要考试，并且它对学生进入大学所发挥的作用日益重要。此外，很多大学的入学考试要求很高。最难考的专业包括：师范、心理学、医学、法学和兽医学。令人吃惊的是，报考自然科学或是工科更容易被录取。

高考的数字化形式使高中教学也实现了数字化。目前，随着数字化这一重要形式在考试中的应用，教师切实认识到了他们要更新自己的知识实践。不是仅仅把旧的考试形式变为数字的形式，而是从根本上进行改变。

高考的数字化

　　就芬兰高考的变化，我采访了芬兰高考委员会主席帕特里克·谢宁。

1. 高考数字化的主要原因是什么？数字化带来了什么样的新机会？

　　数字化最重要的目标是：提高作为未来工作和公民技能之一的数字化能力，并提升高考的质量，特别是关于测试项目和评估质量。数字化考试使我们能够创建现代化的测试项目和评估方法。现在有可能使用在过去的旧系统中不可能出现的全新材料和任务。新的可能性包括，例如，带有模拟性质的测试项目和新型材料（如视频和多层级的背景材料）。学生也能展示他们的技能，例如搜索和评估信息、批判性思维和探索不同的观点。它的实现使我们能够通过提出问题、评估答案和背景信息来模拟信息搜索的过程。

这是摆脱旧的纸笔答题方法的绝好机会。旧体系的缺点是后勤和安全问题，主要是不得不四处运输大量纸张。现在，我们可以在瞬间传输答案。当然，对手写答题纸的阅卷也很麻烦。信息安全也随着考试形式向数字化的过渡而逐渐达到高端水平。这并不意味着不会发生不好的情况，但重要的是要了解现在的安全性比旧的纸笔作答体系强得多。这项改革不仅涉及考试的数字化，而且事关评估的数字化。当无关的和外部的边界阻碍被消除后，测试项目和评估方法的质量也得到了提高。

2. 您认为新的数字化系统最具启发性的创新是什么？

最具启发性的创新可能是口试，这有助于对语言交流的评估。当谈论语言能力时，评估对象不只是阅读和写作。这类口试并不容易进行，但未来会成为可能。智能考试的想法也很有趣。例如，和千人一题的方式不同，测试级别可以根据学生的作答情况而被做出适时的调整：他是想继续同一级别的难度还是想选择更难或更容易的任务？也许，学生可以获得某种实时的反馈。而且，未来对小组中成员的工作技能进行评估也将成为可能，纵然它有自己的问题。在新的测试项目方面，尤其要注意，高考应该切实评估向学生传授的和学生应掌握的技能和知识，特别是当高考在大学招生中的作用不断增强时。当然，高中阶段，教师总是会教一些不会直接在高考中考查的内容，但是，如果学生具备例如团队合作技能，就可能在测试中表现为可被衡量的学术能力。

关于芬兰教改的谣言

人们正围绕芬兰教改展开着激烈的辩论。许多人不认同新课程标准背后基于研究的学习理念。他们可能对他们年轻时的学校念念不忘，认为我们不应该对我们优秀的学校制度指手画脚。在关于学校的辩论中，全球都有建立所谓"谣言稻草人"的趋势。当这种情况发生时，辩论攻击的对象是那些不一定反映现实的谣言。在这场讨论中有以下几个谣言。

1. **芬兰放弃单科科目教学的谣言。**

英国国家广播电台也报道了关于芬兰放弃科目教学的新闻，但这不是真实的。根据我们的新课程标准，学校每年只开展 1~2 个现象式项目。学校的绝大部分时间仍是用于对科目的教与学。当然，我们应采取新的学习方式，并且应该在有意义的情境中学习。

2. 尽可能少的指导和没有框架的谣言。

相当多的人认为，培养孩子的自主性和他们在课堂上的积极性意味着尽可能少的指导、不需要框架，甚至是混乱的局面。讨论的实质经常是单维度的。在传播知识与阐述知识、发掘知识与创造知识之间始终存在着某种张力。这些活动不一定是互相排斥的，只要符合新课程标准的目标，变换教学方式方法非常重要。采取激励学生和强调优点的方法并不意味着学校里没有纪律或是框架。这种做法建立在对学习和动机的长期研究的基础之上。

芬兰学校的基本原则就是根据学生的年龄做好相应的辅助工作及平衡教与学中巨大的弹性。帮助我们的学生学会自律或是让教师采取与学生协调学习节奏所需要的有技巧的教学法。正如剑桥大学的简沃·蒙特教授所指出的那样，完全的教师调节型或是学生自律型可能都不是最好的选择。与之对应，共享的规则和调控在学生的起点和他们的前进目标之间创造了一个建设性的桥梁，这才是最理想的解决方案。

3. 数字化的方式导致手工方式被放弃的谣言。

尽管出现了大量的新设备和新科技，手工、体育、视觉艺术、家政和音乐依然有很大的发展空间。在西方，手写的重要性正在下降，但是很多新电脑都提供了手工绘图、书写和计算的可能性。在我们的应用当中普遍的做法是，学生可以在纸上绘图或计算，然后拍照与其他人分享。同样，在制作动画时，孩子们经常手绘风景和人物，之后才应用动画程序制作动画。此外，当孩子们搭建机器人和其他精细科技设备时，新型的精细运动技能也会得到逐步发展。

4. 社交和情感互动正在消失的谣言。

芬兰的课程标准非常强调社交和情感学习。诚然，人际交流除面对面的接触之外，正在增添新的形式。教师一言堂和学生安静听课这样的形式将逐渐减少。这样的社交环境并不能真正提高学生的社交互动能力。探究型和翻转式学习等不同形式可能更有助于发展学生的社交、文化、情绪和团队合作能力。

5. 不再需要努力学习和学习变得太娱乐化的谣言。

对内在动机和流动体验的研究表明，学习的乐趣需要勤奋、韧性和毅力。另外，无聊的感觉对于有效学习没有什么帮助，焦虑甚至对学习有害。如果最典型的学习情绪是无聊和对考试的焦虑，那么我们的教学任务就失败了。学习的乐趣和娱乐不同。最新的研究并没有显示，孩子们非常喜欢上学。所有的警告信号都指向另一个方向：学校显得越来越缺乏吸引力、价值和趣味性。在理科方面成绩最好的芬兰女生却对从事科学职业的意愿最小。

6. 新课程标准导致了 PISA 成绩直线下滑的谣言。

2015 年的 PISA 考试重点在科学（OECD，2018）。那一次，新加坡在所有参与的国家和地区中取得了最好的成绩。日本、爱沙尼亚、芬兰和加拿大科学测试的平均成绩是 OECD 国家中的前四名。即使分数有所下降，芬兰在数学和阅读方面仍然排在全球前五名。综合考虑学生的在校时间以及没有晚上的课外辅导班，我们取得了相当不错的成绩。我们的孩子还有玩耍和享受生活的时间。生活满意度最高的国家是荷兰、墨西哥、多米尼加、芬兰和哥斯达黎加。15 岁年龄组的生活满意度最低的国家和地区分别是：土耳其、韩国、中国、突尼斯和日本。高绩效、财富和生活满意度常常不会并存。

此外，目前的 PISA 成绩考核的时间段是 2015 年之前，而我们的新课程标准于 2016 年开始实施。我们需要培养学生对学习的投入和对科学的兴趣，芬兰教育没有发生什么特别令人沮丧的改变。新课程标准的重点是让在学校学习对新生代学生来说更有意义、更具吸引力。

7. 年轻人当中普遍存在严重的网瘾现象的谣言。

很多家长和教师担心，儿童和年轻人在他们的移动设备上花费过多时间。把大量时间花在网上尚不能称为上瘾。很少有年轻人因为过度依赖他们的设备而遭受强迫性上网症状的困扰。我们的研究小组一直在跟踪调查赫尔辛基的"千禧一代"。我们发现，在他们 12 岁的时候，大约一半的人是相当典型的数字设备用户，但没有呈现过度使用的迹象。有 1/4 是游戏玩家，只有 10%~15% 的人用设备做些有创意的事情。

意识到与数字技术有关的潜在问题是好事。但是重要的不是使用的时间，而是如何使用这些时间。意识到风险不错，但还没有产生道德恐慌的理由。也很难说，过度使用设备是否为学习不投入的因或是果，这些设备是仅仅被用于娱乐还是被用于搜索和创造新知识。成年人和学校应该帮助年轻人学会约束并调节对设备的使用，利用他们的设备做一些有意义的事情。仅仅告诉他们把机器关掉并不一定有什么用处。

我们的前路在何方

在芬兰这样的福利国家，很难在与公民的合作中把公立行为与私人公司结合起来。目前关于学校是否应该保持原样，即是否需要与社会上的很多活动隔离开来的问题，仍存在着许多激烈的辩论。由于芬兰的学校是由公共资金和纳税人的钱支持的，因此不应受到商界人士利益的引导。有时我们难以找到公共利益和私人利益之间的平衡点，但如果没有蓬勃发展的商业生活，那么可分享的东西会少很多。

把面对面的学习和在线学习、校内学习和校外学习、私人行为人和公共行为人分隔开变得日益具有挑战性。无论是从正面还是负面的意义来讲，学校都是社会不可分割的一部分。社会数字化实践，也就是移动设备、社交媒体和互联网的结合使得我们几乎不可能将生活的各个方面分割开来。生活被从学生的口袋带入学校。新的知识实践是他们的认知、社会和情感架构的一部分，就像我们的私人生活每天溢入我们的工作生活一样。反之亦然，越来越多的成年人在家中查看电子邮件，参与到社交媒体中，并通过他们的移动设备了解世界上正在发生的事情。

　　数字技术的潘多拉盒子已经被打开，而且没有退路。我们应该学习如何正确利用它。我个人认为，使用移动设备可能不过是技术发展历史上的一小步，很快我们的知识实践就将融入我们的日常生活，而用户界面可能是我们的衣服、皮肤或者眼镜。物联网和增强智能正逐渐以无缝对接的方式将人与设备相融合。重要的是，这一发展不是仅仅由技术和工程来运行的。认知科学家、教育工作者、哲学家和心理学家需要解决很多教学、社会、情感和伦理方面的问题。

HundrED

　　我采访了 HundrED 的创始人和创意总监萨库·图奥米宁先生。HundrED 是一个非营利性组织，它负责收集 K12 教育中的创新。

1. 你可以简单介绍一下 HundrED 吗?

　　教育的目的是无论在生活中发生什么,都要帮助每一名儿童蓬勃发展。在瞬息万变的世界中,教育必须适应不断发生的变化。教育界充满了启发性和可以使这个过程更加顺利的各种创新,但它们可能难以被扩展到当时环境之外的更广阔的范围。这就是为什么 HundrED 挖掘、研究并和全世界免费分享有影响力和具有规模效应的 K12 创新。

2. 如何使教育更加全球化? 你从 HundrED 学习到了什么? 是否存在全球性的挑战?

　　尽管当今世界全球化日益明显,但教育却保留了本地化特点。相当令人痛心的是,各国仍然是一座座"孤岛",创新没有被扩展。每个国家有自己特定的问题,同时也面临着同样的挑战——从个性化学习到 21 世纪所需的技能。问题不是缺乏能够帮助我们解决这些问题的创新,而是这些创新得不到传播。我坚信,事实上关键的挑战主要集中在分享和实施方面,而不在创新方面。

3. 你喜欢芬兰教育中的哪些方面?

　　任何真正优秀的教育体系的本质都是卓越和公

平。需要扩大教育的规模，无论儿童的背景如何，所有的儿童都应当被平等对待。这是芬兰教育的精髓所在，我对此感到非常自豪。另一项我觉得怎么强调都不为过的是教师的素质和对他们的信任。即使我们正在从教授转向学习，一名好老师仍然是等式的重要组成部分。优秀的教师可以支持学习。

4. 芬兰体制中最大的挑战是什么？为了保持高质量，我们需要进行哪些方面的改变？

芬兰面临着一个常见的创新挑战。当你已经足够好的时候，变化意味着风险更大，因为你要失去很多。关键是在识别和施行有效的改进方法之间找到平衡，同时保持雄心勃勃、好奇心、开放和谦虚。关于芬兰的教育出口我们有很多想法，但我们还应该有信心和欲望向他人学习。

增强智能可以被用于促进有意义的学习以及建设性的及互相尊重的对话。人工智能不应取代老师，但可以帮助他们在复杂的学习环境中弄清情况。教学法和沟通的挑战本质上是有关情绪的，因为当人们在学习中遇到很多不确定的和复杂的问题时倾向于变得紧张和防备。我们需要开发新颖和创新的方式解决我们这个时代的棘手问题。躺在过去的成就上不会有帮助。

　　支持建设性对话的算法将成为我们未来的一部分。我和博士生尼娜·哈洛宁以及奥利·萨尔维一起开发了一款可以启动对话和帮助团队构想交流的软件。该软件将帮助我们把口头交流转变为可以分享的，并能够通过进一步发展来提高团队创造力和生产力的人工产品。我们已经测试了不同情境下的软件基础原型，例如，我们和卡勒·尤蒂博士在物理专业师范生的教育中进行了测试。此类创新仍然处于婴儿期，但我相信 10 年后，我们将能够使用科技来多方面支持面对面对话或是视频对话。最重要的是我们可以专注于彼此，而不是在与他人交流时使用的设备。现在我们所使用的移动设备可能将在一二十年内成为历史。人们将会厌倦不停地盯着小屏幕。

　　科技、数字化和自动化在全球的发展如此迅猛，以至我们无法预测未来。我们深知，改革芬兰的学校和不断发展的教育创新并非易事。一些想法会发扬光大，而另外一些则会逐步消亡。如果本书能够激发一些全球性的、大规模的，特别是对发展中国家有帮助的创新，那是再好不过的事情。我们已经和很多国家合作开展了项目。我们不断地学习彼此的最佳做法。

　　芬兰也有自己特殊的问题。我们珍惜训练有素的教师的自主权，同时我们也需要携手共同发展。这不是一个简单的等式，它需要教师终身职业发展的新形式。作为一个国家，我们坚持人人平等和享受免费教育的思想。这在未来也并非易事。

我们需要坚韧不拔和富有创新的精神，只有这样我们才能在不可避免的全球性的、如疾风骤雨般的变化中坚持下来。我们也需要持续变革和更新我们的做法。这不是因为我们的教育系统中存在根本性的错误。保持发展是应对我们周遭的变化和需求的必要方法。预测未来的最好方法就是创造未来！有很多事情我们无法控制，但事关我们的未来，稳坐在驾驶座上掌控方向盘才是根本之道。

译后记

　　地处北欧一隅的芬兰的国土面积相当于三个江苏省，但人口只有江苏的 1/15 左右。芬兰连续多年被联合国评为"最幸福的国家"。芬兰从第二次世界大战后的满目疮痍发展成为今天世界上最富裕和最安全的国家之一，不能不说是一个奇迹，而人人平等的免费教育制度是奇迹背后的要因。芬兰政府更决定，从 2021 年秋季开始，将义务制教育延长至包括高中和职业学校的中等教育阶段，同时将为学生免费提供这一阶段的所有教材。

　　《现象式学习》一书的中文译稿终于在 2020 年的夏天完成。这本书是被称为"芬兰现象式教学第一人"的芬兰赫尔辛基大学科丝婷·罗卡教授的倾力之作。罗卡教授目前在赫尔辛基大学师范教育学院担任教育心理学教授，此前她曾在瑞典卡罗林斯卡学院担任客座教授。她致力于把创新和新思维带给芬兰教育。这是一本适合全球教育工作者、决策者和家长开卷一读的书。本书用朴实、易懂的语言不囿于提纲挈领地介绍了指引芬兰基础教育和师范教育的教育理论，以及具体的实践，而且穿插了很多访谈和具体案例的小板块。这些生动有趣的小板块如同散落在各章节中的珍珠，它们或者展现了芬兰基础教育中某项极具芬兰特色的做法，比如特教老师"特"在哪里，什么是"正面个人简历"；它们又或者介绍了新颖的教育理念在芬兰教育实践中的案例，比如关于芬兰神话和多元识读的课题——"精灵的低语"和翻转课堂；再或者这些小板块为全球的教育工作者和父母提供了培养孩子某方面能力的"实际应用指南"，比如卡尔松教授的《故事创作方法——分享、参与、讲述和倾听的实践和理论研究》。当然，关于时下广受关注和追捧的现象式学习，罗卡教授专门另辟一章予以阐述和介绍，包括实践操作的具体指导和案例分析。为了方便读者了解更多的信息，作者还在小板块的末尾附加了网络链接。拥有心理学博士背景的罗卡教授同样擅长讲故事。在前面的若干章节中，尤其是第一章，读者可以跟随穿插在文本铺陈中的罗卡家族的故事，一瞥芬兰从 16 世纪发展至今的坎坷历程，更能感同身受地从作者的视角体会教育使这个国家从废墟中崛起的关键作用。这本书还介绍了芬兰在基础教育研究领域的一些最新研究方向和成果，比如青少年的"社会数字参与"和学习的关系、多任务处理、科技和注意力之间的关系。

我在移居芬兰之后，选择了从教的道路，边教边学，一路体验了芬兰严格的师范生选拔制度、理论和实践高度统一的师范教育。今天我在芬兰罗素高中的执教工作中，又深刻体会到了在芬兰，一名教师所拥有的高度自主权并被高度信任。一名优秀的教师，如果不能透彻地了解"学"的发生机制，就无法融会贯通地去教，为学生提供充分的、脚手架型的支持。如书名所指，本书重在谈学习，作者用了七个板块的篇幅分别介绍和分析从 2016 年起正式实施的《芬兰新国家课程标准》中的七项能力，它定义了面向 21 世纪的新型人才所需要的七个基础广泛的横贯能力。

在芬兰，从学习者的角度看待教育的主导思想由来已久。本书的作者科丝婷·罗卡是赫尔辛基大学教育学院的一位教育心理学教授，所以她在本书的开头不惜用了一整章的篇幅为读者深入浅出地介绍了芬兰教育背后的理论支持和依据，即学习和知识的社会建构理论。"我们的理解永远存在于它被学习的那个情境中……知识需要被转化成有学习意义的教学性的内容。学习被视为一个积极的、具有建设性的过程，而不是被动的、再生的过程。"芬兰的教育心理学吸收了瑞士发展心理学家让·皮亚杰的学习与认知发展的理论以及美国教育心理学家杰罗姆·布鲁纳的成果。当然，维果斯基流派的思想在芬兰一直都很强势。罗卡教授一再强调，从心理学的维度审视教育理论中的建构主义，它实则是关于"我们如何学习的基本原理。即使我们看上去是安静地坐着，但我们的思想却积极、主动地试图构建对世界连贯性的了解"。

罗卡教授在第二章中，剖析了社会建构主义在如下方面对芬兰新课程标准在基础教育阶段发挥的理论指导作用。首先，有关学习的发生机制。学习发生在和他人之间的文化互动中。参与文化实践和共同的活动在许多方面影响着人们的认知活动。这一情境不仅和当时的环境有关，而且取决于文化和历史发展的传统。维果斯基的"近侧发展区间"概念不仅颠覆了我们千年来的"师者,传道授业解惑也"对于教育工作者的定义，更明确提出教育工作者应发挥起"脚手架"的作用，在学生个体发展的不同节点提供他们所需的不同类型的脚手架支撑，引导、帮助个体通过自己的努力发挥最大的潜能。其次，关于学习者的相互作用。个体的主观知识是和社会相互联系的。知识是在人类社会范围内，通过个体间的相互作用及其自身的认知过程而建构的。罗卡教授更强调了，在今天的科技社会，校园之外的非系统性的教育途径的存在，比如互联网和社交网络，让学生可以非正式地学到很多东西。"社交网络提供了很多隐性的知识和支持。"最后，关于学习环境，社会建构主义认为，它主要是由学生和教师共同参与的、特定环境中的社会文化活动来定义。罗卡教授在这一基础上还认为，新型的学习环境应当是可以根据学习目标和学习内容进行调整的动态空间。它不仅为教和学提供支持，而且使在该学习环境中的学习者能以不同的、有教学意义的方式进行沟通。罗卡教授提出了一个有趣的评判标准——良好的学习环境能令使用者感到自己很聪明！

在国内的教育体制中，学生被要求记忆很多数学、物理和化学公式。芬兰的高中生无论是在课堂上，还是在测验、阶段考试或是高中会考中都可以携带和使用计算器和一本国家统一编写的数学、物理和化学的公式集。未来，我们将更多使用智能技术来拓展我们的生物记忆，这些外部工具可以帮助我们（包括学习者）专注于问题的关键特征。例如，在庞杂和精细的会计计算中，我们只要会设定横轴和纵轴的计算公式，就可以高效无误地得出答案，而完全没有必要费时费力地进行人工的机械运算。

在这一章中，罗卡教授除了谈到情绪和学习、兴趣和学习的关系，她还提到了学习的动机问题。动机分为内在动机和外部动机两种类型。国内的学习者从小就耳熟能详这样的顺口溜——"考考考，老师的法宝；分分分，学生的命根"。在国内的教育体系中，考试被赋予了"魔杖"一般的意义。考试提供的是外部动机，如果学生对学习内容不感兴趣，学习可能仅仅是受到外部因素的激励。外部动机转化为内在动机是完全有可能的，例如一项有具体意义的情境帮助学生了解要做的工作为什么有意义，好奇心非常重要，对完成某项学习任务的胜任感让学习者更加有行动力。也许，对于教育从业者和父母而言，培养孩子对学习的掌控感才是重中之重。芬兰从幼儿园的 5 龄童开始，在每半年会举办一次老师与家长的见面会，前半段孩子也会参加，老师会让孩子说一说自己对什么最感兴趣，希望在幼儿园里多参加哪些活动。半年之后，再和孩子坐在一起讨论目标的实现情况，让孩子说出自己的想法，并制定一到两项切实可行的学习目标。这一做法会一直贯穿整个基础教育阶段。我们可以采用一些制度化的做法让孩子从小就培养和巩固学习的自主性和对学习的掌控感。让学生坐在"驾驶"的位置上，掌控自己的学习节奏，更多地为自己而学，才能实现内在动机发挥主导作用的理想学习形式，也就是"心流体验"。罗卡教授对心流体验的描述很像是"物我两忘"的境界，即只有当高难度的任务与在完成该任务的过程中体验到的高技能水平相结合时，才会产生心流通道。时光不知不觉流走，学习者全神贯注，全身心地参与其中。

积极（正向）心理学思潮在芬兰非常流行，所以芬兰教育体系的秘密之一就是其优秀的特殊需求教育。它并不仅仅包括国内惯常理解的、狭义的针对残疾儿童的教育。芬兰的小学乃至高中，都配有特教老师，他们和全科老师以及单科老师紧密合作，为后者提供咨询和辅助。他们最重要的工作之一是为需要额外帮助的学生提供小班辅导，比如移民芬兰不久的外国学生。芬兰特殊教育的目标是关注有特殊需求的孩子的优点，这并不意味着对问题视而不见。强化的特殊需求教育和对任何问题的早期干预是积极心理学理论的核心。自我效能感更能激发成功的学习。在芬兰，特殊教育是一个系统性的，而且为学习者持续不断提供帮助的体系，对芬兰基础教育体系中的特殊教育感兴趣的读者可以通过本书的第二章了解详细的内容。

待读者对芬兰占主流地位的教育心理学有了入门了解之后，罗卡教授才在接下来的七个技能板块中详细介绍和分析了芬兰新课程标准中的七个广泛的横贯能力。这七个广泛的能力被列为芬兰基础教育的目标。"广泛的能力"是指由知识、技能、价值观、态度和意愿构成的集合体。"能力"还意味着根据实际情况的需要运用知识和技能的能力。学习者内含的价值观、态度和采取行动的意愿影响着他们如何使用所掌握的知识和技能。芬兰的新课程标准把"思考与学会学习"列在七大横贯能力之首，因为它是其他能力的基础。"思考能力是学习和社会发展的基石"。这一极为重要的能力究竟指的是什么？教育者以及学习者如何培养该种能力？作者从探究式学习、学会学习和学习社区这三方面进行了阐述。罗卡教授指出，在实际应用中，探究式学习包括研究、产出、评估、编辑、发布数据及想法的能力。在学习过程中，作为一种思考方式的批判性思维本质上是自我反思的工具，它不是愤世嫉俗，而是为了促进创造力发展。除此之外，作者还特别强调了创造性思维。这类词汇在众多语境和场合中被反复使用，我们理解创造性思维是一种跳出思考框架的思维方式。对于罗卡教授而言，更重要的是明白创造力不是什么神秘之物或是个人禀赋，而是一种思考并且可以学习的能力。创造力的产生不仅需要技能、知识、丰富的人际交流和社会支持，而且其背后的情感因素——迷惑、好奇和兴趣，是促使其发展的重要情绪。家长和教育工作者应该允许儿童思考和尝试他们自己的想法。

罗卡教授在如下几个方面剖析了"学会学习"的概念。首先，它是指学习者树立信心，掌握自己的学习过程，学习独立评估自己现有的知识和技能。它的诞生需要支持性的、允许学生承担责任的环境。其次，让学习者坐在"驾驶座"上，发现自己的优势和适合自己的学习策略。最后，在前两者的基础上，学习者发展思考的能力并开创自己的学习之路。但罗卡教授并不认同预先确定的学习风格这一说法，她认为学习者要灵活多面，不仅可以学习新的学习方法，还可以调整解决当下问题的风格。

"思考与学会学习"这一广泛的技能中还蕴含着"学习社区"这一概念，它既包括小组、班级、学校，也包括校外的社区。幼儿园和小学阶段是开始培养协作学习文化的最佳人生阶段。芬兰一直到高中毕业会考之前都没有地区性或全国性的统考，所以老师可以采用多元的评估方法，也因此可以在课堂、校内和校外培养学生除了刷题以求获得高分能力之外的其他能力，比如开展强调小组协同、规则共享的项目课题学习。

芬兰的新课程标准列出的第二项横贯能力目标是文化感知、互动沟通和自我表达。文化感知的能力用更加通俗易懂的语言来解释就是"在当今多元化的社会环境中，让学生熟悉和尊重他们的生活环境、文化传承以及所处社会的文化、宗教信仰和语言的根源，同时了解成为世界公民的一员意味着什么。鼓励学生把自己和他人的多样性视为建设性的力量和优势的来源。同时也应当解决多元文化世界中的摩擦和构建自身身份认同时出现的问题"。芬兰是传统的单一民族国家，而不是通常意义上的移民国家。但最近 30 年在芬兰南部地区的城市人口中，随着新移民和难民的加入，越来越多的人口的母语不是芬兰语。罗卡教授在文化的冲突这一问题上持非常乐观的态度。她赞同芬兰新课程标准中鼓励的多元文化的接触，互相尊重和承认彼此的文化遗产。她认为可以再迈进一步，讨论跨文化主义，尝试站在彼此的角度建立一个新型的、融合的文化。她一方面承认文化摩擦的必然存在，并认为问题不就是用来解决的吗？另一方面，她理想中的新型融合的文化依然是建立在"人人必须遵守的相同法律"之上的。文化冲突必然导致行为规范的冲突。罗卡教授在书中并没有给出"规范是谁的规范"这一问题的答案。

自我意识和互动沟通并不矛盾。我们通常认为，西方教育体系培养出来的年轻人以自我为中心，东方教育体系更强调集体主义。芬兰的新课程标准要求从早期就引导学生认识和明辨不同的情绪，意识到自己的价值和优缺点。芬兰教育体系内的每个孩子都应该学会明白自己的行为对自身和他人的福祉、健康和安全带来的影响。教会学生控制他们的情绪、调节他们的行为，以更好地理解自己和他人。培养社交和情绪技能可以帮助学生理解人际关系和充满爱心的社区的重要性。多元文化环境中的互动沟通不仅包括积极型聆听，也包括如何区分我们的诠释和我们所观察到的事情，这样才能避免出现不必要的偏见。罗卡教授在这一板块中还特别提到了对教育工作者进行社交和情绪技能的培训，否则老师在棘手的场合下更倾向使用破坏性的互动方式（所谓的"路障法"）。典型的做法是批评、警告或是下达命令，即使当时学生已经完全被情绪控制，根本接收不到来自老师的任何信息了。老师不再下达命令，而是给学生更多的空间让他们决定怎么样才能改变他们的不良行为。老师不再给学生贴上"聪明"、"听话"或"优秀"的标签，而是更多地倾向于描述他们对于该行为的感受以及该行为导致的具体后果。

自我照顾和管理日常生活是芬兰新课程标准提出的基础教育的第三个目标。要想成为具有独立生存能力的公民，学生就必须学习诸如处理日常生活和照顾好自己这样的重要技能。芬兰从小学开始就开设木工、金工、缝纫、编织课程，初中阶段学习厨艺的家政课也是必修课。基本的社会技能包括时间管理、消费意识和数字时代的自我约束技能，以及培养那些能够促进福祉和健康的习惯。它们包括的主题还有诸如促进日常安全、在危险情况下采取行动和保护个人隐私等。

现代年轻人超前消费、攀比消费，使用信用卡和高利率的短期贷款的行为已是司空见惯，这也引发了一系列问题。在芬兰，很多尚未踏入工作岗位的年轻人在各种网贷平台贷款，进行超前消费，拆东墙补西墙，最后无法偿还，导致信用记录一塌糊涂。所以，初中的课程内容已涉及消费者技能教育，以帮助学生了解自身的消费习惯并认识到这些习惯对更广泛的社区所产生的影响。初中课程帮助学生发展他们的个人理财技能，例如在九年级的政治经济课上安排学生分析和讨论购买股票和理财的方法。同时，学校提倡分享经济和节俭。

社交媒体嵌入现代人的日常生活，包括拥有智能手机的中小学生。毫无疑问，保护个人隐私已成为当今（数字）世界不可或缺的一部分。学校指导学生了解如何创建个人边界（在线和离线）并保护个人隐私。

青少年懂得如何在社交媒体上保护自己的隐私不仅归属于"自我照顾和管理日常生活"的能力，而且也是"多元识读"能力的一部分。根据芬兰新课程标准，多元识读能力指的是具备理解、创造和评估语言的、视觉的、听觉的、手势的、空间的和多模态的通信与信息能力。信息越来越多地以视觉、数字、音频、触觉和数码的形式，以及所有这些形式的组合而存在。在当今的世界形势下，多元识读是一项重要的技能。多元识读能力的终极教学目的是帮助学生利用多种媒介和平台进行研究、应用、编辑、交流和呈现信息。通过科目的组成部分或布置的作业，学生有机会实践批判性的思维、评估资料来源的可信度和道德准则。同时，学校也应帮助学生认识和理解那些在各类科学和艺术学科中惯常使用的不同表达方式。

　　媒体素养是多元识读能力的一个子范畴。自 21 世纪以来，它一直被芬兰政府和欧盟视为教育工作中一个不可或缺的领域、信息社会的一项核心技能，因此它与基础教育紧密相连。在基础教育中，它被认为涵盖了美学、沟通、批判性解读和安全技能。罗卡教授提出了多元识读能力中的"计算素养"和"游戏素养"。前者是指通过技术构建而获得的，用于揭示不同媒体服务的后端及其数据收集算法的能力。在一个数字化的世界里，重要的是引导我们的年轻人参与计算，而不仅仅是被动地消费技术。对于后者，作者并没有明确说明其定义，而是强调了游戏世界的日趋逼真模糊了现实和虚拟之间的边界，对人们理解现实的能力提出了新挑战。

　　多元识读能力不仅强调了学生理解、创造和评估在当今世界中以新模态呈现的各类信息的能力，而且同样看中对于文本的理解能力。因为我们总是在特定的情境中通过特定的文化视角来解读接收到的信息，罗卡教授介绍了芬兰独特的宗教课，在基础教育阶段，学生根据自己的宗教信仰上不同的宗教课，没有宗教信仰的学生则学习人生观课程。这门课程强调宗教素养的能力和跨宗教的交际能力，出发点是为帮助年轻人在多元宗教信仰的社会中生活做准备。罗卡教授把宗教课或人生观课程归入多元识读能力的目标范畴而不是文化感知的目标范畴，原因在于这门课程涉及包括历史、艺术、音乐和文学在内的更广泛的主题。此外，理解与学科相关的学术性文本，包括其表达方式和术语也属于多元识读的范畴。

信息及通信技术能力位列横贯能力的第五项。该项能力不仅在探究式的创造性学习中发挥作用，帮助学生寻找信息、管理和创造知识，而且也包括识别计算机编程的核心原理和操作，学习基本的编程知识。除去技术层面的要求，这一能力目标还要求帮助学生了解在使用现代科技时需要承担的责任以及如何保护自己的身心健康和隐私安全。数字世界，比如各种平台并不是一个孤立的世界，而是我们生活的现实世界的另一层面。教育工作者要发挥积极作用，引导学习者明白网络的抑制和放大效应，正确看待在线社交，学会"网络礼仪"，以适当、安全的方式在网上与他人互动。

为学生的未来做好准备是教育的核心目标，芬兰的新课程标准提出的面向未来的第六项能力目标是职业技能和创业精神。技术发展与经济全球化使得工作生活、职业和工作性质不断发生变化。芬兰的新课程标准也在为这种不确定性做好准备。为职业生涯做好准备包括鼓励学生勇敢面对意想不到的状况、保持开放的心态和增强适应能力，也就是对"浮游"能力的培养。创业者心态的培养包括在校内开展小型的创业项目以及在 9 年级开设全年或半年的"经济常识和创业"选修课，创造条件让学生成长，以创新和开阔的心态去面对职业生活，并帮助他们了解创业的现实——风险、回报和社会责任。人际交往、情感学习、协作与分工等能力目标贯穿于多个能力目标中，在职业技能中也不例外。初中八年级和九年级阶段为期1~2周的学生实习在新课程标准出台以前就已经是芬兰初中的传统了。由于这一制度的历史悠久，当学生前去寻找实习工作时，学校周边的商家和机构都积极响应，为学生提供机会。学生在体验职业生活的同时，也了解了社区周边行业和企业的特色和品质以及它们对当地社区的贡献。罗卡教授也在本书中提到了"我和我的城市"这个针对六年级学生的学习模块，这是把社会的经济生活浓缩到一个微小项目中的实践，它屡获殊荣。

芬兰的新课程标准强调学生也是社会生活的积极参与者。第七项具有前瞻性的能力目标是培养参与、影响和构建可持续发展的未来的公民。学校在支持学生参与方面处于独特的地位，通过各种渠道，比如课外活动、学校的脸书网页和学生会，支持发展学生的能动性，也就是采取行动的意愿、获取经验的意愿和存在的意愿。并借助教学方法和活动帮助学生理解和学会如何独立做决定以及对自己的行为负责。例如，学生和教师合作制定班规有助于学生理解规则、协议和信任之间的关系。

在分析了新课程标准中的七个广泛的横贯能力目标后，现象式学习的领军倡导人物——罗卡教授才开始娓娓道来现象式学习的哲学基础、教学模式、如何开展和评估现象式教学项目以及情绪挑战。简言之，现象式学习（或译为基于现象的学习）是一种强调整体性的学习方法，它综合了来自不同学科的知识，学生通过协作，研究某个现实中的具体现象，其目的不是取代科目学习，而是将其置于更广阔的视角之下，发展学生解决问题的能力。根据罗卡教授的论述，芬兰的教育心理学教授迈亚利萨·劳斯特－冯·赖特最早把以现象为中心的学习构建于美国的约翰·杜威和乔治·赫伯特·米德的实用主义哲学基础上。学习应该相互关联且具有实用性，而且实用主义哲学反对把儿童看作等待被灌输思想的、空空的、被动的容器。杜威倡导以儿童为中心的教育。现象式学习的另一个思想来源是乔治·赫伯特·米德的思想，他支持统一的、超越了身心的二元二分法的世界观。世界可以被视为一个不断变化、不断进化，并且不断产生新的理解和认知的环境。按照这种实用主义的观点，人的思维是在个体与自然、社会环境之间相互作用的过程中发展进步的。冯·赖特代表了一种实用建构主义的革命性的形式。

罗卡教授同时也坦承，现象式学习的灵感很多也来自与凯·哈卡赖宁教授的合作。他的哲学建立在被称为"探究式的疑问模型"之上。他认为，科学探究和知识获取通常被认为是提出问题和寻找答案的过程。冯·赖特关于现象式学习的初始概念和渐进的探究式学习背后的哲学思想之间的共通之处在于：它们都建立在理查德·帕瓦特的"大想法"基础之上，即世界上规模宏大的现象。大想法的价值不仅在于知识本身，更在于它们的结果。学习不光是获取内容性知识，更多是学习如何学习和探究世界，最终看到的是模式和系统，而不仅是现实的零散片段。罗卡教授反思了西方科学的产生就好像发生在一个筒仓结构中，它提供了真实世界的一个切片。而人类不会天然地从特定领域的角度进行思考，相反，我们的思维不断地构筑起一个对世界更加全面的理解。出于这个原因，我们应当打破校内各学科的封闭筒仓形式，这将促进创造性思维的发展和跳出"盒子"思考问题。

这本书详细介绍了如何开展现象式教学项目，如何在当中融合现代科技，并为现象式教学项目提供了评估标准。为了帮助读者理解，书中还具体介绍了一个针对六年级学生的，以"世界各大洲"为主题的现象式学习项目，它融合了地理、生物、数学、芬兰语、英语和音乐这些科目。在这一章的最后，罗卡教授提出了在现象式学习中学生会面临的情绪挑战，这是一个非常新颖和值得注意的观点。首先，学科本位以及师生的脚本设置在老师和学生的头脑里根深蒂固。其次，现象式学习的过程迫使学生扩展以往的理解和思维模式，这会引发"边缘情绪"，也就是当以前的思维模式受到挑战时，心理活动会转为捍卫自己的固有立场，而不是学习新事物。学生无法避免情绪的反应，所以学习如何审视和应对边缘情绪和挫败感是现象式学习的核心学习成果之一。

在全书的最后一章作者列举了一些她对芬兰教育发展方向和关注领域的思考，包括师范教育改革、如何支持科学教育的创新、教师的在职培训和终身学习以及智慧学习。当然，大家对芬兰的现象式学习和教育改革还存在很多误读，罗卡教授也在这一章中破除了一些谣言。

2020 年一场席卷全球的疫情打乱了我们所有人的计划。"你无法需要你甚至还不能想象出的东西。这也是我们学校体系的问题所在。"疫情之前，无论是教育工作者还是学生，都不曾想象过这样一种可能性，即一整个学期的课程都是通过网络课堂来完成。在敬畏生命的同时，作为一名一线的教育工作者，我更加切身体会到，对于学生，掌控自己的学习、互动沟通和自我表达、情绪控制、自我照顾和管理日常生活、信息和通信技术，适应和开放的"浮游"能力是疫情期间进行网络学习的重要保障！罗卡教授在书的末章提到把教育心理学（参与式学习模型）、学科内容教学法（教学内容知识）和新技术进步（例如增强智能、增强现实、大数据分析和机器人技术）的资源整合起来，同时发展物理的、社交的、教学的、移动的、数字的和思维的学习空间，为未来和现在的教师打造一种新的学习环境。 疫情已经把这一对未来的要求提前推到了我们的面前。

感谢阿依达中芬国际教育把这本书推荐给了中国读者。七个技能板块中的三、四、五、六、七项由胡殿慧老师翻译，其余各章节、全书校对和统稿工作由葛昀负责。葛昀同时执笔了译名对照表部分的内容。感谢中信出版集团慧眼挑中了这本好书。感谢芬兰文学交流中心 FILI 对这本书翻译工作的支持。相信国内的教师、家长、教育界人士和教育决策机构都会从这本书中获得极大的启发并在实践中直接受益。

葛昀

2021 年 5 月

参考文献

第一章　知过往，方能更了解前路

1.　Bange, O., & Niedhart, G. (2008). *Helsinki 1975 and the Transformation of Europe*. Gerhahn Books.

2.　Höglund, P. (1998). *Finland's Great Famine (1867-1868)*. Retrieved http:// www. ballinagree.freeservers.com/ finfam.html.

3.　Jutikkala, E., & Pirinen, K. (2003). *A History of Finland, 6th revised edition*. Juva: WS Bookwell Oy.

4.　Korpela, J. (2014). The Baltic Finnish People in the Medieval and Pre-Modern Eastern European Slave Trade. *Russian History, 41*, 1, 85-117.

5.　Kumpulainen, K., & Lankinen, T. (2016). Striving for educational equity and excellence. In: Niemi, H., Toom, A., & Kallioniemi, A. (Eds.), *Miracle of education: The principles and practices of teaching and learning in Finnish schools* (pp. 71-82). Rotterdam, The Netherlands: Springer.

6.　Luukkanen, T-L. (2004). *Cygnaeus, Uno*. National biography of Finland online publication. Studia Biographica 4. Finnish Literature Society.

7.　Merikallio, K., & Ruokanen, T. (2015). *The Mediator: A biography of Martti Ahtisaari*. London, UK: Hurst Publishers.

8.　Niemi, H., Toom, A., & Kallioniemi, A. (Eds.). (2016). *Miracle of education: The principles and practices of teaching and learning in Finnish schools*. Rotterdam, The Netherlands: Springer.

9. Ollikainen, A. (2015). *White hunger*. Chance Encounter series. London, UK: Peirene Press.

10. Pennanen, M. (1997). *Kasvatustiede yliopistollisena oppiaineena Suomessa vuosina 1852–1995*. Master's thesis. University of Turku, Turku, Finland.

11. Sahlberg, P. (2010). The secret to Finland's success: Educating teachers. *Stanford Center for Opportunity Policy in Education, 2*, 1-8.

12. Sahlberg, P. (2011). *Finnish lessons*. New York: Teachers College Press.

13. Syväoja, H. (2004). *Kansakoulu-suomalaisten kasvattaja. Perussivistystä koko kansalle 1866-1977*. Jyväskylä: PS-kustannus.

14. Tainio, L., & Grunthal, S. (2016). Language and literature education. In: Niemi, H., Toom, A., & Kallioniemi, A. (Eds.), *Miracle of education: The principles and practices of teaching and learning in Finnish schools* (pp. 145-156). The Netherlands: Sense Publishers.

15. University of Eastern Finland. (15th of April 2014). *Medieval slave trade routes in Eastern Europe extended from Finland and the Baltic Countries to Central Asia.* Retrieved from: www.sciencedaily.com/ releases/2014/04/140415084148. htm.

第二章　来自教育心理学的启示

1. Baddeley, A. (1986). *Working memory*. Cambridge: Cambridge University press.

2. Codrington, G. T., & Grant-Marshall, S. (2004). *Mind the gap*. Cape Town, South Africa: Penguin Books.

3. Dweck, C. (2006). *Mindset: The new psychology of success*. Random House.

4. Hakkarainen, K., Hietajärvi, L., Alho, K., Lonka, K., & Salmela-Aro, K. (2015). What engages digital natives. In: Eccles, J., & Salmela-Aro, K. (Eds.), *International Encyclopedia of the Social & Behavioral Sciences*. Elsevier.

5. Kirschner, P., & van Merriënboer, J. (2013). Do learners really know best? Urban legends in education. *Educational Psychologist, 48*(3), 169-183.

6. Lindblom-Ylänne, S., & Lonka, K. (1999). Individual ways of interacting with the learning environment - Are they related to study success? *Learning and*

instruction, 9(1), 1-18.

7. Pashler, H., McDaniel, M., Rohrer, D., & Bjork, R. (2008). Learning styles concepts and evidence. *Psychological science in the public interest, 9*(3), 105-119.

8. Prensky, M. (2001). Digital natives, digital immigrants part 1. *On the horizon, 9*(5), 1-6.

9. Vermunt, J. D., & Vermetten, Y. J. (2004). Patterns in student learning: Relationships between learning strategies, conceptions of learning, and learning orientations. *Educational psychology review, 16*(4), 359-384.

10. Archer, K., Savage, R., Sanghera-Sidhu, S., Wood, E., Gottardo, A., & Chen, V. (2014). Examining the effectiveness of technology use in classrooms: A tertiary meta-analysis. *Computers & Education, 78*, 140-149.

11. Aunola, K., Viljaranta, J., Lehtinen, E., & Nurmi, J. E. (2013). The role of maternal support of competence, autonomy and relatedness in children's interests and mastery orientation. *Learning and Individual Differences, 25*, 171-177.

12. Bartlett, F. C. (1932/1995). *Remembering: A study in experimental and social psychology*. NY: Cambridge University Press.

13. Bennett, S., Maton, K., & Kervin, L. (2008). The 'digital natives' debate: A critical review of the evidence. *British journal of educational technology, 39*(5), 775-786.

14. Bereiter, C. (2002). Design research for sustained innovation. *Cognitive Studies, 9*(3), 321-327.

15. Bereiter, C., & Scardamalia, M. (1993). *Surpassing ourselves: An inquiry into the nature and implications of expertise*. Chicago: Open Court.

16. Bereiter, C., & Scardamalia, M. (2003). Learning to work creatively with knowledge. *Powerful learning environments: Unravelling basic components and dimensions*, 55-68.

17. Bergmann, J., & Sams, A. (2012). *Flip your classroom: Reach every student in every class every day*. International Society for Technology in Education. Available online.

18. Best, P., Manktelow, R., & Taylor, B. (2014). Online communication, social media and adolescent wellbeing: A systematic narrative review. *Children and Youth*

Services Review, 41, 27-36.

19. Biggs, J.B. (1996). Enhancing teaching through constructive alignment. *Higher Education, 32*, 347-364.

20. Bonk, C.J., & Graham, C.R. (2006). *The handbook of blended learning. Global perspectives, local designs.* San Francisco, CA: John Wiley & Sons, Inc.

21. Bransford, J. D., Brown, A. L., & Cocking, R. R. (2000). *How people learn*, National Academy Press, Washington D.C.

22. Brown, A. L., & Campione, J. C. (1996). *Psychological theory and the design of innovative learning environments: On procedures, principles, and systems.* Lawrence Erlbaum Associates, Inc.

23. Brown, A. L., & Palincsar, A. S. (1989). Guided, cooperative learning and individual knowledge acquisition. *Knowing, learning, and instruction: Essays in honor of Robert Glaser*, 393-451.

24. Bruner, J. S. (1996). *The culture of education.* Harvard University Press.

25. Cain, N., & Gradisar, M. (2010). Electronic media use and sleep in school-aged children and adolescents: A review. *Sleep Medicine, 11*(8), 735-742.

26. Ceci, S. J., Barnett, S. M., & Kanaya, T. (2003). Developing childhood proactivities into adult competencies: The overlooked multiplier effect. In: Sternberg, R. J., & Grigorenko, E. (Eds.), *The psychology of abilities, competencies and expertise* (pp. 70-92). Cambridge, MA: Cambridge University Press.

27. Chi, M. T. H., Glaser, R., & Farr, M. J. (Eds.). (1988). *The nature of expertise.* Hillsdale, NJ: Erlbaum.

28. Chi, M. (1992). Conceptual change within and across ontological categories: Examples from learning and discovery in science. In: R. Giere & H. Feigl (Eds.), *Cognitive Models of Science* (pp. 129-186). University of Minnesota Press.

29. Chi, M. T., Slotta, J. D., & De Leeuw, N. (1994). From things to processes: A theory of conceptual change for learning science concepts. *Learning and instruction, 4*(1), 27-43.

30. Cleland Woods, H., & Scott, H. (2016). #Sleepyteens: Social media use in adolescence is associated with poor sleep quality, anxiety, depression and low self-

esteem. *Journal of Adolescence, 51*, 47-49.

31. Cole, M. (1996). *Cultural psychology: A once and future discipline.* Cambridge, MA: Harvard University Press.

32. Collins, A., & Halverson, R. (2010). The second educational revolution: Rethinking education in the age of technology. *Journal of computer assisted learning, 26*(1), 18-27.

33. Csikszentmihalyi, M. (1997). *Finding flow: The psychology of engagement with everyday life.* Basic Books.

34. Csikszentmihalyi, M. (2014). Toward a psychology of optimal experience. In: *Flow and the foundations of positive psychology* (pp. 209-226). Springer Netherlands.

35. Deci, E. L., & Ryan, R. M. (2008). Facilitating optimal motivation and psychological well-being across life's domains. *Canadian Psychology, 49*(1), 14-23.

36. Delle Fave, A., & Massimini, F. (2005). The investigation of optimal experience and apathy. *European Psychologist, 10*(4), 264-274.

37. Dijksterhuis, A. (2004). Think different: The merits of unconscious thought in preference development and decision making. *Journal of personality and social psychology, 87*(5), 586-599.

38. Dijksterhuis, A., Bos, M. W., Nordgren, L. F., & Van Baaren, R. B. (2006). On making the right choice: The deliberation-without-attention effect. *Science, 311*(5763), 1005-1007.

39. Entwistle, N., & Ramsden, P. (1983). *Understanding student learning.* London: Croom Helm.

40. Ericsson, K. A., & Kintsch, W. (1995). Long-term working memory. *Psychological review, 102*(2), 211.

41. European Parliament (Ed.). 2015. Innovative Schools: Teaching & Learning in the Digital Era – Workshop Documentation. Brussels: European Parliament. http://www.europarl. europa.eu/RegData/etudes/ STUD/2015/563389/IPOL_STU(2015)563389_EN.pdf.

42. Fredrickson, B. L. (2001). The role of positive emotions in positive psychology: The broaden-and-build theory of positive emotions. *American psychologist, 56*(3), 218-226.

43. Gilovich, T., Griffin, D., & Kahneman, D. (Eds.). (2002). *Heuristics and biases: The psychology of intuitive judgment.* Cambridge: Cambridge University Press.

44. Hakkarainen, K. (2003). Emergence of progressive-inquiry culture in computer-supported collaborative learning. *Learning Environments Research, 6*(2) 199-220.

45. Hakkarainen, K. (2009). A knowledge-practice perspective on technology-mediated learning. *International Journal of Computer-Supported Collaborative Learning, 4(2)*, 213-231.

46. Hakkarainen, K. (2010). Learning communities in the classroom. *International handbook of psychology in education, 177.*

47. Hakkarainen, K., Hietajärvi, L., Alho, K., Lonka, K., & Salmela-Aro, K. (2015). What engages digital natives. In: Eccles, J., & Salmela-Aro, K. (Eds.), *International Encyclopedia of the Social & Behavioral Sciences.* Elsevier.

48. Hakkarainen, K., Lonka, K., & Lipponen, L. (1999). *Tutkiva oppiminen: älykkään toiminnan rajat ja niiden ylittäminen.* [Progressive inquiry-based learning: the limits of individual intelligent activity and how to exceed them]. WSOY.

49. Hakkarainen, K., Lonka, K., & Lipponen, L. (2004). *Tutkiva oppiminen: Järki, tunteet ja kulttuuri oppimisen sytyttäjinä.* [Progressive inquiry-based learning: reason, emotion and culture to englighten the learning]. WSOY.

50. Hakkarainen, K., Palonen, T., Paavola, S., & Lehtinen, E. (2004). *Communities of networked expertise: Professional and educational perspectives.* Amsterdam: Elsevier.

51. Halinen, I., & Järvinen, R. (2008). Towards inclusive education: the case of Finland. *Prospects, 38*(1), 77-97.

52. Helle, L., Tynjälä, P., Olkinuora, E., & Lonka, K. (2007). 'Ain't nothin' like the real thing'. Motivation and study processes on a work-based project course in information systems design. *British Journal of Educational Psychology, 77*(2), 397-411.

53. Helsper, E. J., & Eynon, R. (2010). Digital natives: where is the evidence? *British educational research journal, 36*(3), 503-520.

54. Hidi, S., & Renninger, K. A. (2006). The four-phase model of interest development. *Educational psychologist, 41*(2), 111-127.

55. Hunter, J. P., & Csikszentmihalyi, M. (2003). The positive psychology of interested adolescents. *Journal of youth and adolescence, 32*(1), 27-35.

56. Inkinen, M., Lonka, K., Hakkarainen, K., Muukkonen, H., Litmanen, T., & Salmela-Aro, K. (2014). The interface between core affects and the challenge-skill relationship. *Journal of Happiness Studies, 15*(4), 891-913.

57. Inoue, N. (2012). *Mirrors of the Mind: Introduction to Mindful Ways of Thinking Education. Educational Psychology: Critical Pedagogical Perspectives. Volume 19.* New York, NY: Peter Lang.

58. Järvelä, S. (1998). Socioemotional aspects of students' learning in a cognitive-apprenticeship environment. *Instructional science, 26*(6), 439-472.

59. Järvelä, S., & Hadwin, A. (2013). New Frontiers: Regulating learning in CSCL. *Educational Psychologist, 48*(1), 25-39.

60. Järvelä, S., Hadwin, A.F., Malmberg, J., & Miller. M. (2017). Contemporary perspectives of regulated learning in collaboration. In F. Fischer, C.E. Hmelo-Silver, Reimann, P. & S. R. Goldman (Eds.). *Handbook of the Learning Sciences.* Taylor & Francis.

61. Kumpulainen, K., Krokfors, L., Lipponen, L., Tissari, V., Hilppö, J., & Rajala, A. (2009). *Learning Bridges.* Available online: http://hdl.handle. net/10138/15631.

62. Lave, J., & Wenger, E. (1991). *Situated learning: Legitimate peripheral participation.* Cambridge: Cambridge University Press.

63. Lavonen, J., Byman, R., Juuti, K., Meisalo, V., & Uitto, A. (2005). Pupil interest in physics: a survey in Finland. *Nordic Studies in Science Education, 1*(2), 72-85.

64. Lepper, M., & Henderlong, J. (2000). Turning "play" into "work" and "work" into "play": 25 years of research on intrinsic versus extrinsic motivation. In: Sansone, C., & Harackiewicz, J. (Eds.), *Intrinsic and extrinsic motivation: The search for optimal motivation and performance* (pp. 257-307). San Diego, CA: Academic Press.

65. Lindblom-Ylänne, S., Lonka, K., & Leskinen, E. (1999). On the predictive value of entry-level skills for successful studying in medical school. *Higher Education*, *37*(3), 239-258.

66. Litmanen, T., Lonka, K., Inkinen, M., Lipponen, L., & Hakkarainen, K. (2012). Capturing teacher students' emotional experiences in context: Does inquiry-based learning make a difference? *Instructional Science*, *40*(6), 1083-1101.

67. Livingstone, S. (2012). Critical reflections on the benefits of ICT in education. *Oxford review of education*, *38*(1), 9-24.

68. Loftus, E. (1979). *Eyewitness testimony*. Cambridge, MA: Harvard University Press.

69. Lonka, K. (1997). *Explorations of Constructive Processes in Student Learning*. A Doctoral Dissertation. Helsinki: University Press.

70. Lonka, K. (2012). Engaging Learning Environments for the Future. The 2012 Elizabeth W. Stone Lecture. *The road to information literacy. Librarians as facilitators of learning. IFLA (The International Federation of Library Associations and Institutions)*, 15-30.

71. Lonka, K., & Ahola, K. (1995). Activating Instruction: How to foster study and thinking skills in higher education. *European Journal of Psychology of Education*, *10*(4), 351-368.

72. Lonka, K., Hakkarainen, K., & Sintonen, M. (2000). Progressive inquiry learning for children - Experiences, possibilities, limitations. *European Early Childhood Education Research Journal*, *8*(1), 7-23.

73. Lonka, K., Joram, E., & Bryson, M. (1996). Conceptions of learning and knowledge: Does training make a difference? *Contemporary Educational Psychology*, *21*(3), 240-260.

74. Lonka, K., & Ketonen, E. (2012). How to make a lecture course an engaging learning experience? *Studies for the learning society*, *2*(2-3), 63-74.

75. Lonka, K., & Lindblom-Ylänne, S. (1996). Epistemologies, conceptions of learning, and study practices in medicine and psychology. *Higher education*, *31*(1), 5-24.

76. Lonka, K., Lindblom-Ylänne, S., & Maury, S. (1994). The effect of study strategies on learning from text. *Learning and Instruction*, *4*(3), 253-271.

77. Lonka, K., Olkinuora, E., & Mäkinen, . (2004). Aspects and prospects of measuring studying and learning in higher education, *Educational Psychology Review*, *16*(4), 301-323.

78. Lonka, K., Sharafi, P., Karlgren, K., Masiello I., Nieminen, J., Birgegård, G., & Josephson, A. (2008). Development of MED NORD - A tool for measuring medical students' well-being and study orientations. *Medical Teacher*, *30*, 72-79.

79. Loyens, S. M., & Gijbels, D. (2008). Understanding the effects of constructivist learning environments: Introducing a multi-directional approach. *Instructional science*, *36*(5-6), 351-357.

80. Lovitts, B. E. (2008). The transition to independent research: Who makes it, who doesn't, and why. *The journal of higher education*, *79*(3), 296-325.

81. Marton, F., & Säljö, R. (1976). On qualitative differences in learning: I - Outcome and process. *British Journal of Educational Psychology*, *46*(1), 4-11.

82. McFarlane, A. (2015). *Authentic Learning for the Digital Generation. Realising the potential of technology in the classroom*. London, UK: Routledge.

83. McKeachie, W.J. (1994). *Teaching Tips. Strategies, research, and theory for college and university teachers*. 9. ed. Lexington, MA: D.C. Heath and Company.

84. Mezirow, J. (1991). *Transformative dimensions of adult learning*. San Francisco: Jossey-Bass.

85. Microsoft. (2017). *Road to 21st century competence*. Evaluation framework for transveral competences in the Finnish curriculum. Helsinki. Available: https://www.microsoftmahdollista. fi/100tarinaa/schools-teachers-tool-assessment-broad-based-competences/.

86. Muis, K. R., Pekrun, R., Sinatra, G. M., Azevedo, R., Trevors, G., Meier, E., & Heddy, B. C. (2015). The curious case of climate change: Testing a theoretical model of epistemic beliefs, epistemic emotions, and complex learning. *Learning and Instruction*, *39*, 168-183.

87. Muukkonen-van der Meer, H. (2011), *Perspective on knowledge creating inquiry*

in higher education. Doctoral dissertation. Institute of Behavioural Sciences, University of Helsinki, Finland, http://www.e-thesis.helsinki.fi.

88. Mälkki, K. (2010). Building on Mezirow's theory of transformative learning: Theorizing the challenges to reflection. *Journal of Transformative Education*, *8*(1), 42-62.

89. Niemi, H., Toom, A., & Kallioniemi, A. (Eds.). (2016). *Miracle of education: The principles and practices of teaching and learning in Finnish schools.* Rotterdam: The Netherlands: Springer.

90. Nieminen, J., Sauri, P., & Lonka, K. (2006). On the relationship between group functioning and study success in problem-based learning. *Medical Education*, *40*(1), 64-71.

91. Paavola, S., & Hakkarainen, K. (2014). Trialogical approach for knowledge creation. In: *Knowledge creation in education* (pp. 53-73). Singapore: Springer.

92. Paavola, S., Lipponen, L., & Hakkarainen, K. (2004). Models of innovative knowledge communities and three metaphors of learning. *Review of Educational Research*, *74*(4), 557-576.

93. Pashler, H., McDaniel, M., Rohrer, D., & Bjork, R. (2008). Learning styles concepts and evidence. *Psychological science in the public interest*, *9*(3), 105-119.

94. Pekrun, R. (2014). *Emotions and Learning.* International Academy of Education (IAE), UNESCO Available: http://www.ibe.unesco.org/fileadmin/ user_upload/ Publications/Educational_ Practices/EdPractices_24eng.pdf.

95. Pekrun, R., Goetz, T., Titz, W., & Perry, R. P. (2002). Academic emotions in students' self-regulated learning and achievement: A program of qualitative and quantitative research. *Educational psychologist*, *37*(2), 91-105.

96. Poushter, J. (2016). Smartphone Ownership and Internet Usage Continues to Climb in Emerging Economies. But advanced economies still have higher rates of technology use. *Pew Research center.*

97. Rainio, A. P., & Marjanovic-Shane, A. (2013). From ambivalence to agency: Becoming an author, an actor and a hero in a drama workshop. *Learning, Culture*

and Social Interaction, 2(2), 111-125.

98. Rajala, A., Hilppö, J., Lipponen, L., & Kumpulainen, K. (2013). Expanding the chronotopes of schooling for the promotion of students' agency. *Identity, community and learning lives in the digital age*, 107-125.

99. Rajala, A., & Sannino, A. (2015). Students' deviations from a learning task: An activity-theoretical analysis. *International Journal of Educational Research, 70*, 31-46.

100. Robinson, K. (2011). *Out of our minds. Learning to be creative.* Westford, MA: Capstone Publishing Ltd.

101. Rosario, R. A. M., & Widmeyer, G. R. (2009). An exploratory review of design principles in constructivist gaming learning environments. *Journal of Infor-mation Systems Education, 20*(3), 289.

102. Sahlberg, P. (2010). *Finnish Lessons. What can the world learn from educational change in Finland?* New York, NY: Teachers' College Press.

103. Salmela-Aro, K., Savolainen, H., & Holopainen, L. (2009). Depressive symptoms and school burnout during adolescence: Evidence from two cross-lagged longitudinal studies. *Journal of Youth and Adolescence, 38*(10), 1316-1327.

104. Salmela-Aro, K., Upadyaya, K., Hakkarainen, K., Lonka, K., & Alho, K. (2017). The dark side of internet use: two longitudinal studies of excessive internet use, depressive symptoms, school burnout and engagement among Finnish early and late adolescents. *Journal of youth and adolescence, 46*(2), 343-357.

105. Sandström, N., Eriksson, R., Lonka, K., & Nenonen, S. (2016). Usability and affordances for inquiry-based learning in a blended learning environment. *Facilities, 34*(7/8), 433-449.

106. Scardamalia, M. (2002). Collective cognitive responsibility for the advancement of knowledge. *Liberal Education in a Knowledge Society, 97*, 67-98.

107. Scardamalia, M., & Bereiter, C. (1994). Computer support for knowledge-building communities. *The journal of the learning sciences, 3*(3), 265-283.

108. Scardamalia, M., & Bereiter, C. (2014). Knowledge building and knowledge creation: Theory, pedagogy, and technology. *Cambridge handbook of the learning*

sciences, 397-417.

109. Schank, R. (1982). *Dynamic memory*. Cambridge: Cambridge University Press.

110. Schmidt, H. G., & Rikers, R. M. (2007). How expertise develops in medicine: knowledge encapsulation and illness script formation, *Medical education*, *41*(12), 1133-1139.

111. Seitamaa-Hakkarainen, P., Viilo, M., & Hakkarainen, K. (2010), Learning by collaborative designing: technology-enhanced knowledge practices, *International journal of technology and design education*, *20*(2), 109-136.

112. Sfard, A. (1998). On two metaphors for learning and the dangers of choosing just one, *Educational Researcher*, *27*(2), 4-13.

113. Shulman, L.S. (1986). Those who understand: Knowledge growth in teaching. *Educational Researcher*, *15*(2), 4-14.

114. Slotte, V., & Lonka, K. (1999). Review and process effects of spontaneous note-taking on text comprehension. *Contemporary Educational Psychology*, *24*(1), 1-20.

115. Taipale, I. (Ed.). (2013). *100 social innovations from Finland*. Finnish Literature Society.

116. Tamim, R. M., Bernard, R. M., Borokhovski, E., Abrami, P. C., & Schmid, R. F. (2011). What forty years of research says about the impact of technology on learning: A second-order meta-analysis and validation study. *Review of Educational research*, *81*(1), 4-28.

117. Thompson, P. (2013). The digital natives as learners: Technology use patterns and approaches to learning. *Computers & Education*, *65*, 12-33.

118. Toivola, M., Peura, P., & Humaloja, M. (2017). *Flipped learning in Finland*. Electronic version. Edita.

119. Tomasello, M. (1999). *The cultural origins of human cognition*, Cambridge, MA: Harvard University Press.

120. Tuominen-Soini, H., Salmela-Aro, K., & Niemivirta, M. (2008). Achievement goal orientations and subjective well-being: A person- centred analysis. *Learning and Instruction*, *18*(3), 251-266.

121. Tynjälä, P. (1999). Towards expert knowledge? A comparison between a

constructivist and a traditional earning environment in the university. *International Journal of Educational Research, 31*(5), 357-442.

122. Uitto, A., Juuti, K., Lavonen, J., & Meisalo, V. (2006). Students' interest in biology and their out-of-school experiences. *Journal of Biological Education, 40*(3), 124-129.

123. Watson, D., & Tellegen, A. (1985). Toward a consensual structure of mood. *Psychological bulletin, 98*(2), 219-235.

124. Van Driel, J. H., Verloop, N., & de Vos, W. (1998). Developing science teachers' pedagogical content knowledge. *Journal of research in Science Teaching, 35*(6), 673-695.

125. Vermunt, J. D. (1995). Process-oriented instruction in learning and thinking strategies. *European Journal of Psychology of Education, 10*(4), 325-349.

126. Vermunt, J. D., & Verloop, N. (1999). Congruence and friction between learning and teaching. *Learning and instruction, 9*(3), 257-280.

127. Vosniadou, S. (1994). Capturing and modeling the process of conceptual change. *Learning and instruction, 4*(1), 45-69.

128. Vosniadou, S., & Brewer, W. F. (1992). Mental models of the earth: A study of conceptual change in childhood. *Cognitive Psychology, 24*(4), 535-585.

129. Vygotsky, L.S. (1978). *Mind in Society. The Development of Higher Psychological Processes*. Cambridge, MA: Harvard University Press.

130. Wenger, W. (1998). *Communities of practice: Learning, meaning and identity*. Cambridge: Cambridge University Press.

131. Zan, R., Brown, L., Evans, J., & Hannula, M. S. (2006). Affect in mathematics education: An introduction. *Educational studies in mathematics, 63*(2), 113-121.

技能板块一　思考与学会学习

1. Bohm, D. (2013). *On dialogue*. London, UK: Routledge. Available online: http://14.139.206.50:8080/jspui/ bitstream/1/1374/1/Bohm,%20 David%20-%20 On%20Dialogie.pdf.

2. Pylkkänen, P. (2007). *Mind, Matter and the Implicate Order.* Heidelberg and New York: Springer Frontiers Collection.

3. Pylkkänen, P. (2017). The crisis of intelligibility in physics and the prospects of a new form of scientific rationality. In I. Niiniluoto, & T. Wallgren (Eds.), *On the Human Condition: Philosophical Essays in Honour of the Centennial Anniversary of Georg Henrik von Wright.* Acta Philosophica Fennica Vol. 93. Helsinki: The Philosophical Society of Finland.

4. von Wright, G.H. (1989). Images of science and forms of rationality. In S. J. Doorman (Ed.) *Images of Science: Scientific Practise and the Public.* Gower: Aldershot.

5. Finnish National Board of Education [FNBE], 2014, 2015.

6. Lavonen, J., & Juuti, K. (2016). Science at Finnish compulsory school. In: *Miracle of Education* (pp. 125-144). SensePublishers, Rotterdam.

7. Lavonen, J., & Laaksonen, S. (2009). Context of teaching and learning school science in Finland: Reflections on PISA 2006 results. *Journal of Research in Science Teaching, 46*(8), 922-944.

8. Ministry of Finance, (2017). *Europe 2020 Strategy-Finland's National Reform Programme.* Spring 2017. Ministry of Finance publications-18c/2017.

9. OECD. (2013). *PISA 2012. Results in focus. What 15-year-olds know and what they can do with what they know.* Paris: OECD. Retrieved from http://www. oecd. org/pisa/keyfindings/pisa-2012-results-overview.pdf.

10. Vahtivuori-Hänninen, S., Halinen, I., Niemi, H., Lavonen, J., & Lipponen, (2014) . A new Finnish national core curriculum for basic education (2014) and technology as an integrated tool for learning. In: *Finnish innovations and technologies in schools* (pp. 21-32). SensePublishers, Rotterdam.

11. Agarwal, R., Sambamurthy, V., & Stair, R. L. (2000). The evolving relationship between general and specific computer self-efficacy – an empirical assessment. *Information Systems Research, 11*(4), 418-430.

12. Aspinwall, L. G., & Staudinger, U. M. (2003). *A psychology of human strengths: Fundamental questions and future directions for a positive psychology.* American

Psychological Association.

13. Bandura, A. (1997). *Self-efficacy: The exercise of control*. New York: Freeman.

14. Bohm, D. (2013). *On dialogue*. London, UK: Routledge.

15. Deci, E.L., & Ryan, R. M. (2000). The "what" and "why" of goal pursuits: Human needs and the self-determination of behaviour. *Psychological Inquiry*, *11*, 227-268.

16. Doden, M. (2004). *The creative mind: Myths and mechanisms*. London: Routledge.

17. Ericsson, K., Roring, R. W., & Nandagopal, K. (2007). Giftedness and evidence for reproducibly superior performance: An account based on the expert performance framework. *High Ability Studies*, *18*(1), 3-56.

18. Greene, J. A., Sandoval, W. A., & Bråten, I. (Eds.). (2016). *Handbook of epistemic cognition*. New York, NY: Routledge.

19. Hakkarainen, K., Lonka, K., & Lipponen, L. (2004). *Tutkiva oppiminen: Järki, tunteet ja kulttuuri oppimisen sytyttäjinä. [Progressive inquiry-based learning: Reason, emotions and culture. In Finnish]* Helsinki: WSOY.

20. John-Steiner, V. (2000). *Creative collaboration*. Oxford University Press.

21. Krapp, A. (2005). Basic needs and development of interest and intrinsic motivational orientations. *Learning and Instruction*, *15*, 381-395.

22. Larsson, K. (2017). Critical Thinking in students' ethical reasoning: A reflection on some examples from the Swedish National Tests in Religious Education. In *Assessment in Ethics Education* (pp. 51-67). Springer, Cham.

23. Lonka, K. (2015) *Oivaltava oppiminen. [Insightful learning. In Finnish]*. Helsinki, Finland: Otava.

24. Lonka, K., Ketonen, E., Vekkaila, J., Cerrato Lara, M., & Pyhältö, K. (in press) Doctoral students' writing profiles and their relations to well-being and perceptions of the academic environment. *Higher Education*.

25. Mälkki, K. (2010). *Theorizing the nature of reflection*. Doctoral Dissertation. University of Helsinki, Helsinki.

26. Olson, D.R. (2003). *Psychological theory and education reform: How school remakes mind and society*. Cambridge: Cambridge University Press.

27. Pashler, H., McDaniel, M., Rohrer, D., & Bjork, R. (2008). Learning styles

concepts and evidence. *Psychological science in the public interest, 9*(3), 105-119.

28. Pyhältö, K., Soini, T., & Pietarinen, J. (2010). Pupils' pedagogical well-being in comprehensive school – Significant positive and negative school experiences of Finnish nine graders' *European Journal of Psychology of Education, 24*, 447-463.

29. Robinson, K. (2011). *Out of our minds: Learning to be creative*. Westworth, MA: John Wiley & Sons.

30. Sawyer, R. K. (2004). Creative Teaching: Collaborative discussion as disciplined improvisation. *Educational Researcher, 33*(2), 12-20.

31. Sawyer, R. K. (2004). Improvised lessons: Collaborative discussion in the constructivist classroom. *Teaching Education, 15*(2), 189-201.

32. Schommer, M. (1990). Effects of beliefs about the nature of knowledge on comprehension. *Journal of educational psychology, 82*(3), 498.Scardamalia, M. (2002) . Collective cognitive responsibility for the advancement of knowledge. *Liberal Education in a Knowledge Society, 97*, 67-98.

技能板块二 文化感知、互动沟通和自我表达

1. Talvio, M., Berg, M., Litmanen, T., & Lonka, K. (2016). The benefits of teachers' workshops on their social and emotional intelligence in four countries. *Creative Education, 7*(18), 2803-2819.

2. Talvio, M., Ketonen, E., & Lonka, K. (2014). How long lasting are the effects of training on nteraction skills? Teachers' sample. *Proceedings of 2014 International Conference on Advanced Education and Management (ICAEM2014)*, 125-131.

3. Talvio, M., Lonka, K., Komulainen, E., Kuusela, M., & Lintunen, T. (2015). The development of teachers' responses to challenging situations during interactions training. *Teacher Development. 19* (1), 97-115.

4. Talvio, M., Lonka, K., Komulainen, E., Kuusela, M., & Lintunen, T. (2013). Revisiting Gordon's Teacher Effectiveness Training: An intervention study on teachers' social and emotional learning. *Electronic Journal of Research in Educational Psychology, 11*(3), 693-716.

5. Talvio, M., & Lonka, K. (2013). International variation in perceiving goals of a youth development programme (Lions Quest). *The European Journal of Social & Behavioural Sciences*, 6(3), 1057-1065.

6. Ruokonen, I., & Ruismäki, H. (2013). Bridges of joy – a case study of the collaborative design learning process of the university teacher students. *The European Journal of Social & Behavioural Sciences*, 7, 1187-1192.

7. Ruokonen, I., & Othman, E. (2016). Sibelius and the World of Art: Experience and expression through music and imagery in arts educational studies. *IMAG vol.1* (3), 236-251.

8. Lonka, K. (2003). Helping doctoral students to finish their theses. In: L. Björk, G. Bräuer, L. Rienecker, G. Ruhmann, & P. Stray Jørgensen, (Eds.), *Teaching Academic Writing Across Europe* (pp. 113-131). Dordrecht, The Nether-lands: Kluwer University Press.

9. Tynjälä, P., Mason, L., & Lonka, K. (Eds.). (2001). *Writing as a Learning Tool: Integrating theory and practice. Studies in Writing, Vol. 7*. Dordrecth, The Netherlands: Kluwer Academic Publishers.

10. Collaborative for Academic, Social and Emotional Learning (2016). Core SEL Competencies. http://www.casel.org/ core-competencies/.

11. Deci, E. L., & Ryan, R. M. (1980). Self-determination theory: When mind mediates behavior. *The Journal of Mind and Behavior*, 33-43.

12. Durlak, J. A., Weissberg, R. P., Dymnicki, A. B., Taylor, R. D., & Schellinger, K. B. (2011). The Impact of Enhancing Students' Social and Emotional Learning: A Meta-Analysis of School-Based Universal Interventions. *Child Development, 82*, 405-432.

13. Elias, M., Zins, J., Weissberg, R., Frey, K., Greenberg, M., Haynes, N., Kessler, R., Schwabstone, M., & Shriver, T. (1997). *Promoting social and emotional learning*. Alexandria, VA: ASCD.

14. Gordon, T. (2003). *Teacher effectiveness training*. New York: Three rivers press.

15. Halverson, E. R., & Sheridan, K. (2014). The maker movement in education. *Harvard Educational Review, 84*(4), 495-504.

16. Humphrey, N. (2013). *Social and emotional learning: A critical appraisal.* Thousand Oaks, CA: Sage.

17. Iizuka, C. A., Barrett, P. M., Gillies, R., Cook, C. R., & Marinovic, W. (2014). A combined intervention targeting both teachers' and students' social-emotional skills: Preliminary evaluation of students' outcomes. *Australian Journal of Guidance and Counselling, 24*(02), 152-166.

18. Kärnä, A., Voeten, M., Little, T. D., Poskiparta, E., Kaljonen, A., & Salmivalli, C. (2011). A large-scale evaluation of the KiVa antibullying program: Grades 4–6. *Child development, 82*(1), 311-330.

19. Lahti, H., Seitamaa-Hakkarainen, P., Kangas, K., Härkki, T., & Hakkarainen, K. (2016). Textile teacher students' collaborative design processes in a design studio setting. *Art, Design and Communication in Higher Education, 15*(1), 35-54.

20. Leroy, N., Bressoux, P., Sarrazin, P., & Trouilloud, D. (2007). Impact of Teachers' Implicit Theories and Perceived Pressures on the Establishment of an Autonomy Supportive Climate. *European Journal of Psychology of Education, 22*, 529-545.

21. Lonka, K., & Mind the Gap Research Group (2015). Workshop 1 Materials. (Pages 5-46). In: European Parliament (Ed.). 2015. *Innovative Schools: Teaching & Learning in the Digital Era –Workshop Documentation.* Brussels: European Parliament. See kirstilonka.fi/ publications.

22. Prochaska, J. O., Norcross, J. C., & DiClemente, C. C. (1994). *Changing for good.* New York: Morrow.

23. Renkl, A., Mandl, H., & Gruber, H. (1996). Inert knowledge: Analyses and remedies. *Educational Psychologist, 31*(2), 115-121.

24. Salmivalli, C., Kärnä, A., & Poskiparta, E. (2011). Counteracting bullying in Finland: The KiVa program and its effects on different forms of being bullied. *International Journal of Behavioral Development, 35*(5), 405-411.

25. Schonert-Reichl, K.A. (2017): Social and Emotional Learning and the Teachers. *The Future of Children, 27*(1), 137-155.

26. Talvio, M. (2014). *How do teachers benefit from training on social interaction skills? Developing and utilising an instrument for the evaluation*

of teachers' social and emotional learning. Doctoral Dissertation. http://urn. fi/URN:ISBN:978-951-51-0188-4 University of Helsinki, Finland.

27. Toivanen, T., Halkilahti, L., & Ruismäki, H. (2013). Creative pedagogy – Supporting children's creativity through drama. *The European Journal of Social & Behavioural Sciences, 7*(4), 1168-1179.

28. Toivanen, T., Komulainen, K., & Ruismäki, H. (2011). Drama education and improvisation as a resource of teacher student's creativity. *Procedia-Social and Behavioral Sciences, 12*, 60-69.

29. World Economic Forum (2015). *New Vision for Education Unlocking the Potential of Technology.* Geneva: World Economic Forum.

30. Wubbels, T., & Brekelmans, M. (2005). Two decades of research on teacher–student relationships in class. *International Journal of Educational Research, 43*(1-2), 6–24.

技能板块三　自我照顾和管理日常生活

1. Best, P., Manktelow, R., & Taylor, B. (2014). Online communication, social media and adolescent wellbeing: A systematic narrative review. *Children and Youth Services Review, 41*, 27-36.

2. Cain, N., & Gradisar, M. (2010). Electronic media use and sleep in school-aged children and adolescents: A review. *Sleep Medicine, 11*(8), 735-742.

3. Cleland Woods, H., & Scott, H. (2016). #Sleepyteens: Social media use in adolescence is associated with poor sleep quality, anxiety, depression and low self-esteem. *Journal of Adolescence, 51*, 47-49.

4. Global Challenge Insight Report. (2016). *The Future of Jobs: Employment, Skills and Workforce Strategy for the Fourth Industrial Revolution.* World Economic Forum.

5. Järvelä, S., & Hadwin, A. (2013). New Frontiers: Regulating learning in CSCL. Educational *Psychologist, 48(*1), 25-39.

6. Järvelä, S., Hadwin, A.F., Malmberg, J., & Miller. M. (2017). Contemporary

perspectives of regulated learning in collaboration. In: F. Fischer, C.E. Hmelo-Silver, P. Reimann, & S. R. Goldman (Eds.), *Handbook of the Learning Sciences*. Taylor & Francis.

7. Kraak, V., & Pelletier, D. L. (1998). The influence of commercialism on the food purchasing behavior of children and teenage youth. *Family Economics and Nutrition Review, 11*(3), 15.

8. Salmivalli, C., Kärnä, A., & Poskiparta, E. (2011). Counteracting bullying in Finland: The KiVa program and its effects on different forms of being bullied. *International Journal of Behavioral Development, 35*(5), 405-411.

9. Shove, E., Pantzar, M., & Watson, M. (2012). *The dynamics of social practice: Everyday life and how it changes.* Sage.

技能板块四　多元识读

1. Hohti, R., & Karlsson, L. (2013). Lollipop Stories: Listening to children's voices in the classroom and narrative ethnographical research. *Childhood – A journal of global child research, 21*(4), 548-562.

2. Karlsson, L. (2000). *Lapsille puheenvuoro. Ammattikäytännön perinteet murroksessa.* [It is time to listen to the children. Professional traditions in the crossroad]. Helsinki: Edita.

3. Karlsson, L. (2013). Storycrafting method – to share, participate, tell and listen in practice and research. *The European Journal of Social & Behavioural Sciences, VI* (3). http://www.futureacademy.org. uk/files/menu_items/other/ejsbs88.pdf.

4. Mäenpää, N. (2012). Die Freude am freien Erzählen – Geschichten-Dichten im Fremdsprachenunterricht. In: M. Bendtsen, M. Björklund, L. Forsman, & K. Sjöholm (Eds.), *Global Trends Meet Local Needs* (pp. 157-170). Vaasa: Åbo Akademi University.

5. Riihelä, M. (1991). *Aikakortit. Tie lasten ajatteluun.* [Time cards, The road to childrens' thinking]. Helsinki: VAPK-kustannus.

6. Cope, B., & Kalantzis, M. (2009). "Multiliteracies": New Literacies, new

Learning. *Pedagogies: An International Journal, 4*(3), 164-195.

7. DiSessa, A. A. (2000). *Changing minds.* MIT press.

8. European Audiovisual Observatory (2016). *Mapping of Media Literacy Practices and Actions in EU-28.* Strasbourg: European Audiovisual Observatory. Retrieved from: https:// ec.europa.eu/digital-single-market/en/ news/reporting-media-literacy-europe.

9. European Commission. (2009). *Commission Recommendation of 20 August 2009 on media literacy in the digital environment for a more competitive audiovisual and content industry and an inclusive knowledge society. Brussels, Official Journal of the European Union, L 227, 29 August 2009.* Retrieved from: http://eur-lex.europa.eu/legal-content/EN/ TXT/?uri=CELEX:32009H0625.

10. Gee, J. P. (2003). What video games have to teach us about learning and literacy. *Computers in Entertainment (CIE), 1*(1), 20-20.

11. Grover, S., & Pea, R. (2013). Computational thinking in K-12: A review of the state of the field. *Educational Researcher, 42*(1), 38-43.

12. Halinen, I. (2015). What is going on in Finland? – Curriculum Reform 2016. Retrieved from: http://www.oph.fi/ english/current_issues/101/0/what_ is_going_on_in_finland_curriculum_ reform_2016.

13. Halinen, I., Harmanen, M., & Mattila, P. (2015). Making sense of complexity of the world today: Why Finland is introducing multiliteracy in teaching and learning. *CIDREE Yearbook 2015-Improving Literacy Skills Across Europe*, 136-153.

14. Kafai, Y. B., & Burke, Q. (2013, March). The social turn in K-12 programming: moving from computational thinking to computational participation. In: *Proceeding of the 44th ACM technical symposium on computer science education* (pp. 603-608). ACM.

15. Kairavuori, S., & Sintonen, S. (2016). Arts education. In: H. Niemi, A.Toom, & A. Kallioniemi, A. (Eds.), *Miracle of education: The principles and practices of teaching and learning in Finnish schools.* (pp. 211-225). Rotterdam, The Netherlands: Springer.

16. Kallioniemi, A., & Ubani, M. (2016). Religious education in Finnish school

system. In: H. Niemi, A.Toom, & A. Kallioniemi, A. (Eds.), *Miracle of education: The principles and practices of teaching and learning in Finnish schools.* (pp. 179-187). Rotterdam, The Netherlands: Springer.

17. Kantelinen, R., & Hildén, R. (2016). Language education – towards transversal intercultural language proficiency. In: H. Niemi, A.Toom, & A. Kallioniemi, A. (Eds.), *Miracle of education: The principles and practices of teaching and learning in Finnish schools.* (pp. 157-177). Rotterdam, The Netherlands: Springer.

18. Kress, K. (2003). *Literacy in the new media age.* London & New York: Routledge.

19. Lessenski, M. (2018). *Common Sense Wanted – Resilience to 'Post-Truth' and its Predictors in the New Media Literacy Index 2018.* Sofia: Open Society Institute. Retrieved from: http://osi.bg/downloads/File/2018/ MediaLiteracyIndex2018_ publishENG. pdf.

20. Mandigo, J. L., & Holt, N. L. (2004). Reading the game: Introducing the notion of games literacy. *Physical & Health Education Journal, 70*(3), 4.

21. Media Literacy in Europe Report 2017. https://ec.europa.eu/digital-single- market/ en/news/reporting-media-literacy-europe.

22. Media Literacy Index 2018. http://osi.bg/downloads/File/2018/ MediaLiteracy-Index2018_publishENG. pdf.

23. Mäyrä, F. (2007). The Contextual Game Experience: On the Socio-Cultural Contexts for Meaning in Digital Play. In: *DiGRA Conference.*

24. Niemi, H., Toom, A., & Kallioniemi, A. (Eds.). (2016). *Miracle of education: The principles and practices of teaching and learning in Finnish schools.* Rotterdam, The Netherlands. Springer.

25. Slotte, V., & Lonka, K. (1999). Review and process effects of spontaneous note-taking on text comprehension. *Contemporary Educational Psychology, 24*, 1-20.

26. Slotte, V., & Lonka, K. (1999). Spontaneous concept maps aiding the understanding of scientific concepts. *International Journal of Science Education, 21*, 515-531.

27. Stenros, J., Montola, M., & Mäyrä, F. (2007, November). Pervasive games in ludic society. In: *Proceedings of the 2007 conference on Future Play.* (pp. 30-37). ACM.

28. Toivanen, T. (2016). Drama Education in the Finnish school system–past, present and future. In: H. Niemi, A.Toom, & A. Kallioniemi (Eds.), *Miracle of education: The principles and practices of teaching and learning in Finnish schools*. (pp. 229-240). Rotterdam, The Netherlands: Springer.

29. Tynjälä, P., Mason, L., & Lonka, K. Eds.). (2001). *Writing as a Learning Tool: Integrating theory and practice. Studies in Writing, Vol. 7*. Dordrecth, The Netherlands: Kluwer Academic Publishers.

30. Vahtivuori-Hänninen, S., & Kynäslahti, H. (2016). ICTs in school's everyday life-developing the educational use of ICTs in Finnish schools of the future. In: H. Niemi, A.Toom, & A. Kallioniemi (Eds.), *Miracle of education: The principles and practices of teaching and learning in Finnish schools*. (pp. 241-252). Rotterdam, The Netherlands: Springer.

技能板块五　信息及通信技术

1. Barron, B. (2006). Interest and self-sustained learning as catalysts of development: A learning ecology perspective. *Human development, 49*(4), 193-224.

2. Bell, V., Bishop, D. V., & Przybylski, A. K. (2015). The debate over digital technology and young people. *British Medical Journal, 351*, 3064.

3. Bennett, S., Maton, K., & Kervin, L. (2008). The 'digital natives' debate: A critical review of the evidence. *British journal of educational technology, 39*(5), 775-786.

4. Eccles, J. S. (2004). Schools, academic motivation, and stage-environment fit. In: R. M. Lerner, & L. D. Steinberg (Eds.), *Handbook of adolescent psychology* (pp. 125-153). Hoboken, NJ: Wiley.

5. Etchells, P. J., Gage, S. H., Rutherford, A. D., & Munafò, M. R. (2016). Prospective investigation of video game use in children and subsequent conduct disorder and depression using data from the Avon longitudinal study of parents and children. *PloS one, 11*(1), e0147732.

6. Eynon, R., & Malmberg, L. (2011). A typology of young people's internet use: Implications for education. *Computers & Education, 56*(3), 585-595.

7. Granic, I., Lobel, A., & Engels, R. C. (2014). The benefits of playing video games. *American Psychologist, 69*(1), 66-78.

8. Hakkarainen, K., Hietajärvi, L., Alho, K., Lonka, K., & Salmela-Aro, K. (2015). Socio-digital revolution: Digital natives vs. digital immigrants. In: J. D. Wright (Ed.), *International encyclopedia of the social and behavioral sciences* (2nd ed., Vol. 22, pp. 918-923). Amsterdam: Elsevier.

9. Hietajärvi, L., Seppä, J., & Hakkarainen, K. (2016). Dimensions of adolescents' sociodigital participation. *Qwerty–Open and Interdisciplinary Journal of Technology, Culture and Education, 11*(2), 79-98.

10. Hietajärvi, L., Tuominen-Soini, H., Hakkarainen, K., Salmela-Aro, K., & Lonka, K. (2015). Is student motivation related to socio-digital participation? A person-oriented approach. *Elsevier Procedia–Social and Behavioral Sciences, 171*, 1156-1167.

11. Ito, M., Baumer, S., Bittanti, M., Cody, R., Herr-Stephenson, B., Horst, H. A., et al. (2010). *Hanging out, messing around, and geeking out.* Cambridge, Massachusetts: The MIT Press.

12. Kumpulainen, K., & Sefton-Green, J. (2012). What is connected learning and how to research it? *International Journal of Learning, 4*(2), 7-18.

13. Li, S., Hietajärvi, L., Palonen, T., Salmela-Aro, K., & Hakkarainen, K. (2016). Adolescents' social networks: Exploring different patterns of socio-digital participation. *Scandinavian Journal of Educational Research, 61*, 255-274.

14. Prensky, M. (2001). Digital natives, digital immigrants part 1. *On the horizon, 9*(5), 1-6.

15. Ryan, R. M., Rigby, C. S., & Przybylski, A. (2006). The motivational pull of video games: A self-determination theory approach. *Motivation and emotion, 30*(4), 344-360.

16. Salmela-Aro, K., Upadyaya, K., Hakkarainen, K., Lonka, K., & Alho, K. (2016b). The dark side of internet use: Two longitudinal studies of excessive internet use, depressive symptoms, school burnout and engagement among Finnish early and late adolescents. *Journal of Youth and Adolescence*, 1-15.

17. Selwyn, N. (2006). Exploring the 'digital disconnect' between net savvy students and their schools. *Learning, Media and Technology, 31*(1), 5-17.

18. Twenge, J. M. (2017). *IGen: Why Today's Super-Connected Kids Are Growing Up Less Rebellious, More Tolerant, Less Happy - and Completely Unprepared for Adulthood - and What That Means for the Rest of Us.* New York, NY: Simon and Schuster.

19. AAP Council on Communications and Media. (2016). Media and Young Minds. *Pediatrics, 138(*5).

20. Dhir, A. (2015). *On the nature of internet addiction: What is it and how is it measured?* University of Helsinki, Faculty of Behavioural Sciences, Department of Teacher Education. Doctoral thesis.

21. Hyde, K. L., Lerch, J., Norton, A., Forgeard, M., Winner, E., Evans, A. C., & Schlaug, G. (2009). Musical training shapes structural brain development. *Journal of Neuroscience, 29*(10), 3019-3025.

22. Loh, K., & Kanair, R. (2016). How has the Internet reshaped human cognition? *The Neuroscientist.*

23. Moisala, M., Salmela, V., Hietajärvi, L., Salo, E., Carlson, S., Salonen, O., Lonka, K., Hakkarainen, K., Salmela-Aro, K., & Alho, K. (2016). Media multitasking is associated with distractibility and increased prefrontal activity in adolescents and young adults. *NeuroImage, 134*, 113-121.

24. Moisala, M., Salmela, V., Hietajärvi, L., Carlson, S., Vuontela, V., Lonka, K., Hakkarainen, K., Salmela-Aro, K. , & Alho, K. (2017). Gaming is related to enhanced working memory performance and task-related cortical activity. *Brain Research, 1655*, 204-215.

25. Swing, E. L., Gentile, D. A., Anderson, C. A., & Walsh, D. A. (2010). Television and video game exposure and the development of attention problems. *Pediatrics, 126*(2), 214-221.

26. Brennan, K., & Resnick, M. (2012). New frameworks for studying and assessing the development of computational thinking. In: *Proceedings of the 2012 annual meeting of the American Educational Research Association*, Vancouver, Canada.

343

(pp. 1-25). Retrieved from: http://scratched.gse.harvard.edu/ ct/files/AERA2012. pdf.

27. diSessa, A. A. (2000). *Changing minds*. Cambridge: MIT press.

28. Grover, S., & Pea, R. (2013). Computational thinking in K-12: A review of the state of the field. *Educational Researcher*, *42*(1), 38-43.

29. Guzdial, M. (2015). Learner-Centered Design of Computing Education: Research on Computing for Everyone. *Synthesis Lectures on Human-Centered Informatics*, *8*(6), 1-165.

30. Honkela, T. (2017). *Rauhankone. Tekoälytutkijan testamentti.* [The Peace Machine. The Testament of an AI researcher]. To be translated in English and several other languages. Helsinki: Gaudeamus.

31. Kafai, Y. B., & Burke, Q. (2013). The social turn in K-12 programming: moving from computational thinking to computational participation. In *Proceeding of the 44th ACM technical symposium on computer science education*. (pp. 603-608). ACM.

32. Minsky, M. L. (1967). *Computation: finite and infinite machines*. Prentice-Hall, Inc.

33. Papert, S. (1972). Teaching children thinking. *Programmed Learning and Educational Technology*, *9*(5), 245-255.

34. Papert, S. (1980). *Mindstorms: Children, computers, and powerful ideas*. New York: Basic Books.

35. Wing, J. M. (2006). Computational thinking. *Communications of the ACM*, *49*(3), 33-35.

36. Wing, J. M. (2008). Computational thinking and thinking about computing. *Philosophical transactions of the royal society of London A: mathematical, physical and engineering sciences*, *366*(1881), 3717-3725.

37. Liukas, L. (2015). *Hello Ruby: Adventures in Coding (Vol. 1)*. Macmillan.

38. Archer, K., Savage, R., Sanghera-Sidhu, S., Wood, E., Gottardo, A., & Chen, V. (2014). Examining the effectiveness of technology use in classrooms: A tertiary meta-analysis. *Computers & Education*, *78*, 140-149.

39. Bennett, S., Maton, K., & Kervin, L. (2008). The 'digital natives' debate: A critical review of the evidence. *British journal of educational technology, 39(*5), 775-786.

40. Collins, A., & Halverson, R. (2010). The second educational revolution: Rethinking education in the age of technology. *Journal of computer assisted learning, 26*(1), 18-27.

41. Hakkarainen, K. (2009). A knowledge-practice perspective on technology-mediated learning. *International Journal of Computer-Supported Collaborative Learning, 4(*2), 213-231.

42. Hakkarainen, K., Lonka, K., & Lipponen, L. (2004). *Tutkiva oppiminen. Järki, tunteet ja kulttuuri oppimisen sytyttäjinä.* [Progressive inquiry-based learning: reason, emotion and motivation in learning. In Finnish.] Juva: WSOY.

43. Hakkarainen, K., Hietajärvi, L., Alho, K., Lonka, K., & Salmela-Aro, K. (2015). Socio-digital revolution: Digital natives vs. digital immigrants. In: J. D. Wright (Ed.), *International encyclopedia of the social and behavioral sciences* (2nd ed., Vol. 22, pp. 918-923). Amsterdam: Elsevier.

44. Halonen, N., Hietajärvi, L., Lonka, K., & Salmela-Aro, K. (2016). Sixth graders' use of technologies in learning, technology attitudes and school well-being. *The European Journal of Social & Behavioural Sciences , XVIII*(1), 2307-2324.

45. Helsper, E. J., & Eynon, R. (2010). Digital natives: where is the evidence? *British Educational Research journal, 36*(3), 503-520.

46. Higgins, S., Xiao, Z., & Katsipataki, M. (2012). *The impact of digital technology on learning: A summary for the education endowment foundation.* Durham, UK: Education Endowment Foundation and Durham University.

47. Livingstone, S. (2012). Critical reflections on the benefits of ICT in education. *Oxford review of education, 38*(1), 9-24.

48. Paavola, S., & Hakkarainen, K. (2014). Trialogical approach for knowledge creation. In *Knowledge creation in education.* (pp. 53-73). Springer Singapore.

49. Paavola, S., Lipponen, L., & Hakkarainen, K. (2004). Models of innovative knowledge communities and three metaphors of learning. *Review of educational research, 74*(4), 557-576.

50. Tamim, R. M., Bernard, R. M., Borokhovski, E., Abrami, P. C., & Schmid, R. F. (2011). What forty years of research says about the impact of technology on learning: A second-order meta-analysis and validation study. *Review of Educational research, 81*(1), 4-28.

51. Thompson, P. (2013). The digital natives as learners: Technology use patterns and approaches to learning. *Computers & Education, 65*, 12-33.

技能板块六　职业技能和创业精神

1. Birch, D. L. (1987). *Job creation in America: How our smallest companies put the most people to work.* New York: Free Press.

2. Hakkarainen, K., Palonen, T., Paavola, S., & Lehtinen, E. (2004). *Communities of networked expertise: Professional and educational perspectives.* Amsterdam: Elsevier.

3. Hietanen, L. (2015). Entrepreneurial learning environments: supporting or hindering diverse learners? *Education + Training, 57*(5), 512-531.

4. Hietanen, L., & Järvi, T. (2015). Contextualizing entrepreneurial learning in basic and vocational education. *Journal of Enterprising Communities: People and Places in the Global Economy, 9*(1), pp. 45-60.

5. Hisrich, R., Langan-Fox, J., & Grant, S. (2007). Entrepreneurship research and practice: A call to action for psychology. *American Psychologist, 62*, 575-589.

6. Kane, T. (2010). *The importance of startups in job creation and job destruction.* Kansas City, MO: Kauffman Foundation.

7. Lloyd, M. (2010). *Schooling at the speed of thought. A blueprint for making schooling more effective.* London, UK: Spidewize.

8. Lonka, K. (2012). Engaging learning environments for the future: The 2012 Elizabeth W. Stone lecture. In: Gwyer, R., Stubbings, R., & Walton, G. (Eds.). (2012). *The road to information literacy: Librarians as facilitators of learning.* (pp. 15-30). Walter de Gruyter.

9. Mahlamäki-Kultanen, S. (2005). Gender and sector effects on Finnish rural

entrepreneurs' culture: some educational implications. In: Fayolle, A., Kyrö, P., & Uljin, J. (Eds.), *Entrepreneurship Research in Europe. Outcomes and Perspectives*. (pp. 292-312) Cheltenham: Edward Elgar Publishing Limited.

10. Martin, A. J., & Marsh, H. W. (2008). Academic buoyancy: Towards an understanding of students' everyday academic resilience. *Journal of school psychology*, *46*(1), 53-83.

11. Microsoft. (2017). *The Road to 21st Century Competence. Evaluation framework for transversal competencies in the Finnish Curriculum*. Helsinki. Available online: https://www. microsoftmahdollista.fi/100tarinaa/ wp-content/uploads/2017/06/ Evaluation_framework_Microsoft_ FINAL.pdf.

12. Obschonka, M. (2013). Entrepreneurship as 21st century skill: Taking a developmental perspective. In: M. Coetzee (Ed.), *Psychosocial career meta-capacities: Dynamics of contemporary career development*. (pp. 293-306). Amsterdam: Springer.

13. Obschonka, M., Hakkarainen, K., Lonka, K., & Salmela-Aro, K. (2017). Entrepreneurship as a twenty-first century skill: entrepreneurial alertness and intention in the transition to adulthood. *Small Business Economics*, *48*(3), 487-501.

14. Parker, P. D., & Martin, A. J. (2009). Coping and buoyancy in the workplace: Understanding their effects on teachers' work-related well-being and engagement. *Teaching and Teacher Education*, *25*(1), 68-75.

15. Seikkula-Leino, J., Ruskovaara, E., Ikavalko, M., Mattila, J., & Rytkola, T. (2010). Promoting entrepreneurship education: the role of the teacher? *Education+ training*, *52*(2), 117-127.

16. World Economic Forum. (2009). *Educating the next wave of entrepreneurs: Unlocking entrepreneurial capabilities to meet the global challenges of the 21st century*. Geneva, Switzerland: World Economic Forum.

技能板块七 参与、影响和构建可持续发展的未来

1. Flexible Places for Learning – Inspiration for active learning (2016). Aalto

University, University of Helsinki and City of Espoo. Retrieved from: https:// www. espoo.fi/materiaalit/Paivahoito_ja_ koulutus/verkkolehti/JOT-eng/.

2. Nenonen, S., Rasila, H., Junnonen, J. M., & Kärnä, S. (2008, June). Customer Journey – A method to investigate user experience. In: *Proceedings of the Euro FM Conference Manchester*. (pp. 54-63).

3. Sandström, N., Eriksson, R., Lonka, K., & Nenonen, S. (2016). Usability and affordances for inquiry-based learning in a blended learning environment. *Facilities*, *34*(7/8), 433-449.

4. Aivelo, T., & Uitto, A. (2015). Genetic determinism in the Finnish upper secondary school biology textbooks. *NorDina: Nordisk tidsskrift i naturfagdidaktikk*, *11*(2), 139-152.

5. Kervinen, A., Uitto, A., Kaasinen, A., Portaankorva-Koivisto, P., Juuti, K., & Kesler, M. (2016). Developing a collaborative model in teacher education – An overview of a teacher professional development project. *LUMAT: International Journal on Math, Science and Technology Education*, *4*(2), 67-86.

6. Uitto, A. (2014). Interest, attitudes and self-efficacy beliefs explaining upper-secondary school students' orientation towards biology-related careers. *International Journal of Science and Mathematics Education*, *12*(6), 1425-1444.

7. Uitto, A., Boeve-de Pauw, J., & Saloranta, S. (2015). Participatory school experiences as facilitators for adolescents' ecological behavior. *Journal of Environmental Psychology*, *43*, 55-65.

8. Uitto, A., & Kärnä, P. (2014). Teaching methods enhancing grade nine students' performance and attitudes towards biology. In: *E-Book Proceedings of the ESERA 2013 Conference: Science Education Research For Evidence-based Teaching and Coherence in Learning. Part 2 (co-ed. Jari Lavonen and Albert Zeyer) Strand 2: Learning science: Cognitive, affective, and social aspects*. European Science Education Research Association ESERA.

9. Uitto, A., Juuti, K., Lavonen, J., & Meisalo, V. (2006). Students' interest in biology and their out-of-school experiences. Journal of Biological Education, 40(3), 124-129.

10. Uitto, A., & Saloranta, S. (2017). Subject teachers as educators for sustainability: A survey study. Education Sciences, 7(1), 8.

11. Deci, E.L., & Ryan, R.M. (2000). The "what" and "why" of goal pursuits: Human need and the being across life's domains. *Canadian Psychology, 49* (1), 14-23.

12. Emirbayer, M., & Mische, A. (1998). What is Agency? *American Journal of Sociology, 103*, 962–1023.

13. Gresalfi, M., Martin, T., Hand, V., & Greeno, J. (2009). Constructing competence: an analysis of student participation in the activity systems of mathematics classrooms. *Educational Studies in Mathematics, 70*, 49-70.

14. Kumpulainen, K., Krokfors, L., Lipponen, L., Tissari, V., Hilppö, J., & Rajala, A. (2009). Learning bridges – Toward participatory learning environments. http://www.oppimisensillat.fi/index_ eng.php.

15. Kumpulainen, K., & Sefton-Green, J. (2012). What Is Connected Learning and How to Research It? *International Journal of Learning*, 4(2), 7-18.

16. Rajala, A., & Sannino A. (2015). Students' deviations from a learning task: An activity theoretical analysis. *International Journal of Educational Research, 70*, 31-46.

17. Rajala, A., Hilppö, J., Lipponen, L., & Kumpulainen, K. (2013). Expanding the chronotopes of schooling for the promotion of students' agency. In: O. Erstad, & J. Sefton-Green (Eds.), *Identity, community, and learning lives in the digital age.* (pp. 107-125). Cambridge: Cambridge University Press.

18. Wenger, E. (1999). *Communities of practice: learning, meaning, and identity.* Cambridge, MA: Cambridge University Press.

第三章　现象式学习

1. Baltes, P. B., & Staudinger, U. M. (2000). Wisdom: A metaheuristic (pragmatic) to orchestrate mind and virtue toward excellence. *American psychologist, 55*(1), 122-136.

2. Bruner, J. (1996). *The culture of education.* Cambridge, MA: Harvard University

Press.

3. Chi, M.T.H., Glaser, R., & Farr, M.J. (1988). *The nature of expertise*. Hillsdale, NJ: Erlbaum.

4. Csíkszentmihályi, M. (1996). *Creativity: Flow and the psychology of discovery and invention*. New York: Harper Collins.

5. Csíkszentmihályi, M. (1999). Implications of a systems perspective for the study of cre-ativity. In: Sternberg, R. (Ed.), *Handbook of creativity*. (pp. 313-335). Cambridge, MA: Cambridge University Press.

6. DiSessa, A.A. (1988). Knowledge in pieces. In: Forman, G., & Pufall, P.B. (Eds.), *Constructivism in the Computer Age*. (pp. 49-70). Hillsdale, NJ: Erlbaum.

7. Eteläpelto, A., Littleton, K., Lahti, J., & Wirtanen, S. (2005). Students' accounts of their participation in an intensive long-term learning community. *International Journal of Educational Research*, *43*(3), 183-207.

8. Freese, H.L. (1989). *Kinder sind Philosophen*. Weinheim/Berlin: Quadriga Verlag. (Finnish translation).

9. Hakkarainen, K. (1998). *Epistemology of scientific inquiry and computer-supported collaborative learning*. (Doctoral dissertation). Toronto: University of Toronto.

10. Hakkarainen, K., Palonen, T., Paavola, S., & Lehtinen, E. (2004). *Communities of networked expertise: Professional and educational perspectives*. Amsterdam: Elsevier.

11. Hintikka, J. (1982). A dialogical model of teaching. *Synthese*, *51*, 39-59.

12. Hintikka, J. (1988). What is the logic of experimental inquiry? *Synthese*, *74*, 173-190.

13. Kumpulainen, K., Mikkola, A. I., & Jaatinen, A. M. (2014). The chronotopes of technology-mediated creative learning practices in an elementary school community. *Learning, Media and Technology*, *39*(1), 53-74.

14. Labouvie-Vief, G. (1990). Wisdom as integrated thought: historical and developmental perspectives. In: Sternberg, R.J. (Ed.), *Wisdom – It's nature, origins, and development*. (pp. 52-83). Cambridge: Cambridge University Press.

15. Litmanen, T., Lonka, K., Inkinen, M., Lipponen, L., & Hakkarainen, K. (2012). Capturing teacher students' emotional experiences in context: Does inquiry-based learning make a difference? *Instructional Science*, *40*(6), 1083-1101.

16. Lonka, K., Hakkarainen, K., & Sintonen, M. (2000). Progressive inquiry learning for children – experiences, possibilities, limitations. *European Early Childhood Education Association Journal*, *8*, 7-23.

17. Lonka, K., Joram, E., & Bryson, M. (1996). Conceptions of learning and knowledge – Does training make a difference? *Contemporary Educational Psychology*, *21*, 240-260.

18. Matthews, G. B. (1994). *The philosophy of childhood*. Cambridge, NJ: Harvard University Press.

19. Matthews, G. (2010). The philosophy of childhood. *Stanford Encyclopedia of philosophy*. Retrieved from: https:// stanford.library.sydney.edu.au/archives/ win2010/entries/childhood/.

20. Mälkki, K. (2010). Building on Mezirow's theory of transformative learning: Theorizing the challenges to reflection. *Journal of Transformative Education*, *8*(1), 42-62.

21. Nevers, P., Gebhard, U., & Billmann-Mahecha, E. (1997). Patterns of reasoning exhibited by children and adolescents in response to moral dilemmas involving plants, animals and ecosystems. *Journal of Moral Education*, *26*(2), 169-186.

22. Paul, U. K., & Baltes, B. (2003). Wisdom-related knowledge: Affective, motivational, and interpersonal correlates. *Personality and Social Psychology Bulletin*, *29* (9), 1104-1119.

23. Piaget, J. (1972). *Psychology and epistemology. Towards a theory of knowledge.* Middlesex, England: Penguin Books.

24. Prawat, R. S. (1992). Teachers' beliefs about teaching and learning: A constructivist perspective. *American Journal of Education*, *100*(3), 354-395.

25. Prawat. R.S., & Floden, R.E. (1994). Philosophical perspectives on constructivist views of learning. *Educational Psychology*, *29*, 37-48.

26. Rajala, A., Hilppö, J., Lipponen, L., & Kumpulainen, K. (2013). Expanding the

chronotopes of schooling for promotion of students' agency. In: Erstad, O., & Sefton-Green, J. (Eds.), *Identity, Community, and Learning Lives in the Digital Age.* (pp. 107-25). Cambridge: Cambridge University Press.

27. Rajala, A., & Sannino, A. (2015). Students' deviations from a learning task: An activity-theoretical analysis. *International Journal of Educational Research, 70,* 31-46.

28. Scardamalia, M. (2002). Collective cognitive responsibility for the advancement of knowledge. *Liberal Education in a Knowledge Society, 97,* 67-98.

29. Scardamalia, M., & Bereiter, C. (1992). Text-based and Knowledge-based Questioning by Children. *Cognition and Instruction, 9,* 177-199.

30. Scardamalia, M., & Bereiter, C. (1994). Computer support for knowledge-building communities. *The Journal of the Learning Sciences, 3,* 265-283.

31. Rauste-von Wright, M. L. (2001). The function of curriculum and the concept of learning. In: E. Kimonen (Ed.), *Curriculum approaches: Readings and activities for educational studies.* (pp. 21-34). Jyväskylä. University of Jyväskylä.

32. Schaffer, S. (1994). Making up discoveries. In: Boden, M. (Ed.), *Dimensions of creativity.* (pp. 13-51). Cambridge, MA: MIT.

33. Sintonen, M. (1990). How to put questions to nature. In: D. Knowles (Ed.), *Explanation and its limits* (pp. 267-284). Cambridge: Cambridge University Press.

34. Sintonen, M. (1990). The Interrogative Model of Inquiry in evolutionary studies. *Acta Philosophica Fennica, 49,* 473-487.

35. Sintonen, M. (1993). In search of explanations: From why-Questions to Shakespearean questions. *Philosophica, 51,* 55-81.

36. Sintonen, M. (1996). The come-back of constructivism. *Revue Roumaine de Philosophie, 40,* 3-4, 217-225.

37. Soini, T. (1999). *Preconditions for active transfer in learning processes* (Doctoral dissertation). Helsinki: Finnish Society of Sciences and Letters.

38. Sternberg, R.J. (1990). Wisdom and its relation to intelligence and creativity. In: R.J. Sternberg (Ed.), *Wisdom – It's nature, origins, and development* (pp. 142-159). Cambridge: Cambridge University Press.

39. Vass, E. (2004). Understanding collaborative creativity: Young children's classroom-based shared creative writing. In: Miell, D., & Littleton, K. (Eds.), *Collaborative creativity. Contemporary perspectives* (s. 79-95). London: Free Association Books.

40. Vygotsky, L.S. (1978). *Mind in Society. The Development of Higher Psychological Processes*. Cambridge, MA: Harvard University Press.

41. Westling S. K., Pyhältö K., Pietarinen J., & Soini T. (2013). How do ninth-graders perceive their involvement in the most meaningful episodes of their school career? *International Journal of Educational Research, 58*, 25-35.

第四章　展望未来

1. Lyytinen, H., Erskine, J., Kujala, J., Ojanen, E., & Richardson, U. (2009). In search of a science-based application: A learning tool for reading acquisition. *Scandinavian Journal of Psychology, 50*(6), 668-675.

2. Saine, N. L., Lerkkanen, M. K., Ahonen, T., Tolvanen, A., & Lyytinen, H. (2011). Computer-assisted remedial reading intervention for school beginners at risk for reading disability. *Child Development, 82*(3), 1013-1028.

3. Hennessy, S., Hassler, B., & Hofmann, R. (2015). Challenges and opportunities for teacher professional development in interactive use of technology in African schools. *Technology, Pedagogy and Education, 24*(5), 1-28.

4. Hennessy, S., Hassler, B., & Hofmann, R. (2016). Pedagogic change by Zambian primary school teachers participating in the OER4Schools professional development programme for one year. *Research Papers in Education, 31*(4), 399-427.

5. Hofmann, R. (2008). Ownership in learning: A sociocultural perspective on pupil engagement, collaboration and agency in the classroom. University of Cambridge. (Unpublished PhD dissertation.)

6. Hofmann, R. (2016). Leading professional change through research(ing): Conceptual tools for professional practice. In: P. Burnard, T. Dragovic, J. Flutter,

& J. Alderton (Eds.), *Transformative Professional Doctoral Research Practice*. Rotterdam: Sense Publishers.

7. Hofmann, R., & Mercer, N. (2016). Teacher interventions in small group work in secondary mathematics and science lessons. *Language and Education*, *30*(5), 400-416.

8. Hofmann, R., & Ruthven, K. (in press, 2018). Operational, interpersonal, discussional and ideational dimensions of classroom norms for dialogic practice in school mathematics. *British Educational Research Journal*.

9. Maine, F., & Hofmann, R. (2016). Talking for meaning: the dialogic engagement of teachers and children in a small group reading contexts. *International Journal of Educational Research*, *75*, 45-56.

10. Rainio, A.P., & Hofmann, R. (2015). Transformations in teachers' discourse about their students during a school-led pedagogic intervention. *The European Journal of Social and Behavioural Sciences*, *XIII*(2), 1815-1829.

11. Rainio, A.P., & Hofmann, R. (2018). *Teachers' collaborative conversations during a pedagogic intervention: Dialogic shifts as professional change.* Paper presented at the American Educational Research Conference, New York, 13- 17.4.2018.

12. Ruthven, K. (2005). Improving the development and warranting of good practice in teaching. *Cambridge Journal of Education*, *35*(3), 407-426.

13. Korhonen, T., Lavonen, J., Kukkonen, M., Sormunen, K., & Juuti, K. (2014). The innovative school as an environment for the design of educational innovations. In: *Finnish Innovations and Technologies in Schools* (pp. 99-113). Rotterdam: Sense Publishers.

14. Lavonen, J., Juuti, K., Korhonen, T., Kukkonen, M., & Sormunen, K. (2015). Improving in-service teacher educators' competences through design-based research. *LUMAT (2013-2015 Issues)*, *3*(2), 213-222.

15. Lavonen, J., & Juuti, K. (2016). Science at Finnish compulsory school. In: H. Niemi, A. Toom and A. Kallioniemi (Eds.), *Miracle of Education* (pp. 125-144). Rotterdam: Sense Publishers.

16. Loukomies, A., Juuti, K., & Lavonen, J. (2015). Investigating situational interest

in primary science lessons. *International Journal of Science Education*, *37*(18), 3015-3037.

17. Aksela, M., Wu, X., & Halonen, J. (2016). Relevancy of the Massive Open Online Course (MOOC) about Sustainable Energy for Adolescents. *Education Sciences*, *6*(4), 40.

18. Bakkenes, I., Vermunt, J. D., & Wubbels, T. (2010). Teacher learning in the context of educational innovation: Learning activities and learning outcomes of experienced teachers. *Learning and instruction*, *20*(6), 533-548.

19. Bakker, A. (2018). Discovery learning: zombie, phoenix, or elephant? *Instructional Science*, *46*(1), 169-183.

20. Dudley, P. (Ed.). (2014). *Lesson study: Professional learning for our time*. Routledge.

21. Halonen, N., Hietajärvi, L., Lonka, K., & Salmela-Aro, K. (2017). Sixth graders' use of technologies in learning, technology attitudes and school well-being. *The European Journal of Social & Behavioural Sciences*, *18*(1), 2307.

22. Halonen, N., Juuti, K., Maksniemi, E., Sarvi, O., & Lonka, K. (2017, August). *Developing a new software innovation for collaborative knowledge creation*. ICT Demonstration. EARLI 2017 Biennale, Aug 28 – Sept 2, 2017, Tampere, Finland.

23. Honkela, T. (2017). *Rauhankone. Tekoälytutkijan testamentti*. [Peace Machine. The testament of an AI researcher]. Helsinki: Gaudeamus.

24. Husu J., & Toom A. (2016). *Opettajat ja opettajankoulutus – suuntia tulevaan: Selvitys ajankohtaisesta opettajaja opettajankoulutustutkimuksesta opettajankoulutuksen kehittämisohjelman laatimisen tueksi*. Opetus-ja kulttuuriministeriön julkaisuja. 2016:33.

25. Kaul, M., Aksela, M., & Wu, X. (2018). Dynamics of the Community of Inquiry (CoI) within a Massive Open Online Course (MOOC) for In-Service Teachers in Environmental Education. *Education Sciences*, *8*(2), 40.

26. Lavonen, J. (2018). *Lessons learned from Finnish Education*. A paper presented at 1º Congreso Mundial de Educación. EDUCA 2018 A Coruña. España. 22-24 de febrero 2018.

27. OECD. (2014). *Talis 2013 Results: An international perspective on teaching and learning.* OECD Publishing. Retrieved from: http://www.oecd-ilibrary.org/education/talis-2013- results_9789264196261-en.

28. OECD. (2018). *PISA 2015: PISA results in focus.* OECD Publishing. Retrieved from: https://www.oecd.org/pisa/ pisa-2015-results-in-focus.pdf.

29. Pitkanen, M. (2018). Artificial Intelligence, Natural Intelligence & TGD. *Journal of Consciousness Exploration & Research, 9(*3).

30. Saariaho, E., Anttila, H., Toom, A., Soini, T., Pietarinen, J., & Pyhältö, K. (2018). Student teachers' emotional landscapes in self-and co-regulated learning. *Teachers and Teaching, 24*(5), 1-21.

31. Sahlberg, P. (2011). *Finnish lessons: What can the world learn from educational change in Finland?* New York: Teachers College Press.

32. Sahlberg, P., Hasak, J., Rodriguez, V., & Associates. (2017). *Hard questions of global educational change. Policies, practices and the future of education.* New York, NY: Teachers College Press.

33. Toom, A., Pietarinen, J., Soini, T., & Pyhältö, K. (2017). How does the learning environment in teacher education cultivate first year student teachers' sense of professional agency in the professional community? *Teaching and Teacher Education, 63*, 126-136.

34. Vahtivuori-Hänninen, S., Halinen, I., Niemi, H., Lavonen, J., Lipponen, L., & Multisilta, J. (2014). A new Finnish national core curriculum for basic education (2014) and technology as an integrated tool for learning. In: Niemi, H., Multisilta, J., Lipponen, L., & M. Vivitsou (Eds.), *Finnish innovations and technologies in schools* (pp. 21-32). Sense Publishers.

35. Vermunt, J. D., & Verloop, N. (1999). Congruence and friction between learning and teaching. *Learning and instruction, 9*(3), 257-280.

36. Wubbels, T., & Brekelmans, M. (2005). Two decades of research on teacher–student relationships in class. *International Journal of Educational Research, 43*(1-2), 6-24.

人名、书名和机构译名对照表

A

Academy of Finland	芬兰科学院
Ada Lovelace	阿达·洛芙莱斯
Aki Kaurismäki	阿基·考里斯马基
Alan Turing	艾伦·图灵
Alfred Binet	阿尔弗雷德·比奈
Amandeep Dhir	阿曼蒂普·迪尔
Angela Chow	安吉拉·周
Anna Pauliina Rainio	安娜·宝丽娜·赖尼奥
Anna Uitto	安娜·乌伊托
Anneli Eteläpelto	安内利·爱德拉佩多
Ann Renninger	安·伦宁格
Antti Hintsa	安蒂·欣察
Antti Rajala	安蒂·拉亚拉
Arto Kallioniemi	阿尔托·卡利翁莱米
Arto Paasilinna	亚托·帕西里纳
Arvi Lonka	阿尔维·罗卡
Auli Toom	奥利·图姆

B

Barbara Fredrickson	芭芭拉·弗莱德里克森
Ben Furman	本·富尔曼

C

Carl Bereiter	卡尔·贝赖特
Chin-Chung Tsai	蔡今中
Christina Salmivalli	克里斯蒂娜·萨尔米瓦利

D

David Bohm	戴维·玻姆
David Olson	戴维·奥尔森

E

Eino Leino	埃伊诺·雷诺
Elias Lönnrot	艾里阿斯·隆洛特
Elina Ketonen	埃利娜·凯托宁
Elina Paatsila	埃利娜·帕西拉
Eliel Saarinen	埃列尔·萨里宁
Elizabeth Loftus	伊丽莎白·洛夫特斯
Emilia Erfving	艾米利亚·埃尔温
Erasmus EU	欧盟的伊拉斯谟项目
Erika Maksniemi	埃丽卡·马克斯涅米
Erno Lehtinen	艾尔诺·莱赫蒂宁
Esa Saarinen	埃萨·萨里宁
Etu-Töölö Lukio	埃图－蝶略高中
Eyewitness Testimony	《目击证人的证词》

F

The Finnish Association for Mental Health	芬兰心理健康协会
Finnish Literature Society	芬兰文学协会
Finnish Social Science Data Archive	芬兰社会科学数据档案
Finnish Strategic Research Council	芬兰战略研究委员会
Frans Mäyrä	弗朗斯·梅于雷

G

Gareth Matthews	加雷斯·马修斯
Georg Henrik von Wright	耶奥里·亨里克·冯·赖特
G. H. Mead	米德

H

Hannele Niemi	汉内娜·涅米
Hans-Ludwig Freese	汉斯－路德维希·弗里兹
Heidi Lammassaari	海蒂·拉玛萨里
Heidi Sairanen	海蒂·塞拉宁
Heikki Ruismäki	海基·鲁伊斯迈基
Hello Ruby	《你好！露比》
Heta Tuominen-Soini	海塔·图奥米宁－索伊尼
Huomaa Hyvä	《关注优点》

I

Ilkka Taipale	伊卡·泰帕尔
Inkeri Ruokonen	因凯里·罗科宁
Insightful Learning	《顿悟学习》
Irma Lonka	伊尔玛·隆卡
Irmeli Halinen	伊尔梅丽·哈利宁

J

K

L

Linda Liukas	琳达·刘卡斯
Lasse Lipponen	拉塞·利波宁
Lotta Uusitalo-Malmivaara	萝塔·乌西塔萝－马尔米瓦拉
Lauri Hietajärvi	劳里·赫达亚尔维
Lauri J. Vaara	劳里·J. 瓦拉
Liisa Karlsson	莉萨·卡尔松
Liisa Keltikangas-Järvinen	莉萨·凯尔蒂坎加斯－耶尔维宁
Liisa Pohjolainen	莉萨·波约莱宁
L. S. Vygotsky	利维·维果茨基
Lions Quest	莱昂斯课程

M

Maija Aksela	迈亚·阿克塞拉
Maijaliisa Rauste-von Wright	迈亚利萨·劳斯特－冯·赖特
Marc Prensky	马克·普林斯基
Marita Toivola	马里塔·托伊沃拉
Marja Vauras	玛丽亚·万若斯
Marjo Kyllönen	马里奥·屈勒宁
Markku Hannula	马尔库·汉努拉
Markku Niemivirta	马尔库·涅米维塔
Markus Humaloja	马库斯·胡马洛亚
Markus Talvio	马库斯·塔尔维奥
Marlene Scardamalia	玛琳·斯卡德玛丽亚
Martin Obschonka	马丁·奥布斯洪卡
Martti Ahtisaari	马尔蒂·阿赫蒂萨里
Matti Sintonen	马尔蒂·辛托宁
Mervi Willman	梅尔维·威尔曼
Mihaly Csikszentmihalyi	米哈里·契克森米哈赖
Mikael Agricola	米卡埃尔·阿格里科拉
Mike Lloyd	迈克·劳埃德

Riikka Hofmann	里卡·霍夫曼
Robert Boice	罗伯特·博伊斯
Rosa Liksom	罗莎·里克索姆
Reinhard Pekrun	赖因哈德·佩克伦

S

Saku Tuominen	萨库·图奥米宁
Salla-Maarit Volanen	萨拉 – 马里特·沃拉宁
Sami Paavola	萨米·帕沃拉
Sanna Järvelä	桑娜·耶尔韦莱
Sara Sintonen	萨拉·辛托宁
Sari Lindblom	萨利·林德布洛姆
Sauli Niinistö	绍利·尼尼斯托
Schooling at the Speed of Thought	《让教育与思维同步》
Sirkku-Liina Laitinen	丝尔卡 – 丽娜·莱蒂宁
SITRA	芬兰国家研发基金
Socio-Digital Participation（SDP）	社会数字参与
Stephen Hawking	斯蒂芬·霍金
Sufen Chen	陈素芬
Suzanne Hidi	苏珊·希迪
Suvi Krista Westling	苏维·克里斯塔·韦斯特林
Suvi Nenonen	苏维·内诺宁

T

Tapio Salakoski	塔皮奥·萨拉考斯基
Tapio Toivanen	塔皮奥·托伊瓦宁
Tarja Halonen	塔里娅·哈洛宁
Tiina Soini	蒂纳·索伊尼
Timo Honkela	蒂莫·洪凯拉
Tutkiva Oppiminen	《渐进式探究型学习》

U

V

W

Z